Korsika

Zeit für das Beste!

Christine Lendt
Norbert Kustos

BRUCKMANN

INHALT

Korsikas Küsten sind reich an schönen Stränden und Buchten.

Korsika

HIGHLIGHTS | GEHEIMTIPPS | WOHLFÜHLADRESSEN

»Seit einem Monat also irrte ich durch diese großartige
Insel, mit dem Gefühl, dass ich am Ende der Welt sei.
Keine Gasthäuser, keine Schenken, keine Landstraßen.
Man erreicht auf Maultierpfaden die Weiler, die an den
Berghängen kleben und gewundene Abgründe überragen,
von wo man am Abend die dumpfe und
tiefe Stimme des Sturzbaches heraufsteigen hört.«

Guy de Maupassant, »Le Bonheur« (Das Glück, 1884)

Beim Altstadtbummel entdeckt man Läden mit besonderen korsischen Produkten.

MEHR WISSEN

Reiterstandbild Napoleons in Ajaccio

MEHR ERLEBEN

DER OSTEN

S. 2/3: Schnorchelparadies am Golf von Girolata
S. 5: Eine Reise ins Mittelalter
Rechte Seite: Abendstimmung im Hafen
S. 8: Eingang einer Töpferei im Künstlerdorf Pigna

DER SÜDEN

REISEINFOS

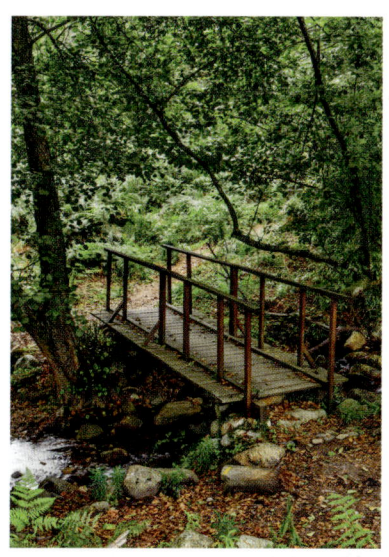

Auch das ist Korsika: sattgrüne Laubwälder mit klaren Flüssen

DAS SOLLTEN SIE SICH NICHT ENTGEHEN LASSEN

❶ Das Cap Corse umrunden (S. 40)

Auf der abenteuerlich anmutenden Küstenstraße den nördlichsten Zipfel der Insel umfahren, über immer wieder neue Aussichten staunen. Verträumte Dörfer und Piratennester, besondere Museen und versteckte Buchten entdecken. Oder bei einer Wanderung dem Kammweg folgen, der einmal längs durch die Mitte des Caps führt. Von den Gipfeln entfalten sich Panoramen der Superklasse.

❷ Kunsthandwerk in der Balagne einkaufen (S. 72)

Auf den Bergkuppen und Hängen sitzen mittelalterliche Dörfer, die eine »Route der Kunsthandwerker« verbindet. Hier kann man in eine hier immer noch lebendige korsische Tradition eintauchen, nach besonderen Souvenirs stöbern und an kulturellen Highlights teilhaben. Diese Hügellandschaft im Nordwesten Korsikas ist einmalig!

❸ Spuren der Freiheitskämpfer sehen (S. 120)

Der Anblick der Kugeleinschläge in der Fassade bei der Bar de la Haute Ville entführt umgehend in die rebellische Inselgeschichte. Korsikas Universitätsstadt Corte hat außerdem viel Kultur zu bieten mit ihrer Zitadelle, lebendigen Museen und Denkmäler zu Ehren der Freiheitskämpfer. Obendrein ist Corte durch seine zentrale Lage Ausgangspunkt für

»Piratentürme« zieren die Küste.

viele schöne Touren und Ausflüge in die Bergwelt.

❹ Der Treppe der Himmelskönigin folgen (S. 110)

Korsika hat einige atemberaubende Straßen, doch mit dieser können andere kaum mithalten. Durch die Schlucht mit dem Namen Scala di Santa Regina (»Treppe der Himmelskönigin«) führt die wohl abenteuerlichste Bergstraße der Insel. Mit dem Hochtal und den Schwarzwäldern von Niolo sowie der Spelunca-Schlucht folgen weitere großartige Landschaften. Ihre Schönheit kann man bei einer Wanderung in Ruhe auf sich wirken lassen.

❺ Boot fahren im Golf von Porto (S. 168)

Märchenlandschaften aus roten Felsen, ein bewaldetes Flusstal und das tief-

Schwindelerregend dicht am Abgrund sitzt die Festungsstadt Bonifacio.

blaue Meer vereinen sich im Hafenort Porto. Die spektakuläre Felslandschaft am Golf von Porto hat sich den Titel UNESCO-Weltnaturerbe redlich verdient. Ganz besonders schöne Perspektiven eröffnen sich bei einer Fahrt mit dem Ausflugsboot.

6 In einem Pool aus Felsen baden (S. 234)

Klares Wasser, das schillert wie Smaragde, daneben idyllische Plätze am Ufer: Der Bergfluss Solenzara hat zahlreiche Badegumpen in den Felsen gebildet, für Badeurlauber eine herrliche Alternative zu Strand und Meer. Er entspringt bei den Aigulles de Bavella, den sieben berühmten Felsnadeln, die man bei der Gelegenheit gleich einmal besuchen sollte. Der zugehörige Pass Col de Bavella ist über die Straße zu erreichen, die den Fluss begleitet.

7 Die Vielfalt der Kastanie auskosten (S. 216)

Besonders schön geht dies in der Castagniccia im Hinterland der Costa Verde. Weitläufige Wälder aus Kastanienbäumen und reichlich Gelegenheit, die »Nationalfrucht« zu probieren, urige Dörfer, Klöster, eine Mineralwasserquelle und andere Entdeckerziele bereichern die Region. Mittendrin: der ehemalige Königssitz Cervione mit repräsentativen Bauten und einer charmanten kleinen Altstadt.

8 Im Prunelli-Tal wandern (S. 132)

„.. und dabei zum Beispiel den »Brautschleier«-Wasserfall, idyllische Bergseen oder alte Hirtenpfade entdecken. In wunderschönen Bergdörfern wie Bocognano und Bastelica gibt es die passenden Unterkünfte, nette Restaurants und eine familiäre Atmosphäre. Das Tal ist zweifellos eine der schönsten Wandergeb-

genden auf Korsika – und weniger überlaufen als die bekannten Etappen des
GR 20. Nördlich des Tals lohnt ein Abstecher nach Ghisoni, einem Bergdorf mit
geheimnisvollen Ruinen.

9 Das Maison Bonaparte besuchen (S. 180)

Das Geburtshaus von Napoleon Bona-
parte steht in Ajaccio, denn hier, in der
Inselhauptstadt, kam der berühmte
Kaiser zur Welt. So sind auch die um-
liegenden Straßen und Plätze voll mit
Denkmäler, Museen und anderen Erin-
nerungen an dieses Stück Geschichte.
Bei einem Bummel entdeckt man außer-
dem noch zahlreiche andere spannende
Seiten der Stadt.

10 Die Gassen von Bonifacio erkun-den (S. 254)

Es ist ein wahrer Genuss, sich in der Altstadt zu verlaufen, die wohl verwinkelter

Napoleons Geburtshaus – das Maison Bonaparte

ist als jede andere und hoch über dem
Meer sitzt. Bis nach Sardinien kann
man von hier aus schauen. Die historische Festungsstadt Bonifacio wurde
auf Kreidefelsen errichtet, schwindelerregend nah am Abgrund. Mit Ausflugs-
booten geht es zu Grotten und den
Lavezzi-Inseln.

Auch im Hinterland warten abenteuerliche Pfade.

WILLKOMMEN
auf Korsika

Korsika überrascht selbst Stammgäste immer wieder. Vielfältig sind die Landschaften und Eindrücke, die das »Gebirge im Meer« bietet. Dies ist eine Insel für Abenteurer, Wanderer, Trekking-Anhänger und Campingfreunde, aber genauso ein Ort für entspannten Badeurlaub oder kulturelle Erkundungen. Spektakuläre Schluchten und schroffe Gipfel, klare Flüsse und Wasserfälle, Wälder und Bergdörfer bilden ihr wildes Herz. Rundherum verführt ein Saum aus Stränden, kleinen Buchten, Badeorten und Hafenstädten.

Lange Sandstrände im Osten

Je nachdem, in welche Richtung man auf Korsika abbiegt, kann ein Urlaub auf der Mittelmeerinsel höchst unterschiedlich aussehen. Lieblich locken die Strände im Osten – oft viele Kilometer lang, laden sie zum Baden im Azurblau ein. Auf rund 80 Kilometer Länge bringen es die Sandstrände an dieser Inselseite insgesamt. Sie prägen verschiedene Küstenregionen. An der Costa Verde, der »grünen Küste«, ist das kastanienreiche

Die Steilküste bei Bonifacio im Abendlicht

Hinterland der Castagniccia ganz nah. Weiter Richtung Süden folgen die »heitere« Costa Serena, die »Perlmuttküste« Côte des Nacres und schließlich, kurz hinter Porto-Vecchio, die karibisch anmutende Plage de Palombaggia sowie weitere schöne Buchten.

Reizvolle Golfe im Westen

Von teils hoch aufragenden, zerklüfteten Felsen geprägt ist die westliche Seite Korsikas. Dazwischen bilden die fjordähnlichen Meereseinschnitte der Golfe zahlreiche reizvolle Urlaubsziele. Auf halber Strecke liegt Ajaccio, die Hauptstadt der Insel. Neben den vier großen Golfen von Valinco, Ajaccio, Sagone und Porto gehören auch noch kleinere Golfe und Buchten zur Küstenlinie – einige von ihnen bergen Traumstrände wie die Plage d'Arone südlich von Porto. Auch für Wassersport, von Wellenreiten bis Tauchen, ist diese Region wie geschaffen.

Wanderparadies Naturpark

Für viele ist das Landesinnere das wahre Korsika, das auch Wanderer besonders lieben (siehe »Wandern auf Korsika«, S. 86). Mittendrin fasziniert Corte, Korsikas ehemalige Hauptstadt, mit ihrer ehrwürdigen Zitadelle und ihrem großen Kulturangebot. Der Regionale Naturpark Korsika (Parc Naturel Régional de Corse)

Auf einer Wanderung lernt man das wahre Korsika kennen.

erstreckt sich über eine Fläche von 3500 Quadratkilometer. Kristallklare Flüsse, Quellen und Badegumpen in den Felsen bilden eine völlig andere Welt als die Strände und das Salzwasser des Mittelmeeres. Seine Berglandschaften mit dichten Pinien- und Korkeichenwäldern bieten zahlreiche Wander- und Trekkingmöglichkeiten. Und nicht zuletzt verbinden mehrere spektakuläre Passstraßen Ost- und Westküsten, etwa der Col de Bavella mit seinen sieben Felsnadeln »Aiguilles de Bavella«.

Kunst und Kultur

Auch wenn Korsika vor allem eine Insel für Naturfreunde ist, die Städte und

Die schroffen Felsküsten haben ihren eigenen Charme.

Dörfer bieten kulturelle Abwechslung. In Ajaccio, Geburtsort Napoleons I., können Besucher den Spuren des berühmten Kaisers folgen, in Bastia, Calvi, Corte und Bonifacio begeistert die mittelalterliche Architektur mit ihren gut erhaltenen Festungsanlagen (Citadelles). Besonders im Süden der Insel entführen mehrere Ausgrabungsstätten, Menhire und Bauten aus der Torre-Kultur in die Stein- und Bronzezeit. In Alèria und südlich von Bastia wiederum sind Reste von Siedlungen aus der römischen Antike zu bewundern.

Museen, Festivals und Feste in vielen Ortschaften bereichern das kulturelle Angebot, u. a. das Theaterfestival L'Aria in Vallinca, die Nuits de la Guitare in Patrimonio oder das Nussfest von Cervio-ne. Unbedingt zu einem Korsika-Urlaub gehört es auch, den polyphonen Gesängen einer der zahlreich vertretenen korsischen Musikgruppen zu lauschen.

Eine »deftige« Insel

So herzhaft wie die Insel mit ihren verwilderten Hausschweinen und abenteuerlichen Landschaften ist auch die Küche. Charcuterie, also Fleisch- und Wurstwaren, kommen oft und in guten Portionen auf den Tisch, etwa Figatellu, eine geräucherte, grobe Wurst aus Leber und Speck, das gepfefferte Filet Lonzu, und Coppa: ein in Salz und Wein eingelegter Rollschinken aus Schweinenacken. Eine Spezialität ist auch Prisuttu – ein Räucherschinken, der gern mit frischen Feigen serviert wird.

Für seinen unverwechselbaren Duft berühmt ist Brocciu, der korsische Frischkäse aus Ziegen- oder Schafsmolke – im Comic »Asterix auf Korsika« bringt er ein ganzes Schiff zum Explodieren. Der mit Salz konservierte Käse dient auch als Füllung für Omelettes, Cannelloni und herzhafte Teigtaschen, genauso aber auch für süße Desserts und Kuchen. Für Feinschmecker eine Delikatesse, für alle anderen eher zum Gruseln ist Casjiu Merzzu, ein «verdorbener Käse«, in dem bewusst Maden angesiedelt werden als Zeichen der zweiten Reife.

Zu den inseltypischen Produkten verarbeitet werden auch – wenn auch teils nur in bestimmten Regionen – Honig, Zitrusfrüchte, Oliven, Myrte, Haselnüsse, Feigen und Kastanien. Man findet sie unter anderem in Form von Konfitüren, Nougat, Likören, Speiseölen und Gebäck. Eine besondere Rolle nimmt die Kastanie ein, die hier so vielfältig verarbeitet wird wie wohl kaum irgendwo sonst – sogar zu Bier. An die italienische Polenta erinnert die Inselspezialität »Pulenta«, ein Brei aus Kastanienmehl und Wasser, zu dem zum Beispiel Wildschweinleber gereicht wird.

Zitadellen und Wehrtürme

Neben einer eindrucksvollen Natur findet man auf Korsika an vielen Stellen Relikte längst vergangener Epochen. Teils sind sie nicht zu übersehen, teils verstecken sie sich in der Landschaft und werden selten erwähnt. Das wohl auffälligste Zeugnis der bewegten, von Kriegen und Besatzung geprägten Jahrhunderte sind die Festungsanlagen

Im Abendlicht erstrahlt die Zitadelle von Calvi.

(Zitadellen) in Städten und Hafenorten wie Bastia, Bonifacio, Calvi, Corte und Algajola sowie die zahlreichen »Genueserтürme«, die eine Verteidigungslinie rund um die Küste bildeten und größtenteils noch gut erhalten sind. Um sich vor Angriffen durch die Sarazenen und verfeindete Mächte zu schützen, ließen die Genueser allein im Zeitraum 1510 bis 1620 rund 100 Türme an den Küsten Korsikas errichten.

Die Geschichte anderer Hinterlassenschaften reicht noch viel weiter zurück. Zwei Ausgrabungsstätten erinnern an die Antike, als die Griechen und Römer ihre Spuren hinterließen. Südlich von Bastia wurden die Überreste der Stadt Mariana gefunden, die der römische Feldherr Gaius Marius um 100 v. Chr. errichten ließ. Von der Fundstätte, die sich hinter der Kathedrale La Canonica befindet, ist allerdings nicht mehr viel zu sehen. Ganz anders verhält es sich in Aléria an der Ostküste: Hier sind die Grundmauern der antiken Stadt Alalia noch gut zu erkennen, die der griechische Volksstamm der Phokäer gründete. Die Ausgrabungsstätte zählt zu den größten kulturellen Sehenswürdigkeiten Korsikas.

Menhire und Torre-Kultur

Bekannt ist die Insel auch für einige Fundstätten aus der Vor- und Frühge-

Eindrucksvolle Menhire sind in Fundstätten wie Cauria zu bewundern.

Nicht Wildschweine, sondern verwilderte Hausschweine trifft man oft auf Wegen und Straßen.

schichte (Neolithikum und Megalithikum). Besonders die Südhälfte Korsikas ist nahezu gespickt mit Menhiren, jenen geheimnisvoll anmutenden Steinsäulen, die oft Gesichter tragen und an Kultplätze denken lassen. Rund 630 Menhire, 73 Menhirstatuen sowie 64 Steinkistengräber und Dolmen verteilen sich in der Landschaft. Besonders eindrucksvoll zeigen sie sich in den Fundstätten Filitosa und Cauria, die als große Freilichtmuseen gestaltet wurden. Doch es gibt auch einige unbekanntere einzelne Menhire, die es aufzuspüren lohnt.

An manchen Fundplätzen, etwa in Filitosa, vermengen sich diese Hinterlassenschaften der Steinzeitkultur mit geheimnisvollen Bauten aus der Bronzezeit, die man nur auf Korsika und in ähnlicher Form auf Sardinien fand: Die Ruinen von Rundbauten der »Torreaner« sind zum Beispiel auch nahe Porto Vecchio zu bewundern und entstammen jener rätselhaften Kultur, über deren Geschichte und Untergang kaum etwas bekannt ist – nicht zu verwechseln mit den Genuesertürmen an der Küste, die erst im Mittelalter entstanden.

Ehrenkodex und Blutrache

Dass die Korsen ein liebenswertes, aber auch eigenwilliges Volk sind, ist bei einem Besuch auf der Insel schnell spürbar. Da ist einerseits die Gastfreundschaft: die Vermieterin des Apartments, die herzlich zum Aperitif einlädt, oder der Wirt in der Bergerie, der humorvoll den berüchtigten Ziegenkäse mit seinem strengen Duft serviert. Andererseits fürchtet man als Autofahrer mitunter

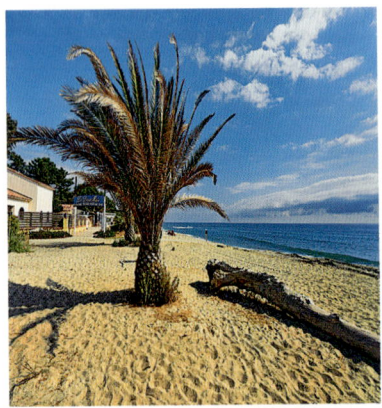

Weitläufige Strände laden zum Spaziergang ein.

um sein Leben, wenn der genervte Einheimische zwar mit passgenauer Abmessung, doch gehörigen Schrecken einjagend die Kurven schneidet.

Auf den Punkt bringt es der Comic »Asterix auf Korsika«, der mit sympathischer Ironie die Eigenarten der Insulaner darzustellen weiß.

Der Korsische Feuersalamander

Demnach sind die Korsen als »Individualisten von überschäumendem Temperament, doch gleichzeitig beherrscht und gelassen in ihrem Gehabe, gastfreundlich, ihren Freunden treu, heimatverbunden, redegewandt und mutig«. Und sie haben noch eine andere Eigenschaft, resümiert der Verfasser: »Sie sind leicht beleidigt.« Doch während sich das Temperament heute eher in ungeduldigem Hupen oder einem vielsagenden Blick äußert, musste man sich in früheren Jahrhunderten ernsthaft vorsehen. Wehe dem, der eine Familienehre verletzte!

Das »Recht« zur Selbstjustiz war einst auf Korsika selbstverständlich. Nach dem geltenden Ehrenkodex war ein Mann regelrecht dazu verpflichtet, Kränkungen durch Mord zu sühnen. Ein einmal gegebenes Wort durfte man keinesfalls brechen. Zu den Grundsätzen zählte auch die Gastfreundschaft, die man Hilfesuchenden anzubieten hatte. Schwere Verstöße gegen den Ehrenkodex wurden mit der Vendetta (korsisch: Vindetta) geahndet, aus der Literatur hinlänglich bekannt als Blutrache. Alle Familienmitglieder waren daran beteiligt, dazu wurde ein Familienrat einberufen, um zu entscheiden, ob die Beleidigung gerächt werden sollte. Bei Einigkeit benachrichtigte man die Familie des Beleidigers, der wiederum fortan als Ehrenbandit galt und sich in die undurchdringliche Bergwelt mit ihrer Macchia und vielen Verstecken flüchtete. Solch eine Fehde zwischen zwei Familien konnte lange währen, sich sogar von Generation zu Generation fortsetzen, bis die Schande

Auch die Friedhöfe berichten von der bewegten Inselgeschichte.

schließlich gerächt werden konnte. Dies führte so weit, dass auf Korsika einige Sippen regelrecht ausgelöscht wurden.

Eine Hochburg der Vendetta war Sartène, das auch aus diesem Grund oft als düster bezeichnete Städtchen an der Südwestküste. Die korsische Blutrache prägte einige große literarische Werke, darunter die Novelle »Colomba« von Prosper Mérimée.

»Korsika den Korsen«

Das Streben der Korsen nach Unabhängigkeit zieht sich wie ein rotes Band durch die Geschichte der Insel. Ende der

1960er-Jahre verstärkten sich die Autonomiebestrebungen, treibende Kräfte sind die Union des korsischen Volkes (UPC) und die Nationale Front zur Befreiung Korsikas (FLNC). Ein Autonomiestatut, das Korsika daraufhin im Jahr 1982 erhielt, wurde 1992 erneuert und erweitert. Weil die FLNC die Unabhängigkeit auch mit terroristischen Methoden zu erreichen versuchte, wurde sie allerdings 1983 verboten.

Bei Fahrten über die Insel fallen Ortsschilder auf, deren französische Bezeichnung übersprüht oder überpinselt wurde. Dies ist das wohl offenkundigste Zeichen dafür, dass der Kampf um Un-

Wahrlich nicht zu übersehen sind die Denkmäler zu Ehren Napoleons.

reits einige Todesopfer gab. Diese Aktionen richten sich aber nicht gegen Touristen, sondern beispielsweise gegen politisch einflussreiche Personen oder andere Drahtzieher.

Allgegenwärtig auf der Insel ist das Symbol korsischen Rebellentums, das bereits ab 1762 unter dem Freiheitskämpfer Pasquale Paoli zum Wappen bestimmt wurde: ein schwarzer Kopf mit weißer Stirnbinde, teils auch (als modernere, verfälschte Variante) mit Ohrring. Er ziert zahlreiche Souvenirs, da und dort tragen Eisverkäuferinnen und Servicemitarbeiter solch ein Stirnband als touristischen Werbegag. Um die Herkunft des Symbols kursieren einige Legenden. Auch der Rebellenführer Theodor Stephan von Neuhoff, der für wenige Monate in Cervione zum König ernannt wurde, soll bei seiner Ankunft eine weiße Flagge mit dem besagten Kopf gehisst haben.

abhängigkeit für manche Korsen noch nicht vorüber ist. Mit Parolen wie »A terra corsa i corsi« (Korsika den Korsen) und »I Francesi fora« (Franzosen raus) wollen die korsischen Autonomisten eine Eigenständigkeit erwirken, die soziale und wirtschaftliche Probleme verringern und auch der Erhaltung der korsischen Kultur zuträglich sein soll. Doch selbst die Widerstandsgruppen untereinander sind sich nicht immer einig; die Proteste gipfeln mitunter in Anschlägen und gewaltsamen Aktionen, bei denen es be-

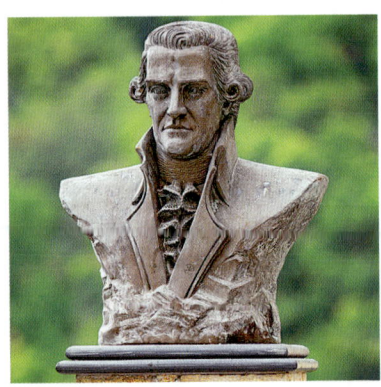

Mit Büsten und Statuen gedenkt man vielerorts der Freiheitskämpfer, hier Pasquale Paoli.

Steckbrief Korsika

Lage: Korsika liegt südöstlich der französischen Festlandküste und westlich von Italien, auf derselben Höhe wie die Abruzzen. Unmittelbar im Süden schließt sich die italienische Insel Sardinien an, die ab Bonifacio zu sehen und per Fähre erreichbar ist.

Fläche: 8699 qkm (Haute-Corse: 4685 qkm, Corse-du-Sud: 4014 qkm).

Küste: Rund 1000 km, davon ein Drittel Strand und zwei Drittel Felsküste.

Hauptstadt: Ajaccio.

Flagge:

Amtssprache: Französisch. Die Orts- und viele andere Bezeichnungen sind zusätzlich auf Korsisch angegeben. Diese eigene Inselsprache, die etwas an Italienisch erinnert, ist heute wieder Wahlfach an Schulen. Auch in den Zeitungen und in der Musik gibt es viele korsische Beiträge. Viele Einheimische legen Wert auf den Erhalt ihrer Sprache und nutzen sie täglich.

Bevölkerung: Auf Korsika leben zurzeit 309 693 Einwohner (Stand 2010). Die größten Städte sind Ajaccio mit rund 65 000 und Bastia mit 43 000 Einwohnern. Die Bevölkerungsdichte beträgt 35,7 Einwohner pro Quadratkilometer.

Währung: Euro.

Zeitzone: MEZ und MESZ von Frühsommer bis Herbst.

Geografie: Korsika ist – nach Sizilien, Sardinien und Zypern – die viertgrößte Mittelmeerinsel. Sie ist 183 km lang (von Cap Corse im Norden bis Capo Pertusato im Süden) und 83 km breit (von Alistro im Osten bis Capo Rosso im Westen). Ihr Umfang beträgt aufgrund der zahlreichen Buchten mehr als 1000 km. 86 Prozent der Insel bestehen aus Bergland mit Gipfeln, die bis zu 2700 Meter erreichen.

Staat und Verwaltung: Korsika gehört zu Frankreich. Die Insel gliedert sich in die Verwaltungsgebiete Haute-Corse mit der Hauptstadt Bastia und Corse-du-Sud mit der Hauptstadt Ajaccio.

Wirtschaft: Auch wenn die Insel von Landwirtschaft geprägt zu sein scheint, lebt hiervon nur noch ein kleiner Teil der Bevölkerung. Rund 80 Prozent des Bruttoinlandsproduktes entfallen heute auf den Tourismus.

Tourismus: Ungefähr 2,5 Millionen Touristen kommen jährlich nach Korsika. Etwa 81 Prozent der Erwerbstätigen arbeiten im Dienstleistungssektor, die Hälfte davon wiederum im Tourismus. Weitaus geringere Anteile entfallen auf die Bereiche Landwirtschaft (2 Prozent) und Industrie (17 Prozent).

Religion: Der größte Teil der korsischen Bevölkerung ist römisch-katholisch.

Geschichte im Überblick

In der Steinzeit gibt es bereits erste Siedlungen, worauf so manche archäologische Fundstätte hinweist.

In der Antike hinterlassen die Griechen und Römer ihre Spuren – so gründete der griechische Volksstamm der Phokäer die Stadt Alalia (heute Aléria) an der Ostküste Korsikas.

535 v. Chr. Nach einer Seeschlacht gegen die Karthager und Etrusker verlassen die Griechen die Insel. An deren Stelle kommen die Römer, denen es im 3. Jh. n. Chr. gelingt, die Karthager zu besiegen.

Im 5. und 6. Jh. n. Chr. steht Korsika unter der Herrschaft der Vandalen, des byzantinischen Reiches und der Langobarden.

758 erobern die Truppen des fränkischen Königs Pippin die Insel, nachdem sie fast 200 Jahre lang zu Byzanz gehört hatte. In die Geschichte geht die »Pippinsche Schenkung« ein, wonach der Monarch die Insel dem Papst schenkte. In den folgenden tausend Jahren wird Korsika wiederholt von Angriffen der aus dem arabischen Raum stammenden Sarazenen gebeutelt.

Ab 1077 wird die Insel vom Bistum Pisa verwaltet – eine Zeit, in der ein gewisser Friede und kultureller Aufschwung einkehrt. Ein Zeugnis der pisanisch-romanischen Kirchenbaukunst ist die Kathedrale La Canonica am Lagunensee Étang de Biguglia südlich von Bastia.

Im Jahr 1284 besiegt die Seemacht Genua das gegnerische Pisa nach jahrelangem Streit um Korsika. Für die folgenden fünf Jahrhunderte sollte der aufstrebende ligurische Stadtstaat die Macht über die Insel haben. In dieser Epoche entstehen die imposanten Festungsanlagen der Insel.

1510 bis 1620 lassen die Genueser, um sich vor weiteren Angriffen durch die Sarazenen und verfeindete Mächte zu schützen, rund 100 Türme an den Küsten Korsikas errichten. Diese militärischen Bauwerke bilden einen Verteidigungsgürtel und dienen der Überwachung. In den Städten werden Befestigungsanlagen errichtet oder bereits vorhandene Anlagen verstärkt, etwa in Bonifacio, Calvi, Algajola, St. Florent und Porto-Vecchio. Noch heute sind diese Anlagen und viele der Wehrtürme auf der ganzen Insel als eindrucksvolle historische Zeugnisse zu besichtigen.

1358 Bauernaufstände während der Zeit der genuesischen Herrschaft sorgen für Aufruhr.

1376 bis 1434 prägen die Kriege gegen Aragon diese bewegte Epoche der korsischen Geschichte.

1453 bis 1559 Innerhalb von mehr als 100 Jahren verschuldet sich das Inselreich hoch und wird schließlich an die Bank des Heiligen Georg verpfändet.

1559 fällt Korsika unter König Heinrich II. an Frankreich.

1559 bis 1567 begehren die Korsen selbst unter Sampiero Corso auf, in dem Bemühen, Unabhängigkeit zu erreichen.

1729 bis 1769 Fast 200 Jahre später gipfelt die Rebellion im Korsischen Unabhängigkeitskrieg, wobei den Korsen der deutsche Abenteurer Theodor von Neuhoff zu Hilfe kommt, den sie 1736 in Cervione zum König krönen. Nur sieben Monate währt seine Regierungszeit. Es folgen weitere Jahre mit Aufständen, ab 1755 unter Pasquale Paoli, dem »General der Nation«. Noch heute wird der Freiheitskämpfer als Nationalheld verehrt. Er verhilft Korsika zu einer Verfassung, führt die Schul- und Militärpflicht ein, macht Corte zur Hauptstadt und gründet dort eine Universität. Vierzehn Jahre lang hält sich Korsika als eine Art eigenständiger Staat unter den genuesischen Besatzern.

1768 endet diese relative Autonomie mit dem Verkauf der Insel an Frankreich. Ein Jahr später besiegen die Franzosen die an Zahl und Waffen unterlegenen Korsen in der historischen Schlacht von Ponte Novu und übernahmen die Insel.

1942 bis 1943 Während des Zweiten Weltkriegs ist Korsika von deutschen und italienischen Truppen besetzt.

Ende der 1960er-Jahre verstärken sich die Autonomiebestrebungen; treibende Kräfte sind die Union des korsischen Volkes (UPC) und die Nationale Front zur Befreiung Korsikas (FLNC).

1982 erhält Korsika ein Autonomiestatut, das im Jahr 1992 erneuert und erweitert wird.

1983 wird die FLNC verboten, da sie die Unabhängigkeit auch mit terroristischen Methoden zu erreichen versucht. Ab den 1990er-Jahren sorgt sie mit Anschlägen, die sich jedoch nicht an Touristen richten, aber wieder für Aufsehen.

Am 6. Februar 1998 wird der Präfekt Claude Erignac in Ajaccio auf offener Straße erschossen. Der Politiker stand im Visier der korsischen Extremisten.

2011 wird der korsische Nationalist Yvan Colonna, mutmaßlicher Mörder des Präfekten, vor dem Pariser Sonderschwurgericht zu lebenslanger Haft verurteilt.

2013 startet auf Korsika die 100. Tour de France – die erste Etappe beginnt am 29. Juni in Porto-Vecchio. Weitere Etappenziele sind Bastia, Ajaccio und Calvi. Damit ist die Insel erstmals an dem legendären französischen Radrennen beteiligt.

Statue des Generals Gaffori in Corte

DER NORDEN

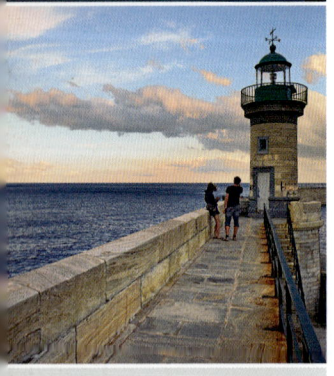

Seite 24/25: Am Kap Corse: das Kastell bei Pino
Mitte: Hafenflair mit Wahrzeichen: die doppeltürmige Kirche Saint Jean Baptiste
Unten: Von der Hafenmole aus bietet sich ein besonders schöner Blick auf Meer und Altstadt.

1 Bastia
Versteckte Juwelen

Bescheiden gibt sich die zweitgrößte Stadt Korsikas auf den ersten Blick. Doch hinter ihrer unscheinbaren Fassade verbirgt sich barocke Pracht. Wie kleine Schatzkammern hüten die Kirchen und Oratorien sehenswerte sakrale Kunst. In die Gründerzeit entführt die Zitadelle über dem alten Hafen. Das Museum im Gouverneurspalast informiert über die Traditionen und Geschichte der Insel.

Bastia bedeutet für viele Inselgäste das erste Rendezvous mit Korsika. Die Flieger aus Frankreich und Deutschland landen auf dem zugehörigen Flughafen Poretta südlich der Stadt. Wer mit der Fähre anreist, könnte meinen, in Italien anzukommen. Pastellfarben und schlicht-elegant rückt eine Häuserfront ins Blickfeld, die genauso auch in Neapel oder Rom stehen könnte, dahinter ragen die Gipfel des Pigno-Massivs auf. Neben dem Fährhafen grüßt der historische Stadtteil mit dem alten Hafen und der Zitadelle. Sie gab der Stadt ihren Namen: Bastia entstammt dem italienischen Wort »Bastiglia« für Festung; damit verwandt ist auch der deutsche Begriff »Bastion«.

Terra Nova und Terra Vecchia

Die Festungsanlage ließ der genuesische Gouverneur Leonello Lomellini errichten. Im Jahr 1378 hatte er das Schloss von Biguglia verlassen, um die strategisch und wirtschaftlich günstige Lage für die Gründung der neuen Stadt zu nutzen. Der dortige Naturhafen »Porto Cardo« diente bereits der Verschiffung von Wein nach Pisa. Die Reben gediehen im Hinterland des Bergdorfs Cardo, noch

Einfach gut!

heute das ertragreiche Anbaugebiet Patrimonio. Mit dem Bau der Zitadelle entstand das neue Viertel »Terra Nova«, während man das Hafengebiet Porto Cardo fortan »Terra Vecchia« nannte. Im Jahr 1480 war der Bau der Befestigungsanlagen abgeschlossen. Weitere fünfzig Jahre später konnte der Gouverneurspalast als Anbau an den alten Wehrturm vollendet werden.

Im Laufe des 16. und 17. Jahrhunderts wuchs die Oberstadt Bastias – angelegt mit geraden Straßen im Schachbrettmuster, spiegelt sie die Tradition genuesischer Städte wider. Immer mehr Menschen ließen sich in der Stadt nieder, die sich während des 18. und 19. Jahrhunderts weiter Richtung Norden und über die Anhöhen ausbreitete. Repräsentative Bauten bereicherten nun das Stadtbild, darunter der Justizpalast und große Bürgerhäuser entlang der Boulevards, die zusammen mit der Place Saint Nicolas auch heute das wirtschaftliche Zentrum bilden. Noch bis 1811 blieb Bastia die Hauptstadt der Insel, dann übernahm Ajaccio als Geburtsstadt von Napoleon Bonaparte (1769–1821) diesen Status. Heute ist Bastia mit mehr als 43 000 Einwohnern die zweitgrößte Stadt Korsikas, seit 1975 ist sie die Hauptstadt des Verwaltungsbezirks Haute-Corse.

Rund um die Place Saint Nicolas

Korsischer Alltag und touristisches Treiben vermengen sich in der heutigen Neustadt mit ihren breiten Avenues und weiten Plätzen. Es gibt Läden, Restaurants und Cafés für jeden Geschmack. Besonders der Boulevard Paoli lädt zum Flanieren und Shoppen ein. Die benachbarte, von Palmen und Platanen gesäumte Place Saint Nicolas ist einer der größten Plätze Frankreichs. Auf dem

PLACE DU MARCHÉ

Im Schatten der zentralen und bekannteren Place Saint Nicolas geht der Marktplatz von Bastia bei Reisenden ein wenig unter. Die Place du Marché misst nur etwa ein Viertel der Fläche ihres großen Schwesterplatzes, doch genau das macht sie für viele, die sie kennen, attraktiver. Während man sich auf dem größeren Platz schon fast etwas verloren vorkommt, ist es hier gemütlicher, die Straßencafés und Lokale ringsum sind mehr auf Einheimische als auf Touristen eingestellt. Besonders lebendig geht es an Markttagen zu, obendrein eine schöne Gelegenheit für einen traditionellen Einkauf. An den Ständen gibt es frischen Fisch, Fleisch, Käse und andere korsische Lebensmittel.

Place du Marché / Marché Couvert. Marktplatz und Markt in Bastia. Reges Treiben und korsische Produkte, z. B. Kastanienhonig, Olivenöl. Mo–So vormittags, 20 200 Bastia

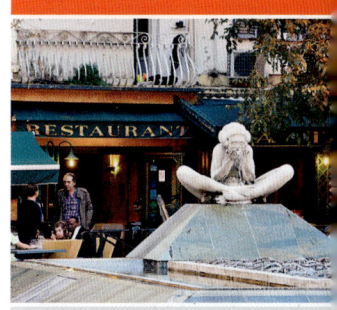

Rund um die Place du Marché gibt es besonders schöne Cafés.

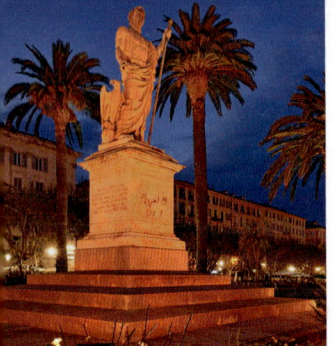

300 Meter langen und 90 Meter breiten Areal stehen zwei Denkmäler. Das eine zeigt Napoleon in römischer Toga, das andere erinnert an die in den Kriegen des 18. und 19. Jahrhunderts gefallenen Korsen. In nahezu jeder Ortschaft auf der Insel steht übrigens solch ein Mahnmal.

Ein barocker Spaziergang

Der Glanz ist den Vorzeigebauten und Einkaufsstraßen vorbehalten. Besonders in der Altstadt blättert der Putz, harrt manche Fassade der Sanierung. Dazwischen aber versteckt sich kulturelle Schönheit: Bastia hat auf kleinem Raum gleich mehrere sehenswerte Kirchen und Oratorien zu bieten, die sich auf einem Spaziergang verbinden lassen. Dazu begibt man sich am besten zur Place Saint Nicolas und läuft an der Südseite des Platzes (Richtung alter Hafen) in die Rue Napoleon. Bereits nach etwa 100 Metern ist auf der linken Seite das Oratoire Saint Roch (1590–1604) zu sehen, das dem Schutzpatron der Pestkranken, Rochus von Montpellier, geweiht wurde. Unscheinbar fügt sich die Kapelle in die Häuserfronten der schmalen Einbahnstraße, ein schlichtes Mosaik mit einem Kreuz ziert den Vorplatz. Im Inneren aber erweist sie sich als Juwel des frühen Barocks: Viel Gold, Marmor, reich geschnitztes Mobiliar und zahlreiche Engel schmücken den Raum in prunkvollem Einklang mit karmesinroten Wänden und Holzvertäfelungen. Links neben dem Eingang befindet sich eine Statue des Heiligen Rochus im blauen Gewand. Die Fassade des Bauwerks entstammt dem Neoklassizismus. Der Bildhauer Giuseppe Bertolucci schuf das große Marmortor im Jahr 1860. Über dem Eingang ist die Jakobsmuschel als Symbol der Pilger zu sehen.

Am südlichen Ende der Rue Napoleon weist ein Sonnenmosaik den Weg zum Oratoire de l'Imma-

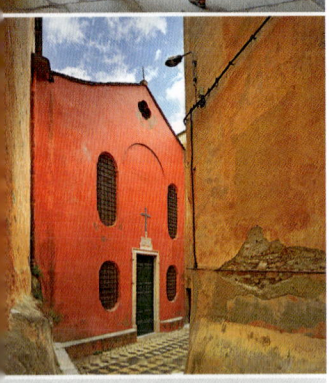

Oben: Auf der Place Saint Nicolas trägt Napoleon eine Toga.
Mitte: Durchgang zur Place du Donjon im Zitadellenviertel
Unten: Rund um die Zitadelle gibt es viel zu entdecken (hier: Rue de L'Hospiche).

Rundgang durch Bastia

Altstadt, Hafen und Zitadellenviertel: Ein Stadt-
rundgang führt durch die verschiedenen Teile
Bastias. Teil der Tour ist beispielsweise ein baro-
cker Rundgang, der die schönsten Kirchen und
Kapellen verbindet.

Ⓐ Fährhafen – Hier legen die Fähren aus Frankreich und Italien an.

Ⓑ Place Saint Nicolas – Mondänes Flair ver-
strömt der weitläufige Platz mit dem Napoleon-
Denkmal.

Ⓒ Boulevard Paoli – Die Einkaufsmeile, Haupt-
geschäftsstraße von Bastia, ist nach dem korsischen Revolutionär und Widerstandskämpfer
Pasquale Paoli benannt.

Ⓓ Oratoire Saint Roch – Die Kapelle, geweiht
dem Schutzpatron der Pestkranken, ist Startpunkt
des Barock-Spaziergangs.

Ⓔ Oratoire de l'Immaculée Conception – Auch
das Oratorium zur Unbefleckten Empfängnis hat
ein barockes Innenleben.

Ⓕ Église Saint Jean Baptiste – Das doppeltürmige Wahrzeichen Bastias ist Johannes dem
Täufer geweiht.

Ⓖ Place du Marché – Auf dem Marktplatz von
Bastia herrscht vormittags reges Treiben.

Ⓗ Alter Hafen – Schaukelnde Boote, Cafés
und ein schöner Blick von der Mole verlocken
zum Stopp.

Ⓘ Jardin Romieu – Der schönste Weg zur Zitadelle führt durch diese Gartenanlage.

Ⓙ Zitadelle – Ein Besuch der Festungsanlage gehört unbedingt zu einem Rundgang durch Bastia.
Den ältesten bebauten Teil der Stadt nennt man
übersetzt »Neustadt«.

Ⓚ Kathedrale Sainte Marie – Die Kathedrale in
der Zitadelle beherbergt eine große Marienstatue
aus Silber.

Ⓛ Oratorium Sainte-Croix – Das einzige Rokoko-
Oratorium vermag den Prunk noch zu toppen.

Ⓜ Gouverneurspalast – Hier ist auch das Museum von Bastia, das sogenannte Musée de Bastia,
untergebracht.

culée Conception (Oratorium der Bruderschaft zur Unbefleckten Empfängnis, 1609). Der barocke Eingang entstand 1704, der übrige Marmorschmuck der Fassade kam 1859 hinzu. Etwas weiter, kurz vor dem alten Hafen, führt links die Rue Saint Jean zum Wahrzeichen Bastias: Die doppeltürmige Kirche Église Saint Jean Baptiste (1636–1666) wird von der umgebenden Bebauung regelrecht verschluckt; man könnte meinen, dass sich das schwere Eingangsportal kaum noch öffnen lasse, so nah rückt die Häuserzeile gegenüber heran. Auf der Hinterseite indes weitet sich die Place du Marché (Marktplatz), umgeben von netten Cafés und kleinen Lokalen – eine schöne Gelegenheit für einen Stopp, besonders zu den Marktzeiten.

Kathedrale Sainte Marie

Eher schlicht gibt sich das Innere von Saint Jean Baptiste. Die Kirche diente der ärmeren Bevölkerung der Unterstadt. Seine beiden Kirchtürme erhielt das Bauwerk erst im 19. Jahrhundert. Als »Kirche der Reichen« hingegen galt die Kathedrale Sainte Marie (1495, Umbau 1600–1622) in der Zitadelle direkt gegenüber. Der schönste Weg dorthin geht um den u-förmigen alten Hafen herum, vorbei an Brasserien und Straßencafés. Der Fußweg führt schließlich über Treppen hinauf zum Jardin Romieu, einem in den 1870er-Jahren angelegten, öffentlichen Garten. Das Prachtstück im Altarraum ist eine zwei Meter große Silberstatue der Mariä Himmelfahrt. Das fast 500 Kilogramm schwere Kunstwerk wurde aus Ohrringen und Geschmeiden der gut betuchten Bastianer geschaffen. Um die Kirche Jean Baptiste zu übertrumpfen, heißt es, sammelte man bergeweise Schmuck und andere Dinge aus Silber und ließ sie einschmelzen. Sainte Marie ist das größte sakrale Bauwerk Korsikas. Ganz in ihrer Nähe steht noch

Vor dem Oratoire de l'Immaculée Conception

eine sehenswerte Kapelle: Das Oratoire Sainte-Croix (1735–1790) prunkt in der verschwenderischen Fülle des Rokoko.

Museum und Miniaturdorf

Verbinden lässt sich die Kirchentour mit einer anschließenden Besichtigung der Citadelle (Zitadelle). Ein Labyrinth aus engen Gässchen, umschlossen von hohen Festungsmauern, bildet die Terra Nova, die einstige »Neustadt« der Genueser. Sie ist auch von der Straßenseite aus durch das Hauptportal, die Porte Louis XVI, zu erreichen. Herzstück der Zitadelle ist der Gouverneurspalast (1453), in dem sich heute das Musée de Bastia (Museum von Bastia) befindet. Auf einer Fläche von 900 Quadratmetern bietet es einen umfassenden Einblick in die Traditionen und Geschichte Korsikas.

In der Zitadelle ist zudem ein vollständiges korsisches Dorf im Miniaturformat (Miniature Citadelle de Bastia) zu besichtigen: Der Likörfabrikant René Mattei ließ 1983 bis 1986 »Le village miniature corse« errichten, Stein auf Stein im Maßstab 1:30 und komplett animiert. Die Windräder der Mühlen drehen sich, die Häuser sind beleuchtet.

Geheimtipp

DIE HEILIGE TREPPE VON KORSIKA

Viele Pilger zieht es zur Heiligen Treppe beim Lateranspalast in Rom, den Originalstufen, auf denen Christus laut Überlieferung zu Pilatus geführt wurde. Doch nur wenige wissen, dass sich ein seltener Nachbau der »Scala Santa« in einer Kapelle bei Bastia befindet. Im 19. Jahrhundert erteilte Papst Pius VII. der Stadt das Privileg, eine solche Treppe einzurichten. 28 rot-goldene Stufen führen zum Altar des barocken Oratoire de Monserrato, das auf einem Spazierweg durch hübsche Gärten zu erreichen ist.

L'Oratoire de Monserrato. Fußweg (ca. 1,5 km): Vom Justizpalast dem Chemin du Fort Lacroix folgen, links in die Route de Saint-Florent, kurz darauf erneut links (Chemin de Scala Santa). Anfahrt mit dem Pkw: Richtung Kloster St-Antoine, in der Kurve oberhalb parken, ab dort ca. 15 Min. Fußweg. Chemin de Scala Santa, 20 200 Bastia

Infos und Adressen

SEHENSWÜRDIGKEITEN

Cathédrale St.-Marie de l Àssomption. Rue Notre Dame 12, Tel. 04 95 31 01 80

Église Saint Jean Baptiste. Rue Cardinal Viale Prélat 4, Tel. 04 95 55 24 60

Gouverneurspalast mit Musée de Bastia. Place du Donjon / La Citadelle, Tel. 04 95 31 09 12, www.musee-bastia.com

Miniature Citadelle de Bastia. April–Mitte Okt. 9–12 / 14.30–17.30 Uhr. Tel. 06 10 26 82 08

ESSEN UND TRINKEN

A Scudella. Traditionelle Küche, korsische Spezialitäten. Rue Pino 10, Tel. 06 18 93 06 98

Brasserie l'Etudiant. Auch Pizza. Avenue Jean Zuccarelli 11, Tel. 06 20 29 44 26

Charcuterie gehört zu den ausgesprochenen Spezialitäten Korsikas.

Chez Anna. Authentische und saisonale Küche mit Produkten aus der Region. Rue Jean Casale 3, Tel. 04 95 30 86 21, E-Mail: restochezanna@live.fr

Helios. In dem großen Innenraum geht es lebendig zu, dafur uberzeugt die Terrasse. Route du Cap 39

La Cuisine du Sud. Restaurant im Süden von Bastia. Küchenchefin Marie France Muraccioli kreiert mediterrane Köstlichkeiten. Avenue de la Libération (Sud Hôtel), Tel. 04 95 30 20 61

La Fabrica. Restaurant in urigen Gewölben. Auch Pizza und eine gute Auswahl an korsischer Pasta. Boulevard Général Giraud 1, Tel. 04 95 58 32 95, E-Mail: michel.pierucci@orange.fr

La Tomate Noire. Keine schwarzen Tomaten, aber internationale Küche (thailändisch, marokkanisch usw.) und Traditionelles (Souris Rôtie à la Panzetta, Filet mi foie gras, frites maison). Rue César Campinchi 33, Tel. 04 95 55 16 4, E-Mail: marinavaillant@yahoo.fr

Santa Maria. Fisch und Meeresfrüchte im alten Hafen. Auf der Esplanade mit Meerblick. Quai des Martyrs, Tel. 04 95 36 40 59

ÜBERNACHTEN

Bonaparte. Drei-Sterne-Hotel gegenüber dem Fährhafen. Boulevard Gal Graziani 45, Tel. 04 95 34 07 10, E-Mail: hotel.bonaparte. bastia@wanadoo.fr, www.hotel-bonaparte-bastia.com

Des Voyageurs. Im Stadtzentrum nahe den Einkaufsstraßen. Avenue Mal Sebastiani 9, Tel. 04 95 34 90 80, E-Mail: contact@hotel-les voyageurs.com, www.hotel-lesvoyageurs.com

Le Central. Zimmer, Suiten und Apartments im barocken Stil. Drei Sterne. Rue Miot 3, Tel. 04 95 31 71 12, E-Mail: info@centralhotel.fr, www.centralhotel.fr

Posta Vecchia. Das Drei-Sterne-Haus bietet solide-elegantes Ambiente nahe dem Wasser. Rue Posta Vecchia 8, Tel. 04 95 32 32 38, E-Mail: info@hotel-postavecchia.com, www.hotel-postavecchia.com

Spa Ostella. Das Drei-Sterne-Hotel (52 Zimmer) zeichnet sich besonders durch den schönen Spa- und Fitness-Bereich aus. Avenue Sampiero Corso, Tel. 04 95 30 97 70, E-Mail: hotel.ostella@wanadoo.fr, www.hotel-ostella.com

Terrasse mit Weitblick

AUSGEHEN

La Noche de Cuba. Haus-DJ Greg hat noch mehr zu bieten als Salsa-Klänge. Mit Cocktailbar. Do–Sa. Rue Chanoine Leschi, Tel. 04 95 31 02 83

Le Pub O Connors. Neben Korsikas Hausmarke gibt es auch andere Biere. Karaoke. Mi: 1980er-Musik. Rue St. Erasme 1, Tel. 04 95 32 04 97

EINKAUFEN

Cave Seddas. Weinhandlung mit großer Auswahl an korsischen Weinen. Av. Emile Sari 3, Tel. 04 95 32 47 23

Distillerie L. N. Mattei. In den Verkaufsräumen in Bastia gibt es den legendären korsischen Aperitif, außerdem Spezialitäten wie Likör aus wilden Zitronen, Kastanien- und Myrthenlikör. Boutique Mattei, Place Saint Nicolas, www.capcorsemattei.com

AKTIVITÄTEN

Bahnhof Bastia. Mit der Eisenbahn in andere Regionen Korsikas. SNCF / Chemin de fer de la Corse (CFC). Infos und Tarife unter www.train-corse.com. Place de la gare, Tel. 04 95 32 80 61, www.ter-sncf.com/Regions/corse/Fr

INFORMATION

Office du Tourisme de l'Agglomération de Bastia. Mo–Fr 8–18 Uhr, Sa 8–12 / 14–18 Uhr, So 8–12 Uhr. Place Saint Nicolas, Tel. 04 95 54 20 40, www.bastia-tourisme.com

Auf der Place Saint Nicolas genießt man das mediterrane Leben.

2 Das Umland von Bastia
Bergdörfer und ein Lagunensee

Korsika hat landschaftlich Reizvolleres zu bieten als die dicht besiedelte Gegend rund um Bastia, doch es gibt auch hier einige lohnende Ziele: Eine Fahrt ins Pigno-Massiv eröffnet spektakuläre Panoramen. Das Vogelschutzgebiet Étang de Biguglia bildet eine grüne Lunge nahe der Stadt. An der angrenzenden Plage de Marana breiten Sonnenanbeter gern ihr Handtuch aus. Oben in den Bergen indes sind ehemalige Eislager zu bewundern.

Nur vier Kilometer vom Stadtzentrum entfernt ruht Cardo auf einem Felsvorsprung. Das Dorf, dessen Hafen wegweisend für die Gründung von Bastia war, ist einen Ausflug wert, zumal er sich mit einem Besuch des Couvent Saint Antoine (16. Jahrhundert) verbinden lässt. Das Kapuzinerkloster liegt an derselben Strecke, es verbirgt sich hinter dem Grün der üppigen Gärten an der Route de Saint-Florent. Zur Besichtigung steht es Auswärtigen nicht frei, es gibt aber täglich Messen, Eucharistie und Ähnliches auch für öffentliches Publikum. Ein hauseigener Blogspot informiert über die Termine (siehe Infos und Adressen). Zum Kloster gehört auch das Radio di Salve Regina, eine Radiostation mit christlichen Themen.

Bergdorf Cardo

Um schließlich in das Bergdorf zu gelangen, nimmt man die Route de Cardo, eine Abzweigung der D64 an der Straße nach Saint-Florent, oder die höher gelegene Route supérieure de Cardo. Letztere ist etwas länger, bietet aber noch spekta-

Mitte: An der Corniche Supérieure liegen hübsche Bergdörfer.
Unten: Das Écomusée du Furtin am Lagunensee von Biguglia

Das Umland von Bastia

kulärere Aussichtspunkte. Am Ende wartet ein typisch korsisches Dorf, dessen Ursprünge mindestens im Mittelalter liegen. Zum Schutz vor Barbaren und der sich aus den Mündungsgebieten ausbreitenden Malaria baute man in Höhenlage. Wahrscheinlich existierte hier bereits zu Römerzeiten eine Siedlung, da das Dorf mit dem vorgelagerten Hafen an der bedeutenden Handelsachse lag. Rund vier Jahrhunderte nach ihrer Gründung schlug die Stadt Bastia die Eingemeindung von Cardo vor. Sie erfolgte schließlich am 13. April 1844 unter König Louis-Philippe. Noch heute wird das Dorf durch einen Sonderabgeordneten im Stadtrat von Bastia vertreten.

Rund um Furiani

Ein weiteres sehenswertes Dorf liegt rund zehn Kilometer südlich von Cardo: Auf einer Bergkuppe gruppieren sich die Häuser von Furiani um die Ruinen einer genuesischen Festung. Der kleine Platz vor dem Kirchlein bietet fast Rundumblick. Vor dem Meer in Richtung Südosten glitzert der Lagunensee Étang de Biguglia, der sich als nächstes Ziel einer Rundfahrt anbietet. Der Weg führt durch den Speckgürtel von Furiani, ein neues Wohn- und Industriegebiet, das sich zwischen dem alten Dorfkern und dem See ausbreitet. Sogar ein Kino gibt es (Route du village). Zur Blütezeit des Ortes trug ab 1920 die Tabakproduktion bei, nachdem der Anbau der Pflanze freigegeben worden war. Heute verbindet man vor allem den Namen »Pietra« mit Furiani: Das erste korsische Bier eroberte nach seiner Einführung im Jahr 1996 rasch die Insel (siehe Autorentipp rechts).

Nicht weit davon befindet sich ein Ort, an dem Begeisterung und Trauer gemischte Gefühle hinterlassen. Im Stadion Armand Césari treffen die

Nicht verpassen

BIER AUS KASTANIEN

Nach einem Konzert der korsischen Band »I Muvrini« in Corte merkte Dominique Sialeli, dass ihm etwas fehlte: das passende Bier. Der gebürtige Korse, seinerzeit Manager bei der französischen Telekom in Paris, war in seiner Heimat zu Gast und hatte nun eine neue Geschäftsidee. Zusammen mit seiner Frau Armelle fand er bald eine würdige und echt korsische Zutat … beim Träumen unter Kastanienbäumen, wie es heißt. Ein Einfall, den zunächst so mancher belächelte. Vier Jahre später jedoch stand das Ergebnis vor den Toren von Bastia: eine komplette Brauereianlage. In der Zwischenzeit sind mehr als 20 Jahre vergangen, und das aus Malz und Kastanienmehl gebraute »Pietra« ist in aller Munde.

Brasserie Pietra. Eine Besichtigung der Brauereianlage ist nach telefonischer Anmeldung möglich. Route de l'Étang, 20 600 Furiani, Tel. 04 95 30 14 70, www.brasseriepietra.com

besten Fußballmannschaften Frankreichs aufeinander. Am 5. Mai 1992 kam es zu einer Tragödie. Im Halbfinale zwischen dem Sporting Club Bastia und Olympic Marseille stürzte eine Stahlrohrtribüne ein, es gab 18 Tote und fast 2400 Verletzte. Ein großes, umzäuntes Mahnmal mit Gedenkstein neben dem Eingang erinnert daran. Die Tribüne war kurz vor dem Spiel in aller Eile neu errichtet worden, um Platz für 9000 zusätzliche Zuschauer zu schaffen. Weil es dadurch erhebliche bauliche Mängel gab, wurden 14 verantwortliche Personen angeklagt und zum Teil verurteilt. Bastias damaliger Klubpräsident Jean-François Filippi, der nach der Katastrophe zurückgetreten war, wurde wenige Tage vor Prozessbeginn vor seinem Haus erschossen. Man spekuliert darüber, ob es einen direkten Zusammenhang gab oder andere Gründe für den Mord ausschlaggebend waren.

Réserve Naturelle Étang de Biguglia

Hinter der Bebauung von Furiani lädt der Étang de Biguglia zum Durchatmen ein. Mehrere kleine Straßen führen von verschiedenen Seiten an den Lagunensee, das Land weitet sich, der salzige Wind streicht durch das Schilf. Am Seeufer entsteht fast der Eindruck, irgendwo im Binnenland angekommen zu sein, doch nur ein Kieferngürtel trennt die Lagune vom Strand Plage de Marana und dem heranrollenden Meer. Etwa acht Kilometer von Bastia entfernt, ist dies die grüne Lunge der Stadt; viele Tiere finden optimale Brut- und Lebensbedingungen vor. Rund 130 Wasservogelarten sind ganzjährig in den Marschen, Schilfrohren und Salzwiesen zu Hause, auch zahlreiche Zugvögel sind zu Gast. Flamingos fischen in den Sumpfgebieten nach Nahrung. Reptilien und Amphibien wie Frösche, Geckos, Eidechsen und sogar Sumpfschildkröten sind anzutreffen. Im Wasser tummeln

Oben: Südlich von Bastia verbirgt sich eine besondere Natur mit Marschen, Schilf und Salzwiesen.
Mitte: Mit Glück sieht man auch Flamingos am Étang de Biguglia.
Unten: Funde aus der Römerzeit: die Ausgrabungsstätte Mariana

Wanderung zu historischen Eislagern

INFORMATION

Wie erfinderisch die Korsen schon seinerzeit waren, zeigt sich bei einer Bergwanderung ab Cardo auf eindrucksvolle Weise. Auf dem Kamm des Pigno-Massivs sind zwei Steinbauten zu bewundern, in denen man im Winter Schnee einlagerte, um im Sommer damit die Brunnen von Bastia zu kühlen – und damit das Wasser vor Fäulnis zu schützen. Die beiden gut erhaltenen »Niveres« wurden im 16. und 18. Jahrhundert errichtet. Die eine ist oval geformt, die andere ähnelt einem Wohnhaus, das Dach ist von Gestrüpp überwuchert. In den Gewölben sind die ehemaligen Eislager noch gut zu erkennen. Die Niveres befinden sich auf dem Bergkamm zwischen 750 und 800 Meter Höhe.

An- und Abfahrt: D64 Route de Cardo oder Route supérieure de Cardo (Abzweigungen der D81 Richtung Saint-Florent), beide führen direkt zur Piazza di à Chjessa, dem Startpunkt der Wanderung.

Ausgangspunkt: Kirchvorplatz von Cardo (Piazza di à Chjessa). Gute Parkmöglichkeiten.

Länge: 5,2 km (Variante: 7,2 km). Rd. 550 Hm. 3,5 Std. Gehzeit (mit Pause).

Ausrüstung: Wanderkleidung inkl. berggerechtem Schuhwerk einpacken. Sonnenschutz.

Verpflegung: Ausreichend Wasser und einen Snack / ein Picknick mitnehmen. Es gibt keine Einkehrmöglichkeit unmittelbar in Cardo.

Rad: Für Mountainbike geeignet.

Variante: An der letzten Abzweigung links halten und den Abschnitt auf dem Gipfelweg »Sentier des crêtes« damit um ca. 1 km verlängern.

Tipp: Bei der ersten Nivere bilden einige Bäume einen schönen Picknickplatz.

WICHTIGE STATIONEN

Ⓐ **Kirchvorplatz von Cardo** – An der Piazza di à Chjessa) beginnt die Wanderung.

Ⓑ **Abzweigung hinter der Kirche** – Hier hält man sich links. Am Ende der Siedlung (Sackgasse) beginnt der Wanderweg.

Ⓒ **Nach ca. 600 m** – Hier mündet der Pfad in eine breitere Sandpiste. Links abbiegen und dem Weg ca. 400 m folgen.

Ⓓ **Kleines Gebäude** – An diesem in den Pfad abbiegen, der rechts direkt bergauf führt.

Ⓔ **Weggabelung nach 600 m** – Die rechte Abzweigung führt direkt zu den »Niveres« (bis dort ist es noch ca. 1 km), bald steigt der Weg immer steiler an. Variante: die linke Abzweigung nehmen.

Ⓕ **Gipfelweg »Sentier des crêtes«** – Auf dem Gipfelweg angekommen, ist bereits die erste Nivere zu sehen, die zweite liegt rechts dahinter.

Spektakulär ist der Blick von der Serra di Pigno.

ZWEI-KÜSTEN-BLICK

Einfach gut!

Der Kamm der Serra di Pigno teilt das Cap Corse in Westen und Osten. Zu überqueren ist er bei Bastia über den Col de Teghime (Teghime-Pass, 536 m). An einem Platz eröffnet sich ein herrlicher Panoramablick über beide Seiten: Im Osten breiten sich Bastia und Umgebung aus wie ein Häuserteppich, im Meer sind – bei guter Fernsicht – Elba und weitere Inseln des toskanischen Archipels zu erkennen. Nach einer 180-Grad-Drehung präsentieren sich der Golf von Saint-Florent und die Wüstenlandschaft Désert des Agriates auf der anderen Seite des Kaps. Am Col de Teghime erinnert ein Denkmal an die Befreiung Korsikas im Zweiten Weltkrieg.

Anfahrt/Wegbeschreibung. Ab Bastia über die D81 Richtung Col de Teghime. Parkmöglichkeit bei einer Haarnadelkurve vor Barbaggio. Ein Wanderweg führt von dort auf eine Bergkuppe mit dem besten Blick.

sich Meeräschen und Aale, entlang der Ufer wachsen Pflanzen wie die Afrikanische Tamariske, Erlen und Eukalyptusbäume, Korkeichen und das provenzalische Zuckerrohr. Über Flora, Fauna und die Geschichte des Sees, der einst zu den Befestigungsanlagen gehörte, informiert das Écomusée du Fortin an der Route de l'Étang (Führungen möglich). Das Museum befindet sich auf einer kleinen Insel, die über einen Steg mit dem Straßenende verbunden ist. Circa 150 Meter vorher gibt es rechtsseitig einen größeren Parkplatz.

Fünf Flüsse speisen den Étang de Biguglia, mit einer Fläche von rund 1450 Hektar der größte Lagunensee Korsikas. Das elf Kilometer lange und bis zu 2,5 Kilometer breite Gewässer bedeckt weite Teile der Marana-Ebene. Die topografische Lage – im Flachland südlich des Cap Corse und östlich des Nebbio-Massivs – begünstigte die Entstehung dieses Schwemmgebietes, das 1994 unter Naturschutz gestellt wurde. Als Réserve Naturelle ist der See nur an einigen Stellen zugänglich, Hinweis- und Verbotsschilder weisen die Schutzzonen aus. Es bleiben genügend Möglichkeiten, die Landschaft zu genießen. Entlang der östlich vorbeiführenden Küstenstraße gibt es einen Fahrradweg, und an der Plage de Marana spielt sich im Sommer ein reges Strandleben ab. Besonders im nördlichen Teil ist der Strand direkt erreichbar.

Infos und Adressen

SEHENSWÜRDIGKEITEN

Couvent Saint Antoine. Route de Saint-Florent, 20 600 Bastia, Tel. 04 95 55 42 50,

Écomusée du Fortin. Sept.–Juni Di–Sa 9–12 / 13–17 Uhr (Juli/Aug. 9–16 Uhr). Route de l'étang, 20 600 Furiani, Tel. 04 95 33 35 73, E-Mail: ecomusee@cg2b.fr

Église La Canonica. Romanische Kathedrale im Süden des Lagunensees. Route de la Canonica (direkt an der D107 gelegen, ca. 3 km ab der Ausfahrt D10, kurz hinter dem Flughafen), 20 290 Lucciana

Le Site archéologique de Mariana. Interessante Fundstätte einer Römersiedlung am Étang de Biguglia (neben der Église La Canonica). Besichtigung während der Sommermonate möglich. Route de la Canonica (an der D107, ca. 3 km ab der Ausfahrt D10, kurz hinter dem Flughafen), 20 290 Lucciana, Tel. 04 95 35 02 72, http://www.musee-mariana.com/l-antiquite-18-fr.html

ESSEN UND TRINKEN

Cesar 1er. In der Brasserie wird auch das Auge verwöhnt, so liebevoll sind die Speisen hergerichtet. Rond point de Furiani, 20 600 Furiani. Tel. 04 95 34 07 23, E-Mail: cesar.premier@sfr.fr, www.restoclub.fr

ÜBERNACHTEN

Thalassa. Drei-Sterne-Hotel. 32 geschmackvoll eingerichtete Zimmer, die Hälfte hat Meerblick. Route du Cap 39, Pietranera, 20 200 San Martino di Lota, Tel. 04 95 31 56 63, E-Mail: hotel-thalassa@wanadoo.fr, www.hotelthalassa.fr

AUSGEHEN

Le Petrabugno Bar. Pop und Rock, die Disco hat ganzjährig geöffnet. Guaitella, 20 200 Ville di Pietrabugno, Tel. 04 95 32 75 51

INFORMATION

Office du Tourisme de l'Agglomération de Bastia. Mo–Fr 8–18 Uhr, Sa 8–12 / 14–18 Uhr, So 8–12 Uhr. Place Saint Nicolas, Tel. 04 95 54 20 40, www.bastia-tourisme.com

Die Église La Canonica verzaubert mit schlichter romanischer Schönheit.

3 Cap Corse
Eine Insel in der Insel

Wie ein schmaler Finger ragt das nördliche Kap aus dem übrigen Korsika hervor, als wolle es sich melden, um auf seine eigene Schönheit aufmerksam zu machen. Mit dem Auto lässt es sich an einem Tag erkunden – besser aber ist es, unterwegs ein oder zwei Übernachtungen einzuplanen. Eine spektakuläre Alternative für Wanderer ist der gut markierte »Weg über die Bergkämme«.

Als *L'île dans l'île* (Insel in der Insel) bezeichnen die ansässigen Gemeinden das Cap Corse. Nur zehn Kilometer breit und rund 40 Kilometer lang, wird es oft auch als eine Miniaturausgabe von Korsika beschrieben, denn die Topografie des großen Inselteils setzt sich hier kleiner und flacher fort: schroffe, steile Küste im Westen, sanfter abfallendes Land mit fruchtbaren Tälern im Osten, ein Gebirgszug im Zentrum. Doch ein Spiegelbild ist es keineswegs, das Cap Corse hat sein eigenes Gesicht. Nirgendwo sonst gibt es beispielsweise so viele Wachtürme auf vergleichbar kleinem Raum. Diese mittelalterliche Alarmanlage rund um das Kap entstand im 16. Jahrhundert, um die Bevölkerung frühzeitig vor Angriffen warnen zu können. Große Teile der Landschaft sind zudem so sehr von Macchia überwachsen, dass kaum etwas anderes zu sehen ist.

Rundfahrt um das Kap

Motorisiert sollte man sein für die Erkundung des Kaps, denn die Busse verkehren spärlich, und für die Eisenbahn ist in Bastia Schluss. Zudem lohnt sich die Strecke mit dem Auto oder Motorrad:

Mitte: Einer der schönste Hafenorte ist Erbalunga.
Unten: Auf dem Dorfplatz von Nonza steht ein Bildnis von Pasquale Paoli.

Cap Corse

Eine Serpentinenstraße führt um die Halbinsel herum und bietet nach jeder Kurve eine neue Aussicht. Unterwegs gibt es schöne Gelegenheiten für eine Pause mit Panorama oder ein Bad im Meer – rund 25 Strände und Buchten verteilen sich um das Kap.

Für das erste Stück ab Bastia Richtung Norden gibt es eine atemberaubende Variante zur Küstenstraße. Die Bergstrecke D31 mit teils minimaler Randbefestigung erfordert stellenweise Schwindelfreiheit, entsprechend spektakulär ist dafür die Aussicht. Sie ist mit rund 20 Kilometern ungefähr doppelt so lang wie die Route direkt am Meer und offenbart die Vielfalt des Hinterlandes. Richtung Bergkamm grüßt zunächst die Gemeinde Ville di Pietrabugno. Ihr gehören mehrere Dörfer an, darunter Guaïtella und Alzeto. Mittendrin triumphiert die Barockkirche Sainte Lucie (1796), deren Fundament aus dem Jahr 1562 stammt, auf dem höchsten Punkt der Bergkuppe. Von Pietrabugno führt die Nebenstrecke durch eine Landschaft aus Wald und Terrassenfeldern, mit Flüssen, Quellen und kleinen Wasserfällen. Bei Santa Maria di Lota geht es wieder hinab an die Küste. Der schmucke Ort schmiegt sich an den Hang, die alten Häuser wurden größtenteils restauriert. Wie viele Dörfer des Kaps verfügt es über einen Naturhafen mit Genueserturm; er heißt Miomo und ist heute ein beliebter Badeort.

Auf dem Monte Stello

Die Küstenstraße indes führt durch ähnlich klingende, nahtlos zusammengewachsene Ortschaften: zunächst Pietranera, dann San Martino di Lota. Beide Routen vereinen sich vor Lavasina. Hier geht es zum Monte Stello (1307 m), dem höchsten Gipfel des Cap Corse. Wer ihn erklimmen möchte, biegt zunächst in die Nebenstrecke

Geheimtipp

ÉCOMUSÉE DU CÉDRAT

Das Dorf Nonza an der Westküste des Cap Corse hat etwas Eigenwilliges: wie dem Mittelalter entsprungen, mittendrin eine knallbunte Kirche, ein quadratischer Genueserturm (Tour Paoline) und ein schwarzer Strand (siehe »Gut zu wissen« S. 44). Seit Juli 2012 ist Nonza um eine kulturelle Attraktion reicher. Im Écomusée du Cédrat (Museum und Kunstgalerie) dreht sich alles um die Zitrusfrucht Cedrat (auch: Zitronatzitrone, Medischer Apfel, Zedernfrucht), die dem Dorf bis in das 19. Jahrhundert hinein Wohlstand bescherte.

Écomusée du Cédrat. Juli/Aug. Mo–So 10–13 Uhr (Do–So auch 13.30–18.30 Uhr). Casale, 20 217 Nonza, Tel. 04 95 38 59 83

Charakteristisch ist der viereckige Genueserturm von Nonza.

Blick vom Col de la Serra auf Berge und Dörfer

LES JARDINS TRADITIONNELS

Geheimtipp

Mitten auf dem vielerorts karg anmutenden Kap befindet sich ein Reservoir biologischer Vielfalt. In den »Traditionellen Gärten des Cap Corse« (Les Jardins Traditionnels du Cap Corse), zehn Kilometer von Luri entfernt, wird die Vielfalt regionaler Früchte, Gemüse und Blumen bewahrt. Dazu gründete sich bereits im Jahr 1992 die Association Cap Vert um die Biologin Claudie Seguie. Ihnen gelang es innerhalb von 20 Jahren, zahlreiche regionale Pflanzen wiederzuentdecken und neu zu kultivieren. Im zugehörigen Bioladen werden die eigenen Anbauprodukte verkauft, etwa Honig oder Kastanienmargarine.

Association Cap Vert Mo–Sa 9.30–18 Uhr, 5 €. Lieu-dit Cepita, 20 228 Luri, Tel. 04 95 35 05 07, www.lesjardinstraditionnelsducapcorse.org

D54 Richtung Pozzo ab. Nach fünf Kilometern ist das Dorf Pozzo erreicht, dort weist ein Schild zum Parkplatz oberhalb der Kirche. Die Bergwanderung ist markiert und ausgeschildert (Literaturangabe siehe Information). Man benötigt für die zwölf Kilometer lange, mittelschwere Strecke (Höhenunterschied 1030 m) rund fünfeinhalb Stunden.

Unterhalb von Pozzo befindet sich ein Hafenstädtchen, das oft als Vorzeigebeispiel des Cap Corse genannt wird: Erbalunga mit seinen verträumten Gassen ist auf jeden Fall einen Stopp wert, ein halb verfallener Wehrturm fügt sich in das romantische Bild. Einige Restaurants verführen zum Fischessen, darunter das Le Pirate mit Sterne-Küche. Weiter geht die Fahrt durch das benachbarte Brando. Dahinter sollte man die kleine Parkbucht am Straßenrand nutzen und rechts dem Schotterweg folgen – er führt zu einer Traumbucht der Superlative. An der Strecke folgen noch mehrere schöne Bademöglichkeiten.

Auf dem »Weg des Lichtes«

Ungefähr neun Kilometer hinter Brando weist ein Schild links nach Pietracorbara. Dieser Abstecher

Rundfahrt Cap Corse

Korsikas »Zeigefinger« lässt sich komplett entlang der Küste umrunden. Schöne Varianten sind die Querverbindungen von Ost nach West. Das Hinterland lohnt sich mit seinen ansprechenden Dörfern, Wanderrouten und grandiosen Aussichtspunkten.

A Bergstrecke D31 – Schwindelerregend schöne Alternative zur Küstenstraße.

B Ville di Pietrabugno – Die Gemeinde rund um die Barockkirche Sainte Lucie ist einen Stopp wert.

C Santa Maria di Lota – Zu dem hübschen Bergdorf gehören der Naturhafen Miomo und ein beliebter Badestrand.

D Monte Stello – Den höchsten Gipfel des Cap Corse erreicht man wandernd ab Pozzo.

E Erbalunga – Sehenswertes Hafenstädtchen mit charakteristischem Wehrturm.

F Brando – Kurz hinter dem Ort warten traumhafte Badebuchten unterhalb der Straße. Es lohnt sich, auch die weniger bekannten aufzuspüren.

G Pietracorbara – Hier beginnt der »Weg des Lichtes«, auf dem man dem Lauf der Sonne bis nach Barretali folgen kann.

H Tour de Sénèque – Ob der berühmte Philosoph wohl genauso beeindruckt von der Aussicht war? Ein Platz für den äußeren und inneren Weitblick.

I Macinaggio – Der nördlichste Badeort ist wegen seines schönen Strandes beliebt. Von hier aus lässt sich die Rundfahrt auf der gegenüberliegenden Kapseite fortsetzen.

J Centuri Port – Der Hafenort lädt zum Fischessen ein. Er gilt als Wiege der Langustenfischerei.

K Nonza – Hier gibt es einen schwarzen Strand und ein besonderes Museum zur Zitrusfrucht Cedrat. Auch der viereckige Genueserturm ist etwas Besonderes.

L Saint-Florent – Das Seebad ist die vielleicht schönste Ortschaft auf dem Kap.

M Weinanbaugebiet Patrimonio – Die sonnigen Hanglagen bescheren Korsika gute Tropfen.

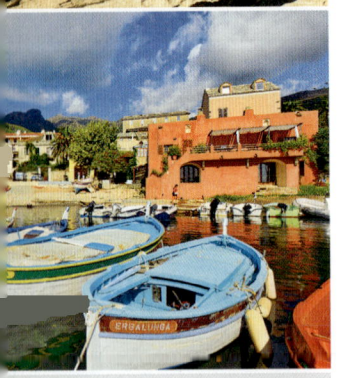

von der Küstenrundfahrt bietet sich für eine bezaubernde Wanderung an. Der Chemin de Lumière (Weg des Lichtes) verbindet Pietracorbara mit dem Dorf Barretali auf der Westseite des Kaps. Er führt auch zu den jeweils fünf Kapellen in beiden Ortschaften. Der spirituell klingende Name hat allerdings einen ganz anderen Hintergrund. Gemeint ist, wortwörtlich »dem Licht zu folgen«: Die Tour ermöglicht es, an einem Tag den Weg der Sonne von der Morgendämmerung am Horizont der Toskana bis zu ihrem Eintauchen ins Ligurische Meer zu begleiten. Die markierte Wanderung (gelbe Kreuze) hat auf einfacher Strecke eine Gesamtlänge von zwölf Kilometern. Mit mittlerem Schwierigkeitsgrad und einem Höhenunterschied von 600 Metern ist sie bei durchschnittlicher Kondition gut zu bewältigen. Startpunkt ist die Kapelle Saint-Pancrace im Weiler Lapedina (im Norden der Gemeinde Pietracorbara, Wegverlauf siehe Karte S. 43).

Der Seneca-Turm

In Santa Severa, einer der nächsten Ortschaften an der Ostküste, zweigt die D180 Richtung Luri

Oben: Miomo besitzt einen Strand und einen prächtigen Genueserturm.
Mitte: Felsenküste und Insel Ilot de la Giraglia bei Barcaggi
Unten: Fischerboote in Erbalunga

GUT ZU WISSEN

DER »ASBEST-STRAND« VON NONZA

Bis 1965 wurde in einem Werk bei Canari u. a. Asbest abgebaut. Das Gebäude verschandelt die Landschaft, und noch heute leiden ehemalige Arbeiter an den Spätfolgen. Der Strand von Nonza soll seine dunkle Farbe erhalten haben, da er wohl mit Gesteinsschutt aus dem Werk aufgeschüttet wurde. Dies gilt aber auch für den gut besuchten Strand von Albo weiter nördlich. Vor Ort heißt es, dass keine Gesundheitsgefahr bestehe. In Nonza schrecke eher der Weg zum Strand ab – er führt über 1000 Stufen.

Cap Corse

Nicht verpassen

ab. Sie führt über den Lucie-Pass (Col de Ste-Lucie) zur Westküste. An der Strecke liegt nach rund 13 Kilometern der Tour de Sénèque (Seneca-Turm, 564 m) auf der linken Seite. Der für acht Jahre nach Korsika verbannte römische Philosoph Lucius Annaeus Seneca (4 v. Chr. bis 65 n. Chr.) soll darin gelebt haben. Auch wenn dies eine Legende ist, der Blick von oben hat allemal Kultstatus. Der kürzeste Aufstieg (ca. 20 Minuten ab dem Col de Ste-Lucie) ist ausgeschildert und wird mit einer fantastischen Aussicht über die Ost- und Westküste des Cap Corse belohnt.

Die Umrundung des Kaps setzt sich über den beliebten Badeort Macinaggio fort. Nun ist man fast ganz im Norden angekommen, und die Küstenstraße D80 schwenkt Richtung Westen. Bei Ersa führen noch zwei Nebenstrecken an den nördlichsten Punkt, bald darauf geht es Richtung Süden an der schrofferen Westküste zurück, mit lohnenden Ortschaften wie Centuri, Nonza und Saint-Florent und dem Weinanbaugebiet Patrimonio. Oberhalb des Passes Col de la Serra steht die Moulin Mattei, eine restaurierte Windmühle mit leuchtend rotem Dach, die der Likörfabrikant Mattei werbewirksam in Szene setzte. Sie lohnt wegen der schönen Aussicht.

Sentier des crêtes

Für geübte Wanderer gibt es noch eine Möglichkeit, das Cap Corse von Süden bis Norden zu erkunden – auf dem Sentier des crêtes, dem »Weg über die Bergkämme«. Die überaus reizvolle Kammwanderung ist gut markiert (rotes Dreieck), hat eine Gesamtlänge von 48 Kilometern und teilt sich in sechs Etappen. Der Höhenunterschied beträgt bis zu 800 Meter. Lange hatte die Gemeinschaft der Gemeinden von Cap Corse an der Ge-

THEMENPFADE

Auf 18 markierten Themenwegen ist es möglich, mehr über das Cap Corse zu erfahren. Jedes Dorf verfügt über einen eigenen Pfad und ein besonderes Thema – z. B. »Wanderung Wasser des Lebens« (Le Sentier de l'eau vive) in Pietracorbara, »Ziegenhütten vor dem Meer« (Les Bergeries face à la mer) in Centuri oder »Barbarenweg« (Le Chemin des barbaresques) in Ogliastru. Obendrein sind die Wege auch für ungeübte Wanderer gut geeignet. Die Gehzeit liegt stets unter zwei Stunden, und der maximale Höhenunterschied beträgt 400 Meter. In jedem Dorf informiert eine Tafel über den Routenverlauf. Beschreibungen jeder Tour (auf Französisch) sind auf der Homepage der Gemeinden Cap Corse als Download erhältlich.

Communauté des Communes du Cap Corse. Gemeinschaft der Gemeinden. Informationen zu den Themenpfaden. Gelbe Markierung. Maison du Cap / Port Toga, Tel. 04 95 31 02 32, E-Mail: cc.capcorse@wanadoo.fr, www.destination-cap-corse.com

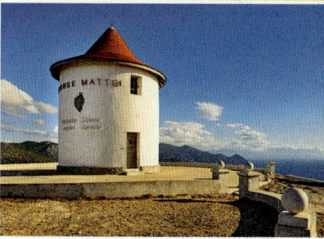

Werbewirksam und schmuckvoll: die Windmühle »Moulin Mattei«

staltung des Wanderweges gearbeitet, der im Jahr 2007 eröffnet wurde, vielerorts weisen Schilder den Weg. Die Orientierung fällt leicht (gutes Wetter vorausgesetzt!), zumal der Pfad vorrangig der Linie der Kämme des Massivs de la Serra folgt. Unterwegs überwältigt das Panorama von Bastia bis Centuri – ein weiter Blick über Täler und Küsten.

Empfohlen wird, die Strecke von Süden nach Norden und in mindestens drei Etappen zu wandern, wobei die erste Etappe mit der Besteigung des Monte Stello am längsten und anspruchsvollsten ist. Im Hafen von Toga geht es los. Die Route führt über Guaitella (Gemeinde Pietrabugno), die Pässe San Leonardu, Saint-Jean und Sainte-Lucie. Ziel ist der Hafen von Centuri. Dort sollte man am besten eine Übernachtung einplanen. Der Fischerort ist einen oder auch mehrere Urlaubstage wert (mehr Infos siehe Seite 48). Aufgetankt mit Ruhe und gestärkt vom guten Langustenessen, nimmt sich manch einer auch die Wanderung noch einmal vor – nun in die Gegenrichtung, die andere Perspektiven bietet.

Auf der Homepage der Communauté des Communes du Cap Corse (siehe Infos und Adressen) stehen Wanderkarten aller Etappen zum einzelnen Download bereit (Wegverlauf siehe auch Karte S. 43).

Oben: Entlang der Küste verstecken sich »Piratennester« wie Marine de Negru.
Mitte: Kloster im grünen Hinterland bei Granaggiolo
Unten: Der perfekte Platz zum Entspannen

Infos und Adressen

SEHENSWERTES

Le Conservatoire du Costume. Das kleine Museum offenbart u. a., wie sich die Korsen im 19. Jh. kleideten. Eine Fotoausstellung informiert über das Leben auf dem Cap Corse. Commune de Canari, Tel. 04 95 37 80 17, E-Mail: mairiecanari@wanadoo.fr, www.canarivillage.com

Tour de Sénèque. Gehzeit ca. 20 Min., Ausgangspunkt: Col de Ste-Lucie

ESSEN UND TRINKEN

Le Pirate. Von außen unscheinbares und schlichtes Restaurant, doch die Küche erntete Michelin-Sterne. Man speist mit Blick auf den Hafen. Saisonal wechselnde Menüs. Le Port, 20 222 Erbalunga, Tel. 04 95 33 24 20, www.restaurantlepirate.com

ÜBERNACHTEN

Castel Brando. Charmantes Vier-Sterne-Hotel. Zimmer und Suiten in einer Villa aus dem 19. Jh. und im angrenzenden Neubau. Pool und Spa sorgen für Wohlfühlatmosphäre. Erbalunga, 20 222 Brando, Tel. 04 95 30 10 30, E-Mail: info@castelbrando.com, www.castelbrando.com

Im Restaurant »Le Pirate«

Torremare. Namensgeber des kleinen Drei-Sterne-Hotels ist der Genueserturm direkt nebenan. Sieben Zimmer, einige davon mit Balkon über dem Meer. Route du bord de mer 2, Miomo, 20 200 Santa Maria di Lota, Tel. 04 95 33 47 20, E-Mail: elisabethcasanova@orange.fr, www.hotel-torremare-corse.com

INFORMATION

Communauté de Communes du Cap Corse. Die Gemeinschaft der Gemeinden des Kap informiert auch über das touristische Angebot. Maison du Cap / Port Toga, Tel. 04 95 31 02 32, E-Mail: cc.capcorse@wanadoo.fr, www.destination-cap-corse.com

Mertz, Peter: Bruckmanns Wanderführer Korsika. Tour Nr. 12, Bruckmann Verlag, München 2012, ISBN 3765458910

Am Dorfplatz von Nonza

4 Centuri Port
Languste essen bei Sonnenuntergang

Bunte Fischerboote schaukeln im Hafen, Netze trocknen in der Abendsonne, und im Glas leuchtet ein guter Wein ... Wer Urlaub mit diesem Bild gleichsetzt, begibt sich am besten umgehend nach Centuri Port. Der Postkarten-Hafen gehört zur gleichnamigen 230-Einwohner-Gemeinde. Viele Gäste kommen allein schon wegen der guten Langusten.

Im Nordwesten ist das Cap Corse nur noch Kap. Schroff fallen Felsen ins Meer, das gewellte Hinterland gleicht einer grünen Wüste, unterbrochen nur vom hellen Band der Küstenstraße. Kakteen und Agaven krallen sich in die Abhänge, hier und dort lugen Häuser hervor – wo sonst fände man ein echtes Fischerdorf, wenn nicht in Centuri, der nördlichsten Gemeinde Korsikas. Seit Jahrhunderten bestimmt hier das Meer den Rhythmus, noch heute betreibt jeder zehnte Einwohner Fischfang, um den Lebensunterhalt zu sichern. Mitte des 18. Jahrhunderts diente der Hafen militärischen Zwecken. Der Freiheitskämpfer Pasquale Paoli nutzte ab 1757 die strategisch günstige Lage, um Schiffe für die korsische Flotte bauen zu lassen.

Wiege der Langustenfischerei

Centuri-Port gilt als Wiege der französischen Langustenfischerei. Glaubt man den Einheimischen, begannen Fischer in diesem Winkel des Landes als Erste, sich ausschließlich dem Fang dieser Tiere zu widmen, und setzten damit ihre Entwicklung zur Delikatesse in Gang. Ein Urgestein ist Fernand Sker. Der Patron des »Le Langoustier« fährt noch

Mitte: Malerischer geht es nicht: Centuri Port.
Unten: Schon legendär ist das Restaurant »Le Langoustier«.
Rechte Seite: In Centuri Port geht man es gelassen an.

Centuri Port

höchstpersönlich mit seinem Boot »Laura« raus, um das aus dem Meer zu holen, was abends frisch auf die Teller kommt. Wie ein Pfahlbau steht die Holzterrasse des wohl bekanntesten Restaurants am Platz in den Felsen. Hier wird das Krustentier in allen Varianten serviert. Auch in den anderen Restaurants rund um den Hafen stehen Fisch und Meeresfrüchte auf der Karte, die direkt vom Kutter kommen. Die Preise sind entsprechend.

Appetit macht ein kleiner Spaziergang durch die urigen Straßen. Zwischen farbenfrohen Häusern, die Dächer gedeckt mit grünem Serpentin vom Kap, findet sich manch schönes Fotomotiv. Unübersehbar prägt der Tourismus das Fischerdorf, an fast jeder Ecke gibt es ein Restaurant, eine Snackbar, eine Pizzeria oder ein kleineres Hotel. Von unansehnlichen Bettenburgen indes blieb Centuri Port, bedingt durch seine Lage, verschont.

Piratennester an der Küste

Am Ortsausgang Richtung Süden gibt es einen Parkplatz, von dem ein Fußweg zum Strand führt. Aus grobem Kies beschaffen, ist er zwar kein karibisches Paradebeispiel, doch zwischen Felsen finden Ruhesuchende verschwiegene Plätze. Auch gefällt der Blick auf die kleine Insel Île de Capense, die ein schönes Schnorchelrevier bildet.

Der Straße weiter folgend (im Sommer parken hier Autos zu beiden Seiten), geht es über eine Brücke in die benachbarte Bucht von Mute – ein sympathisches Häufchen Häuser, vor dem Zodiacs und andere kleine Sportboote ankern, mit einigen Ferienapartments. Richtung Süden führt die dann teils nur dürftig ausgebaute Straße durch weitere kleine Orte, »Piratennester« an der rauen Küste, mit verfallenen Genuesertürmen und wildromantischen Ansichten, die eine Erkundung wert sind.

ESSEN UND TRINKEN
Le Langoustier. Das Vorzeige-Restaurant am Hafen. Außer Langusten auch Bouillabaisse und andere Fischgerichte vom frischen Fang. Port, 20 238 Centuri, Tel. 04 95 35 64 98, www.lelangoustier.com

ÜBERNACHTEN
Le Vieux Moulin. Im oberen Teil des Dorfes gelegen, bietet das kleine Hotel einen schönen Blick über Centuri-Port. Im hauseigenen Restaurant gibt es auch frischen Fisch. 20 238 Centuri, Tel. 04 95 35 60 15, E-Mail: levieuxmoulincenturi@orange.fr, www.le-vieux-moulin.net

INFORMATION
Communauté de Communes du Cap Corse. Die Gemeinschaft der Gemeinden des Kap informiert auch über das touristische Angebot. Maison du Cap / Port Toga, Tel. 04 95 31 02 32, E-Mail: cc.capcorse@wanadoo.fr, www.destination-cap-corse.com

iSt49

5 Weinanbaugebiet Patrimonio
Zwischen Reben viel erleben

Wein aus Korsika? In deutschen Super-märkten und Weinhandlungen findet man ihn selten. Auf der Insel selbst sieht es ganz anderes aus: Die Regale stehen voll mit guten Tropfen aus lokalen Anbauge-bieten. Das wohl bekannteste ist Patrimo-nio im Südwesten des Cap Corse. Ein Be-such bei den Winzern mit Weinprobe ist sehr zu empfehlen. Bei den »Nuits de la guitare« im Juli wird gerockt, bis die Sai-ten reißen.

Grüne Hügel und Täler bilden rund um die Ort-schaft Patrimonio eine anmutige Landschaft. Auf Feldern reihen sich Rebstöcke, im Kontrast dazu stehen Ohrenkakteen am Straßenrand und zackige Gebirgszüge, die Drachenrücken ähneln. Hier, nördlich des »Nebelgebiets« Nebbio, gedeihen die Nielluciu-Trauben, aus denen die korsischen Wei-ne gewonnen werden. Diese Bezeichnung steht auf der Insel für die Rebsorte, die allgemein als Sangiovese bekannt ist.

Optimale Bedingungen

Zu dem Anbaugebiet, das halbkreisförmig vor dem Küstenstädtchen Saint-Florent liegt, gehören ne-ben Patrimonio auch die Gemeinden Farinole und Barbaggio. Den Großteil der Region bilden mit Kieselsteinen bedeckte Kalk-Lehm-Böden auf ei-nem Sockel aus Kalkstein. Hier findet die Rebsorte Niellucio ideale Bedingungen, um kraftvolle, an Tanninen reiche Weine hervorzubringen, zu denen auch das optimale Klima beiträgt: Bei feuchter Witterung trocknen die häufig wehenden, teils

Mitte: Die Berge im Weinanbau-gebiet Patrimonio erinnern an einen Drachenrücken.
Unten: Viele Weingüter, wie hier die Domaine Lazzarini, bieten auch Direktverkauf.

Weinanbaugebiet Patrimonio

heftigen Winde aus Nordost die heranreifenden Beeren. Während der Dürreperiode im Sommer wiederum lindert maritime feuchte Luft den Wassermangel. Nachts sinkt zudem kältere Luft von den Berggipfeln und sorgt für ein ausgeglichenes Weinbauklima. Schon die Römer entdeckten die Vorzüge der Lage und nutzten sie, um den Rebensaft zu gewinnen.

Die Rot- und die Roséweine aus dem Patrimonio weisen einen Mindestanteil von Niellucio-Reben von 90 beziehungsweise 75 Prozent auf, für die übrigen Anteile dürfen die Winzer auch Nebensorten verwenden. Der Weißwein wird hingegen seit dem Jahr 2000 sortenrein aus der Rebsorte Vermentino gewonnen, die vor Ort Vermentinu oder Malvoisie de Corse genannt wird. Darüber hinaus gibt es die Spezialität »Rappu«, einen roten Dessertwein, der sehr spät gelesenen Beeren der Sorten Greanche und Aleatico entstammt. Um ihn kosten zu können, muss man allerdings etwas suchen, denn er wird nur in äußerst kleinen Mengen erzeugt.

Weinstraße AOC Patrimonio

Das fruchtbare Tal von Patrimonio liegt zwischen Bastia und Saint-Florent im Süden des Cap Corse. An der »Route du vin«, der Weinstraße des AOC Patrimonio (D81), gibt es viele Gelegenheiten, einen Stopp einzulegen, um das Können der Winzer zu bewundern und die korsische Lebensart bei einer Weinprobe zu genießen. Eine Übersicht über alle Weingüter ist im Tourismusbüro von St-Florent erhältlich. Übrigens gibt es auf Korsika auch noch weitere Weinanbaugebiete, etwa das AOC Calvi Balagne zwischen Calvi und der Désert des Agriates und das AOC Coteaux d'Ajaccio an der Westküste. Ebenfalls auf dem Cap Corse liegt das AOC Muscat du Cap Corse.

Infos und Adressen

WEINGÜTER

Domaine de Catarelli. Das Traditionsweingut wurde 1880 gegründet. Preise gab es unter anderem für den Muscat von 2011. Marine de Farinole, 20 253 Patrimonio, Tel. 04 95 37 02 84

Domaine Leccia. In dem noch jungen Weingut arbeitet man mit modernsten Winzeranlagen. Den aus 100 Prozent Nielluciu gewonnenen »Patrimonio« gibt es als Rot-, Weißwein oder Rosé, außerdem einen Muscat Corse. Lieu-dit Morta Piana, 20 232 Poggio d'Oletta, Tel. 04 95 37 11 35, www.domaine-leccia.com

ÜBERNACHTEN

Auberge U Lustincone. Uriges Hotel im Herzen des Anbaugebietes. Lieu-dit Lustincone, 20 253 Patrimonio, Tel. 04 95 37 15 28, www.u-lustincone.com

AKTIVITÄTEN

Nuits de la guitare. Open-Air-Gitarrenfestival im Sommer. Infos und Tickets unter www.festival-guitare-patrimonio.com

INFORMATION

Comité Intersyndical des Vins de Corse (CIVC). Korsikas Erzeugergemeinschaft informiert über die Anbaugebiete der Region und die dort produzierten Weine. Boulevard Charles de Gaulle 7, 20 200 Bastia, Tel. 04 95 32 91 32, www.vinsdecorse.com

51

6 Saint-Florent
St. Tropez von Korsika

Der Glanz von Saint-Florent zeigt sich besonders ab dem späten Nachmittag. Dann färben sich die Fassaden der Häuser im Licht der sinkenden Sonne, umarmt von den Höhenzügen des Nebbio. Man versteht nun, wie die Bucht zu ihrem Beinamen »Conca d'Oro« – Goldene Muschel – kam. Konkurrenzlos bettet sich das Städtchen in die Mulde zwischen dem Cap Corse und der nahezu unbesiedelten Küste der Désert des Agriates.

Seinen Spitznamen »Saint-Tropez von Korsika« verdankt Saint-Florent der hohen Dichte an Luxusjachten und eleganten Segelbooten, die sich vor der Hafenpromenade Rue du Furnellu aneinanderreihen. Noch weit bis in die Mündung des Flusses Aliso, der sich im Golf von Saint-Florent mit dem Meer vereint, setzt sich der Sportboothafen fort. Sein Gebiet nimmt damit beinahe genau die gleiche Fläche ein wie die Bebauung der Ortschaft. Einst war die Lage im Mündungsgebiet mehr Fluch als Segen: Noch bis ins 19. Jahrhundert wütete die Malaria in Saint-Florent. Dies änderte sich erst, nachdem Napoleon III. die Trockenlegung der angrenzenden Sümpfe veranlasst hatte.

An der Hafenmeile

Mitte: Hafenort mit mondänem Flair: Saint-Florent
Unten: In der Altstadt bieten Handler regionale Produkte an.

Der Inselhafen bietet sich für einen Wochenendausflug ab der Côte d'Azur an, eine Möglichkeit, die viele Skipper vom Festland nutzen. In Saint-Florent reagiert man mit einem touristischen Ausbau auf gehobenem Niveau; darunter mischt sich das gewohnte Ambiente beliebter Ferienorte. Gourmettempel und schicke Hafenboutiquen

Saint-Florent

wechseln mit Pizzerien und Imbissen.
Auf der zentralen Place des Portes lassen
Boule-Spieler ihre Kugeln rollen. Direkt
gegenüber befindet sich ein großer Parkplatz, von dem aus Promenade und Altstadt
schnell erreicht sind. Einen Bummel ist Saint-Florent, reich an Begrünung und schönen Plätzen,
allemal wert. Dies haben allerdings schon viele
bemerkt – vor allem im Sommer platzt das 1650-
Einwohner-Städtchen aus allen Nähten.

Bummel durch die Altstadt

Gar nicht weit vom Glamour der Hafenmeile zeigt
sich Saint-Florent von einer bodenständigeren
Seite. In der Altstadt zwischen der Place des Portes
und der Place Doria laden kleine Cafés und Bistros
zur Einkehr ein. An Obst- und Gemüseläden und
anderen kleinen Geschäften vorbei geht es hinauf
zur »Citadelle« ... so steht es zumindest auf dem
Wegweiser. Die Beschilderung täuscht darüber
hinweg, dass nur noch wenig geblieben ist von
der einstigen Befestigungsanlage (1439) aus der
Zeit der genuesischen Besatzung: ein Donjon, ein
runder Wohnturm. Das wuchtige Gebäude, das
der genuesische Gouverneur Janus di Campofre-
goso (1405–1448) errichten ließ, war einst von
Rundmauern und Wirtschaftsgebäuden umgeben.
Es diente als Bischofssitz und Gouverneurspalast.

Die Festung wurde im 17. Jahrhundert abgetragen,
als Genuas Herrschaft gesichert schien und Saint-
Florent keine strategische Bedeutung mehr besaß.
Doch der Weg lohnt schon wegen des schönen
Rundumblicks über den Golf von Saint-Florent
und das hügelige Hinterland. Der Donjon hat sich
auch zu einem kulturellen Treffpunkt entwickelt.
Im Gebäude gibt es im Sommer wechselnde
Kunstausstellungen, auf dem Vorplatz steigt jähr-
lich Anfang August das Porto Latino Music Festival.

Die Zitadelle von Saint-Florent

Kathedrale Santa Maria Assunta

Ungefähr einen Kilometer vom Stadtzentrum entfernt (an der D238) beeindruckt die Kathedrale des ehemaligen Bistums Nebbio in romanischer Schönheit und mit – für die Epoche – ungewohntem Prunk. Eine Fassade mit Blendarkaden und Skulpturen schmückt das Bauwerk aus hellem Kalkstein. Im Altarraum sind die Reliquien des Heiligen Florus zu sehen. Die dreischiffige Kathedrale ist der Jungfrau der Himmelfahrt, Santa Maria Assunta, gewidmet. Erstmals urkundlich erwähnt wurde das Bauwerk im Jahr 1144. Zuvor befand sich wahrscheinlich eine frühchristliche Basilika an seinem Platz. Im Tourismusbüro von Saint-Florent sind gegen eine kleine Gebühr mehrsprachige MP3-Audioguides für die Besichtigung erhältlich.

Plage de la Roya

Auf der anderen Seite des Aliso-Flusses liegt die zwei Kilometer lange Plage de la Roya. Der Hausstrand von Saint-Florent mit seinem seichten Wasser ist kinderfreundlich und gut besucht. Landschaftlich wesentlich schöner jedoch sind die Plage du Loto und die Plage de Saleccia. Diese karibisch anmutenden Traumstrände liegen versteckt am Rande der öde wirkenden Désert des Agriates (siehe Seite 58).

Oben: Besonders schön ist Saint-Florent im Abendlicht.
Mitte: Blick in den Altarraum der Kathedrale Santa Maria Assunta
Unten: Spaziergang an der Plage de la Roya

Infos und Adressen

ESSEN UND TRINKEN

U Trogliu. Restaurant in schöner Altstadtlage, Außenplätze auf lauschigem, kleinem Vorplatz. Korsische Lasagne, Cannelloni, Tagesgerichte. Spezialität: tägl. frisch zubereitete Pasteten. Place Doria / Rue Furnellu (auch: Rue centrale), 20 217 Saint-Florent, Tel. 04 95 37 20 73, E-Mail: info@utrogliu.com, www.utrogliu.com

ÜBERNACHTEN

Auberge le Montana. Charmante Herberge an der D82, ca. 5 Fahrminuten vor Saint Florent. Zimmer mit Dusche, kleiner Pool und Bar. Route d'Oletta, 20 217 Saint-Florent, Tel. 04 95 374 85, E-Mail: info@auberge-lemontana.com, www.auberge-lemontana.com

Camping Acqua Dolce. Campingplatz direkt am Strand (Plage de la Roya), 2 km vor Saint-Florent. Route de la Roya, 20 217 Saint-Florent, Tel. 04 95 37 08 63, E-Mail: info@camping acquadolce.fr, www.campingacquadolce.fr

Hotel Santa Maria. Drei-Sterne-Hotel beim Hafen. Restaurant mit Terrasse über dem Wasser. 27 Zimmer, teils mit Meerblick, sowie drei

Straßenmusikant in der Altstadt von Saint-Florent

Junior-Suiten. Lieu dit Cisternino, 20 217 Saint-Florent, Tel. 04 95 37 04 44, E-Mail: hotelsantamaria@wanadoo.fr, www.hotel-santa-maria.com

AKTIVITÄTEN

Porto Latino Music Festival. Hafen-Festival mit heißen Rhythmen, jährlich im August. www.portolatino.fr

INFORMATION

Office Municipal de Tourisme de Saint-Florent. Bâtiment Administratif, 20 217 Saint-Florent, Tel. 04 95 37 06 04, E-Mail: info@corsica-saintflorent.com, www.corsica-saintflorent.com

An den Plätzen und in den Seitenstraßen locken Bars und Cafés.

DER NORD-WESTEN

7 L'Île-Rousse
Badeort mit Charme

Eine rötliche Insel gab dem 3200-Einwohner-Städtchen den Namen. Hier buchen sich gern Urlauber ein, die auf Strandleben, Wassersport und Laisser-faire schwören. Eher rar gesät sind kulturelle Sehenswürdigkeiten, dafür belohnt der Blick rund um den Leuchtturm Piétra. Mit der Strandbahn geht es zu Naturstränden in der Umgebung und zu so schönen Zielen wie dem Festungsdorf Algajola.

Vor dem Trubel kommt die Einsamkeit, zumindest, wenn man sich L'Île-Rousse über die Nebenstrecke D81 aus Richtung Saint-Florent nähert: Rund 30 Kilometer geht es durch die Désert des Agriates, einer Wüste aus Gestein und Macchia, hier und dort steht ein Olivenbaum. Noch im 19. Jahrhundert war dies eine fruchtbare Gegend, auf Feldern kultivierte man Getreide, das Gebiet wurde durch Brandrodung urbar gemacht – zu einem hohen Preis. Im Laufe der Zeit eroberte sich die Natur das Land zurück, über das nun die Küstenwinde unaufhaltsam fegen konnten. Beides steckt im heutigen Namen: *Désert* bedeutet Wüste und Agriates ist verwandt mit *agraire*, dem französischen Wort für Agrar(-wirtschaft).

Stopp an der Désert des Agriates

Nur Schotterpisten führen durch das 16 000 Hektar große, nahezu unbesiedelte Gebiet, über dem häufig Greifvögel kreisen. Sein höchster Punkt ist der Monte Genova (418 m). An ihrer Küstenlinie aber verbirgt die Désert des Agriates mit der Plage de Saleccia und der Plage de Loto zwei traumhaf-

Seite 56/57 und Mitte: Morgenstimmung an der Felsenküste der Île de la Piétra
Unten: Lauschige Cafés unter Platanen: an der Place Paoli

te Strände. Wer einen Fußmarsch nicht scheut oder einen Geländewagen fährt, sollte die Gelegenheit für einen Stopp nutzen. Am besten geht es ab der Abzweigung bei Casta. Eine Alternative ist die Fahrt mit dem Ausflugsboot ab Saint-Florent, und auch robuste 4x4-Taxis fahren die Strände an.

Zurück auf der D81 geht es Richtung Westen auf die Fernstraße N1197/N197 und schnurstracks weiter, bald entlang der Küste, bis L'Île-Rousse ins Sichtfeld rückt. Bereits einige Kilometer vor dem Ortsschild ist die vorgelagerte Insel zu sehen, der die Stadt ihren Namen verdankt. Besonders eindrucksvoll zeigt sich dies bei Sonnenuntergang (siehe Autorentipp rechts), wenn sich die Felsen leuchtend rot färben. Noch bis 1848 trug der Hafenort offiziell die italienische Bezeichnung »Isola Rossa«. Auf Korsisch heißt der Ort »Isula Rossa«, und daran halten noch immer viele Einheimische fest. Kaum jemand, der vor Ort ansässig ist, sagt L'Île-Rousse; ein Blick in die Geschichte verdeutlicht, warum.

Vom Fischerdorf zum Handelshafen

Das einstige Fischerdorf wurde im Jahr 1759, also zu Zeiten der korsischen Aufstände, unter dem Revolutionär Pasquale Paoli (1725–1807) zum Handelshafen ausgebaut. Damit wollten die Rebellen dem genuesischen Hafenort Calvi, nur wenige Kilometer weiter westlich gelegen, die Stirn bieten. Paoli ließ die Stadtfläche im für die Epoche typischen Schachbrettmuster einteilen, das sich noch heute im Straßenbild der Altstadt widerspiegelt. Bis 1848 war die Amtssprache Italienisch. Die ersten Pläne der Stadt sind im Museum von Paoli in Morosaglia/Castagniccia ausgestellt (siehe »Berühmte Widerstandskämpfer«, S. 142).

Geheimtipp

CAFÉ LICIOLLA

Bei einem Parkplatz an der Küstenstraße N1197 lädt das Café Liciolla zur Rast ein. Es ist in einem traditionellen Steinhäuschen untergebracht und zur Hälfte von einer Terrasse umgeben, die an einer Seite mehr einer Lounge ähnelt als einem Ausflugslokal. Zum überwältigenden Blick über das Meer – bis hin zu den Ausläufern der Désert des Agriates – gibt es leckere korsische Sandwiches, z. B. mit Ziegenkäse und Feigenkonfitüre. Abends wandelt sich die »Raststätte« in eine Bar mit chilliger Musik zum Sonnenuntergang. Der Platz lohnt sich übrigens auch aus einem anderen Grund: Vor dem Café stehen große Infotafeln mit Karten der Region. So erfährt man unter anderem, wo sich die nächsten Märkte und Tourist-Offices befinden (auf Französisch).

Café Liciolla. An der N1197 zwischen Lozari und Ostriconi, ca. 3 km hinter der Abzweigung der N197 Richtung Belgodère.

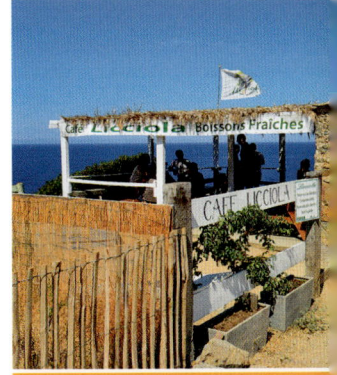

PARQUE DE SALECCIA

Wie vielseitig die Vegetation des Mittelmeeres ist, zeigt sich am nördlichen Ausgang von L'Île-Rousse, in der Gemeinde Monticello: Im Parque de Saleccia sind auf sieben Hektar rund 800 verschiedene Pflanzenarten zu stilvollen Gärten angelegt, darunter auch Arten aus Ländern wie Neuseeland und Kalifornien. Das Gelände gehört zu einer alten landwirtschaftlichen Domäne der Familie Demoustiers – ein Spaziergang voller Farben und Düfte! Das Vergnügen ist allerdings nicht gerade preiswert. Vor Ort begründet man es damit, dass es sich um eine private Einrichtung handelt, die ohne Fördergelder auskommen muss.

Parque de Saleccia. Anfahrt: An der N1197, ca. 4 km vor L'Île-Rousse. 8,50/6,50 € (Erwachsene/Kinder). Lieu dit Saleccia, 20 220 L'Île-Rousse, Tel. 04 95 36 88 83, E-Mail: parc.de.saleccia@wanadoo.fr, www.parc-saleccia.fr

Nicht verpassen

Es heißt, dass L'Île-Rousse in seinen ersten Jahren Paoliville oder Paolina genannt wurde, um den Gründer zu würdigen. Heute erinnert die Place Pasquale Paoli an den kämpferischen Korsen. Auch das Denkmal ihm zu Ehren fehlt nicht – an der Westseite des Platzes ist eine Marmorbüste mit Brunnen unter vier großen Dattelpalmen opulent in Szene gesetzt. Der schöne Platz mit Schatten spendenden Platanen und vielen Cafés ist der zentrale Treffpunkt der Stadt. An seiner Ostseite leiten Palmen zum Portal der Kirche Église de l'Immaculée Conception (1892). Sie wurde 1914 bei einem Brand zerstört und in den 1930er-Jahren im barocken Stil neu errichtet. Östlich davon, in der Rue Louis Philipe, steht die Église de la Miséricorde (Kirche zur Barmherzigkeit, 1850), zu der einst ein Kloster gehörte. Ihre strahlend weiße Fassade verschönert seit 2011 das Stadtbild, nachdem eine aufwendige Restauration des schon fast verfallenen Bauwerks abgeschlossen wurde.

Direkt neben der Place Pasquale Paoli fällt ein Bauwerk mit Säulen und Spitzdach auf. An den Vormittagen der Woche füllt es sich mit buntem Treiben: die Markthalle. Hier werden täglich regionale Produkte verkauft, unter anderem Kastanienhonig, Ziegenkäse und Gemüse, frisch aus der Balagne.

Urlaubsfreuden und Romantik

Besonders im Sommer wird es voll in L'Île-Rousse, bietet doch der Ferienort alles, was zu einem genussvollen Badeurlaub gehört. Der helle Hausstrand ist bequem zu Fuß zu erreichen, eine Strandbahn fährt stündlich zu weiteren schönen Stränden in der Umgebung. An der Rue Notre-Dame werden Wassersportbegeisterte gut bedient, von Anbietern von Jet-Ski und Katamaranen bis

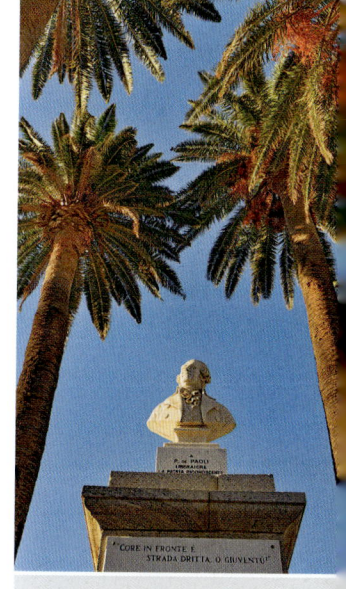

hin zur Tauchschule ist alles vertreten. Direkt gegenüber entfaltet sich das Stadtzentrum. Hinter jeder Ecke wartet ein anderes Straßencafé, ein Restaurant oder eine Boutique. Balladensänger geben ihr Repertoire zum Besten, Einheimische widmen sich dem Pétanque-Spiel, und auf den Straßen wird oft bis in die Nacht hinein gefeiert. Zu schön ist es in der lieblichen Abendluft. Auch tagsüber ist es in L'Île-Rousse oft einige Grad wärmer als in anderen Badeorten Korsikas. Das liegt an der geschützten Lage zwischen den Bergen der Balagne und an der Sonne, die ab dem Vormittag die Häuser bestrahlt, bis sie schließlich im Meer versinkt.

Verliebte und Romantiker zieht es in den Abendstunden über den Damm, der die kleine Insel mit dem Festland verbindet. In den ockerfarbenen Felsen findet sich manch Plätzchen, um den Sonnenuntergang anzusehen. Auf dem höchsten Punkt der Insel bildet der weiße Leuchtturm Piétra ein lohnendes Fotomotiv. Sein Signalfeuer wurde erstmals im Jahr 1857 entzündet. Kurz vor dem Leuchtturm erinnert ein Wehrturm an alte Zeiten. Schön ist – neben dem Blick über das weite Meer – auch die Sicht zur anderen Seite:

Oben: In der Altstadt von L'Île-Rousse
Unten: Am nach ihm benannten Platz ist Pasquale Paoli prunkvoll in Szene gesetzt.

das Städtchen vor den Hügeln der Balagne, dahinter die schroffen Gipfel des Cinto-Massivs, die im Frühjahr sogar oft noch Schnee tragen.

Vor der roten Insel verteilen sich einige große Felsen, die zusammen mit dem kristallklaren Wasser für gute Tauch- und Schnorchelmöglichkeiten sorgen. Auch Kletterer zieht es hierher. Die Ostseite ist dem Fährhafen vorbehalten, in dem regelmäßig Schiffe aus Marseille, Toulon, Savona und Nizza anlegen.

Lozari Plage und Algajola

Mit der Strandbahn, die bis nach Calvi fährt, sind weitere Badeziele rund um L'Île-Rousse schnell erreicht. Auch für Urlauber mit eigenem Mietwagen ist dies durchaus eine Alternative, denn zur Rushhour kann aus einem Kurzausflug schnell ein ermüdendes Standspiel werden. Ungefähr neun Kilometer östlich der Stadt breitet sich Lozari Plage wie eine Sichel vor dem Meer aus. Die anderthalb Kilometer Strand sind im Sommer gut besucht. Im Westen der Bucht, also aus L'Île-Rousse kommend, führt eine mit Schlaglöchern gespickte Straße von der N197 direkt zum Strand, wo auch Parkmöglichkeiten vorhanden sind. Eine ähnliche Möglichkeit gibt es weiter östlich, dort dominiert allerdings eine angrenzende Clubanlage.

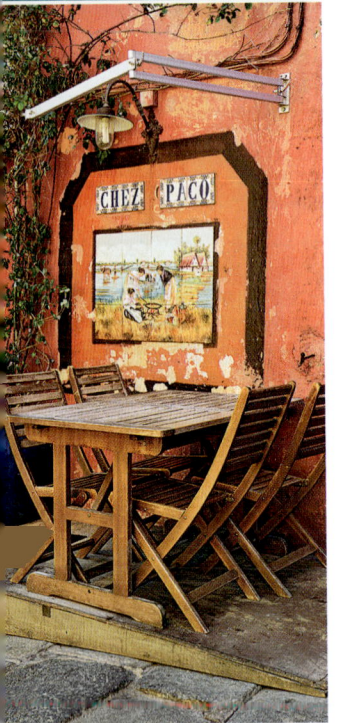

Oben: Badeort mit Mittelalterkulisse: die Festung von Algajola
Unten: Restaurant in der Altstadt von L'Île-Rousse

In der Gegenrichtung, also zwischen L'Île-Rousse und Calvi, gefällt Algajola, ein kleiner Badeort (ca. 300 Einwohner). Mit einer Festungsanlage und idyllischen Gassen hat er mittelalterlichen Charme bewahrt, und der Strand kann sich in seiner Länge mit Lozari messen. Algajola ist auch Ausgangspunkt für viele Wanderungen entlang der Küste oder durch die Balagne. Noch davor begeistern die wilden Strände von Bodri und Ghjunquidu, nur zwei Kilometer vor L'Île-Rousse.

Infos und Adressen

ESSEN UND TRINKEN

A Siesta. Direkt am Strand nahe der Place Pasquale Paoli. Frischer Fisch und Langusten. Boulevard Charles-Marie Savelli, 20 220 L'Île-Rousse, Tel. 04 95 60 28 74, www.a-siesta.com

U Spuntinu. Urig-gemütliches Traditionsrestaurant mit Gewölbesaal. Auf den Tisch kommen Gemüse aus dem eigenen Garten, korsische Pasta und Fleischgerichte. Rue Napoléon 1, 20 220 L'Île-Rousse, Tel. 04 95 60 00 05

ÜBERNACHTEN

Le Grillon. Das Zwei-Sterne-Hotel bietet ein gutes Preis-Leistungs-Verhältnis. Geschmackvoll-moderne Einrichtung. Avenue Paul Doumer 11, 20 220 L'Île-Rousse, Tel. 04 95 60 00 49, www.hotelgrillon.com

AKTIVITÄTEN

U Trinichellu. Die Strandbahn verbindet L'Île-Rousse und Calvi und hält auch an den dazwischen liegenden Stränden Bodri, Ghjunchitu, Marine de Davia, Algajola, San Damiano, Marine de Sant'Ambroggio und Lumio. Mo–Sa 6.10–19.10 Uhr, So 8.30–13.15 / 15.30–20.30 Uhr. Die Fahrpläne schwanken, am besten vor Ort informieren! Gare de L'Île-Rousse (Bahnhof), Chemin de fer de la Corse, Vado Ligure, 20 220 L'Île-Rousse, Tel. 04 95 60 00 50, www.train-corse.com

INFORMATION

Office de Tourisme de L'Île-Rousse. April–Mitte Juni Mo–Sa 9–12 / 14–18 Uhr, Mitte Juni–Sept. Mo–Sa 9–19 Uhr, So 9–13 / 15–18 Uhr, Okt.–März Mo–Fr 9–12 / 14–18 Uhr. Avenue Calizi/BP42, 20 220 L'Île-Rousse, Tel. 04 95 60 04 35, E-Mail: info@ot-ile-rousse.fr, www.ot-ile-rousse.fr, www.balagne-corsica.com

Office de Tourisme d'Algajola. 5. April–30. Sept. 10–12 / 14.30–19 Uhr. Place de la Gare, 20 220 Algajola, Tel. 04 95 62 78 32 Auch Informationen zu Veranstaltungen.

Die Gewürzstände auf den Wochenmärkten sind ein Erlebnis.

8 Calvi
Hauptstadt der Balagne

Sechs Kilometer Strand vor der Tür, eine sehenswerte Zitadelle und eine Altstadt, die nur so zum Bummeln einlädt – Calvi hat alles, was zu einem beliebten Urlaubsort am Mittelmeer gehört. Noch dazu finden sich Spuren von Christoph Kolumbus, der hier geboren worden sein soll. Im Port de Plaisance starten Ausflugsboote, nebenan am Bahnhof die Züge zu den Nachbarstränden, und rundherum bieten Lokale kulinarische Abwechslung.

Bereits in den 1960er-Jahren begann sich der Tourismus in Calvi zu entwickeln. Heute gilt das Hafenstädtchen neben Porto-Vecchio als der meistbesuchte Ferienort Korsikas. Seine regulär überschaubare Zahl von rund 5500 Einwohnern schwillt im Sommer aufs Zehnfache an. Für mehr als die Hälfte der Einwohner bildet der Tourismus die Lebensgrundlage, die Dichte an Hotels, Ferienwohnungen und Campingplätzen ist groß. Zum Glück wurde Calvi an einem ausladenden Meerbusen errichtet, der reichlich Platz bietet: Rund sechs Kilometer zieht sich der helle Sandstrand Richtung Osten; je nach Geschmack sucht man stadtnahe Abschnitte mit viel Trubel auf oder fährt ein Stück mit der Strandbahn, um sich ein verschwiegeneres Plätzchen zu suchen. Im Zentrum geht es im Sommer lebendig zu, Shoppende schieben sich durch die Gassen, die Tische der Lokale rund um den Hafen sind meist gut besetzt.

Mitte: Wahrscheinlich eines der meistfotografierten Motive Korsikas – die Zitadelle von Calvi
Unten: Von der Zitadelle hat man einen schönen Blick auf den Hafen.

Entwicklung der Festungsstadt

Schützende Landzungen formen den Golf von Calvi, die Punta di Revellata im Westen, und das

Calvi

Felsdoppel Punta Caldanu/Punta Spano im Nordosten begrenzen die weite Bucht. Die Schifffahrtswege zum Festland sind kurz. Diese strategisch und wirtschaftlich perfekte Lage wussten in der Antike schon die Phönizier, Griechen und Etrusker zu schätzen. Die Römer gründeten eine Handelssiedlung, die verschiedenen Quellen zufolge »Sinus Caesiae« oder »Sinus Casalus« hieß.

Die Wurzeln des heutigen Calvi liegen in der Epoche der Besatzung Korsikas, die mit dem Sieg der Seerepublik Genua über Pisa (1284) eingeläutet wurde. Bereits im Jahr 1268 begannen die Genueser, die Festungsanlage auf der Halbinsel Punta San Francesco zu errichten, die sie während der folgenden drei Jahrhunderte mehrfach erweiterten. So entstand ein Bollwerk hoch oben auf den Klippen, das auf der Insel seinesgleichen suchte. Mancher Belagerung konnte die Zitadelle im 15. und 16. Jahrhundert standhalten; so mussten auch der korsische Freiheitskämpfer Sampiero Corso und seine Verbündeten, die Türken und Franzosen, wieder abziehen. Erst im späten 18. Jahrhundert, als Korsika an Frankreich fiel, endete die glorreiche Zeit Calvis. Bei Gefechten mit britischen Truppen, die den korsischen Revoluzzer Pasquale Paoli unterstützten, wurde die Stadt zu großen Teilen zerstört.

»Ici est né en 1451 Christophe Colomb«

Es heißt, dass Christoph Kolumbus (1451–1506) in Genua, also der heutigen Stadt Genova an der ligurischen Küste, geboren wurde. Auf Korsika indes interpretiert man die Geschichte anders. Viele Einheimische sind felsenfest davon überzeugt, dass der Seefahrer und Amerika-Entdecker in Calvi geboren wurde, also nicht Italiener, sondern

Geheimtipp

GALERIE »DCAMPANAGLAS«

An einer apricotfarbenen Hauswand vor der Zitadelle sitzt eine riesige Spinne, bestimmt einen halben Meter groß, und vor dem Eingang grüßt ein Roboter. Furchterregend ist dies keineswegs, sondern nur ein erster Eindruck der Glas- und Stahlkunst, die in der Galerie von Dominique Campana und Carol Haas zu bewundern ist. Der Glasbläser und die Künstlerin lassen sich von persönlichen Erlebnissen, der Natur und dem Licht inspirieren. So entstehen unter anderem auch Libellen, Krokodile und besondere Korsika-Souvenirs, außerdem wunderschöne Vasen in allen Regenbogenfarben.

Dcampanaglas. Place des Anges/ Montée du port (an der Treppe vom Vorplatz der Zitadelle Richtung Hafen), 20 260 Calvi, Tel. 04 95 47 81 60, E-Mail: dcampanaglass@wanadoo.fr, www.dcampanaglass.com

Korse war. Besucher begegnen seinem Namen überall in der Stadt: Die Hauptdurchfahrtsstraße wurde nach ihm benannt (Avenue Chistophe Colomb), außerdem inoffiziell der Platz vor der Zitadelle (Place Christoph Colomb) und mindestens ein Hotel. Einige Lokale bieten Kolumbus-Salat oder -Eisbecher an.

Das Haus, in dem Kolumbus das Licht der Welt erblickt haben soll, steht im Nordwestbereich der Zitadelle – vielmehr das, was davon übrig ist, denn es wurde bei den Angriffen der Briten im Jahr 1794 zerstört. Zu erkennen sind nur noch Reste von Steinmauern, doch ein Schild behauptet selbstbewusst: *»Ici est né en 1451 Christophe Colomb immortalisé par la découverte du nouveau monde, alors que Calvi était sous la domination génoise, mort à Valladolid le 20 mai 1506.«* Frei übersetzt bedeutet die Inschrift: »Hier wurde 1451 Christoph Kolumbus geboren, der unsterbliche, weltberühmte Entdecker, während sich Calvi unter genuesischer Herrschaft befand, er verstarb in Valladolid am 20. Mai 1506.« Korsische Ahnenforscher, so wird berichtet, fanden heraus, dass in dem vermeintlichen Geburtshaus noch im 18. Jahrhundert Bewohner namens Colombo gelebt und als Weber gearbeitet hatten. Auch der berühmte Seefahrer entstammte einer Wollweber-Familie. Dennoch: Auch in Genua gibt es ein »Geburtshaus Christoph Kolumbus«, obendrein beanspruchen auch Länder wie Spanien und Portugal das Privileg für sich, das wahre Geburtsland zu sein. Hier rätselt die Wissenschaft noch; selbst DNA-Analysen von Menschen gleichen oder ähnlichen Namens wurden dazu bereits durchgeführt.

Besichtigung der Zitadelle

An der Außenmauer der Citadelle (Zitadelle) setzte man Kolumbus zudem das passende Denkmal:

Oben: »Port de plaisance« – ein Hafen zum Vergnügen
Unten: Es gefallen auch die verwinkelten Gässchen in der Zitadelle.

Ein Bummel durch Calvi

Ⓐ Avenue Chistophe Colomb – Hauptverkehrsachse, Verlängerung der Fernstrecke N197.

Ⓑ Place Christoph Colomb – Platz vor der Zitadelle (wird vor Ort so genannt).

Ⓒ Zugang zur Zitadelle

Ⓓ Geburtshaus Christoph Kolumbus

Ⓔ Kolumbus-Denkmal

Ⓕ Place d'Armes – Hier befand sich u. a. das ehemalige Pulverlager.

Ⓖ Église St-Jean Baptiste

Ⓗ Oratoire St. Antoine – Schönes Innenleben.

Ⓘ Punta de la Revellata

Ⓙ Punta di Spano

Ⓚ »Port de commerce« – Fähr-/Fischereihafen.

Ⓛ »Port de plaisance« – »Vergnügungshafen«.

Ⓜ Tourist-Information

Ⓝ Bahnhof Calvi – Start der Strandbahn.

Ⓞ Sandstrand von Calvi – Mit Piniengürtel.

Ⓟ Hafenmeile Quai (Adolphe) Landry – Nette Cafés, Bootsanlegestelle.

Ⓠ Rue Georges Clemenceau – Wichtigste Geschäftsmeile.

Ⓡ Église Sainte Marie Majeure – Zwischen Häusern versteckt.

Der Nordwesten

eine Büste auf einem halben Boot, das aus der Mauer herauszufahren scheint ... auf zu neuen Entdeckungen. Die Hauptattraktion aber ist die Festungsanlage selbst. Über eine wuchtige Zugbrücke geht es in den Innenbereich. Über dem Tor wurde die Genua-Treue der Stadt verewigt: »Civitas Calvi semper fidelis« (Calvi, die immer getreue Stadt) steht dort in Stein gemeißelt.

In der Zitadelle geht es links zum »Waffenplatz« (Place d'Armes). In einem der umgebenden Gebäude, der Caserne Sampiero, lebte einst der genuesische Statthalter. Heute ist es Sitz der Militärpolizei der französischen Fremdenlegion. Über dem Platz erhebt sich die romanische Kirche Église St-Jean Baptiste (13. Jh.) mit ihrer großen Laternenkuppel. Das benachbarte Pulverlager erwies sich als nachteilig: Im Jahr 1567 kam es zu einer Explosion, bei der die Kirche fast vollständig zerstört wurde. Drei Jahre später stand das Bauwerk wieder, 1576 erhob Papst Gregor XIII. es zur Kathedrale. Der Gasse Richtung Hafen folgend, gelangt man zur Oratoire St. Antoine, der Kapelle der Bruderschaft des Heiligen Antonius. Ein Blick hinein lohnt sich wegen der hübschen Fresken. Eine Statue zeigt den Heiligen Antonius, unter

Oben: Eine Kirche wie ein Sahnebonbon: Église Sainte Marie Majeure im Hafenviertel
Unten: Aus der Mauer der Zitadelle sticht Christoph Kolumbus in See.

GUT ZU WISSEN

RESTAURANTS IM HAFEN
Viele Urlauber zieht es zum Essen und Kaffeetrinken in den Hafen. Doch auch wenn die Umgebung es vielleicht wert ist, die Qualität der Speisen ist eher bescheiden, das Angebot oft nur typisch touristisch. Für einen Imbiss ist das okay, doch wer ausgiebig und vor allem echt korsisch tafeln möchte, sollte dies lieber in den Restaurants der Rue Georges Clemenceau tun. Einige davon haben sogar eine Terrasse über dem Hafen.

Der traditionsreiche Hafen von Calvi

anderem Schutzpatron der Landwirte,
mit einem Schwein an seiner Seite.

Hafen und Altstadt

Bei der Besichtigung der Zitadelle sollte man den
Blick auch nach außen richten. Im Westen ist die
Punta de la Rivellata zu sehen; überwältigend ist
das Panorama mit dem Hafen über den Golf von
Calvi bis hin zur Punta di Spano auf der Ostseite.
Zu Füßen liegen der Fähr- und Fischereihafen
»Port de commerce«, daneben Richtung Stadt der
»Port de plaisance« (»Vergnügungshafen«, der
Name ist Programm). Neben Jachten und anderen
Sportbooten ankern Ausflugsschiffe, die zum Teil
bis in das Naturreservat La Scandola (siehe Sei-
te 162) fahren. Neben der Capitainerie befindet
sich die Tourist-Information, und gleich um die
Ecke starten ab dem Bahnhof Calvi (Gare SNCF)
die Züge der Strandbahn Richtung L'Île-Rousse.
Am südlichen Ende des Hafens beginnt der famili-
enfreundliche Sandstrand von Calvi. Entlang der
Hafenmeile Quai (Adolphe) Landry reihen sich
Lokale für jeden Geschmack. Parallel zum Kai
schließt sich die verwinkelte Altstadt mit der
Hauptschlagader Rue Georges Clemenceau an.
Mittendrin erinnert die Kirche Église Sainte Marie
Majeure (1774) daran, wo einst Calvis Zentrum lag.

Nicht verpassen

DAS GEISTERDORF OCCI

Ein Geheimnis ist das seit
1918 verlassene Bergdorf
oberhalb von Lumio zwar nicht
mehr, doch es bleibt ein ganz besonderer Tipp. Nahezu mystisch ist die
Stimmung zwischen den halb verfallenen Häusern, die sich um die Kirche Annunziata gruppieren. Das kleine Gotteshaus wirkt so lebendig, als
begänne die noch vorhandene Glo-
cke gleich zu schlagen. Der Förder-
verein »Occi Paese Rinascitu« ließ es
restaurieren. Einmalig ist auch das
Panorama, das den Aufstieg (377 m)
belohnt. Der Blick reicht über den
kompletten Golf von Calvi, bei guter
Fernsicht sogar bis zum Cap Corse.

Wegbeschreibung: Fußweg ca.
40 Min., Ausgangspunkt: Hotel-Restaurant Chez Charles (an der N197),
20 260 Lumio, Tel. 04 95 60 61 71

Infos und Adressen

SEHENSWÜRDIGKEITEN

Punta di la Revellata. Die Halbinsel ist ein Naturparadies mit tollen Ausblicken und einsamen Buchten. Am Ostufer führt ein Trampelpfad bis zur Spitze des Kaps mit dem Leuchtturm Phare de la Revellata (1844). Ca. 2 km vor Calvi, Richtung Girolata, an der D81B

Zitadelle. Place Christophe Colomb, 20 260 Calvi (Oberstadt)

Das Vier-Sterne-Hotel »L'Abbaye«

ESSEN UND TRINKEN

A Stalla. Restaurant-Bar in der Altstadt mit empfehlenswerter Küche, Fr und Sa abends korsische Livemusik. Rue Clémenceau 13, 20 260 Calvi, Tel. 04 95 65 21 48

Bistro A Piazetta. Familiäre Atmosphäre. Place Marchal, 20 260 Calvi, Tel. 04 95 37 87 74

Le Chalut. Fischspezialitäten, besondere Menüs (Langusten-Menü, Fischer-Menü und ein korsisches Menü). Terrasse über dem Hafen. Rue Clémenceau 22, 20 260 Calvi, Tel. 04 95 65 00 50

Le Lido. Direkt am Strand. Salate, Fisch und Fleisch. Route de la plage, 20 260 Calvi, Tel. 04 95 36 91 66, www.lelido-plage-calvi.sitew.com

Restaurant du pain du sucre. Geheimtipp! Romantisches Beach-Restaurant in einer kleinen Traumbucht. Ca. 7,5 km ab Zitadelle, nach der Abzweigung Route de Calenzana (D151) noch ca. 1300 m, dann links. Plage de Sainte-Restitude, 20 260 Lumio, Tel. 04 95 60 79 45, www.le-pain-de-sucre.com

Restaurant Santa Maria. Korsische Küche mitten in der Altstadt. Wunderschöne Außenplätze direkt vor der Kirche Église Sainte Marie Majeure. Rue Clemenceau 14, 20 260 Calvi, Tel. 04 95 65 04 19

ÜBERNACHTEN

Hotel Christoph Colomb. Drei Sterne gab es für das charmante Hotel vis-à-vis von Meer und Zitadelle. Place Bel Ombra, 20 260 Calvi, Tel. 04 95 65 06 04, E-Mail: info@hotelchristophecolomb.com, www.hotelchristophecolomb.com

L'Abbaye. Vier-Sterne-Hotel in zentraler Lage. Montée de l'Abbaye BP 18, 20 260 Calvi, Tel. 04 95 65 04 27, www.hostellerie-abbaye.com

La Caravelle. Drei-Sterne-Hotel am Strand von Calvi, nahe Hafen. Route de la plage, 20 260 Calvi, Tel. 04 95 65 95 50, www.hotel-la-caravelle.com

Le Grand Hotel. Anders als der Name andeutet kein Luxus, sondern drei Sterne. Aber zentrale Lage – Hafen und Altstadt vor der Tür. Boulevard Wilson 3, 20 260 Calvi, Tel. 04 95 65 09 74, www.grand-hotel-calvi.com

Villas Mandarine. Fünf-Sterne-Luxusvillen mit eigenem Pool (3, 4 oder 6 Zimmer). Route de Pietramaggiore, 20 260 Calvi, Tel. 04 95 44 44 46, E-Mail: info@villasmandarine.fr, www.calvi-location-villa.com

Zum störrischen Esel. Familienfreundliches Feriendorf unter österreichischer Leitung, 2 km vor Calvi. Anspruchsvolles Aktiv- und Unterhaltungsprogramm (Touren, Exkursionen etc.). Club Alpin Autrichen s.a.s, Route Nationale 197,

20 260 Calvi, Tel. 04 95 65 98 00,
E-Mail: clubalpinautrichien@wanadoo.fr,
www.stoerrischeresel.com

AUSGEHEN

Acapulco. Diskothek nahe Calvi. Auch Events
mit verschiedenen Künstlern. Route de Calenzana,
20 260 Calvi, Tel. 04 95 65 08 03

Calvi Jazz-Festival. Die international hoch an-
gesehene Veranstaltung vereint für acht Tage im
Juni mehr als hundert Jazz-Interpreten. Zahlreiche Konzerte innerhalb der Festungsmauern
und auf den Straßen Calvis, auch spontane
Sessions »Boeufs« im Hafen. Infos: OMT Calvi,
Tel. 04 95 65 16 67; Restaurant Le Chalut,
Tel. 04 95 65 00 50, E-Mail: info@calvi-jazz-
festival.com, www.calvi-jazz-festival.com

EINKAUFEN

A Funderia. In der handwerklichen Gießerei werden original korsische Messer und verschiedene
Werkzeuge gefertigt. Mo–Sa 10–19 Uhr, Avenue
Christophe Colomb, beim Parkplatz vom Supermarkt Casino.

Wochenmarkt. Obst und Gemüse, regionale
Produkte, frischer Fisch. Täglich 8–12 Uhr,
Marché Couvert (überdachter Marktplatz), hinter
der Kirche Sainte Marie Majeure

AKTIVITÄTEN

Colombo Line. Bootsausflüge bis nach La Scandola, Halbtages- und Ganztagestouren. Quai
Landry, 20 260 Calvi, Tel. 04 95 65 32 10 und
04 95 65 03 40, E-Mail: infos@colombo-line.com,
www.colombo-line.com

Altore. Abenteuerpark für Kletterfans jeden Alters:
Es gibt einen leichten zwölfminütigen Parcours für
Kinder ab 2,5 Jahren, einen mit leichtem Schwierigkeitsgrad für Kinder ab 5 Jahren (30 Min.) und
einen mittelschweren für Kinder ab 9 Jahren
(1 Std. 15 Min.). Pinède de Calvi (Einfahrt Casino,
im Pinienhain direkt am Strand), 20 260 Calvi,

Tel. 06 83 39 69 06 und 06 08 72 67 19,
E-Mail: altorebalagne@gmail.com,
www.altore.com

U Trinichellu. Informationen zur Strandbahn
siehe Kapitel 7.

INFORMATION

Office de Tourisme de Calvi. Am Port de Plaisance, zu erreichen über die Treppe links von
der Capitainerie. Gratis WLAN im Empfangs-
bereich. April Mo–Sa 9–12 / 14–18 Uhr, Mai/
Juni/Sept. Mo–Sa 9–12 / 14–18 Uhr, So 9.30–
12.30 Uhr, Okt.–März Mo–Fr 9–12 / 14–18 Uhr;
Nebenstelle in der Zitadelle (Salles d'exposition):
10. Juni–31. Aug. Mo–Fr 10.30–13.30 / 15.30–
18.15 Uhr, So 15.30–19 Uhr. Port de Plaisance/
BP 97, 20 260 Calvi, Tel. 04 95 65 16 67,
E-Mail: info@balagne-corsica.com,
www.balagne-corsica.com

Das Restaurant »Le Chalut« hat eine überdachte
Terrasse mit Hafenblick.

9 Hinterland der Balagne
Reise durch bezaubernde Dörfer

Biegt man zwischen Calvi und Lozari in das Hinterland ab, eröffnet sich eine eigene Welt. Durch fruchtbare Hügel, Olivenhaine und Immortelle-Felder geht es hinauf zu fast vergessenen Dörfern und verträumten Weilern. In den mittelalterlichen Gassen verstecken sich zahlreiche besondere Anblicke und das wohl schönste Kunsthandwerk Korsikas. Die Künstlerstraße »Route des Artisans« verbindet die Dörfer der Balagne.

Der Anblick ist unvergleichlich und auf Korsika nirgendwo sonst zu finden: Wie herausgewachsen aus Hängen und Bergkuppen, wie ein Teil der Granitfelsen wirken die sand- und ockerfarbenen Häusergrüppchen aus der Ferne betrachtet. Hinter fast jeder Kurve rückt ein anderes Dorf ins Blickfeld. Rund 20 Ortschaften verteilen sich auf diese Weise im Hinterland der Balagne, jedes für sich in einer Position, aus der sich das gewellte Land bis hin zum Meer überblicken lässt. Im Mittelalter war diese schwer zugängliche Lage ein überlebenswichtiger Schutz vor Überfällen und Plünderungen.

Im Garten Korsikas

Heute verzaubern die typisch korsischen Dörfer, die sich ihre Ursprünglichkeit bewahrt haben, jeden Besucher. Man könnte sich verlieren in all den windschiefen Mauern, Gässchen und kleinen Plätzen, Durchgängen, Höfen und Kellern. Ein Erlebnis sind auch die Strecken, die sie verbinden: abenteuerliche Serpentinenstraßen mit vielen Aussichtspunkten, der Duft der Immortelle ist allge-

Mitte: Die Bergdörfer Cassano und Montemaggiore
Unten: Wunderschön ist der Dorfplatz von Cassano.

Hinterland der Balagne

genwärtig, und überall bieten sich Gelegenheiten, auch den Geschmack der Balagne zu erleben.

Als »Garten von Korsika« gilt die Balagne noch immer, ihre wortwörtliche Blütezeit indes erlebte die Region im 18. und 19. Jahrhundert. Die reichen Erträge bescherten den Bauern ein gutes Leben. Dies änderte sich mit dem Einsetzen der Landflucht; Versteppung, Dürre und Brände taten ihr Übriges dazu. Doch viele der heutigen Bewohner widmen sich wieder mit Hingabe der Landschaftspflege, kultivieren Produkte aus eigenem Anbau, die großen Anklang finden. Dazu gehören das lokale Olivenöl »Niellaghja«, der Olivenöl-Kuchen »Oliosi« aus Lama, die »Croquants« aus Sant'Antonino sowie Mandeln und Orangen aus Aregno.

Musik und Kunsthandwerk

Aus der Balagne kommen auch einige namhafte Musiker wie z.B. der Sänger und Komponist Michele Malory, der auch Texte für Johnny Hallyday schrieb, und der Sänger und Komponist Stephane Calalta, der seine Karriere mit der legendären Polyphonie-Gruppe A Filetta begann. In vielen Ortschaften gibt es regelmäßig polyphone Gesänge oder andere kleine Konzerte, Festivals und spontane Darbietungen.

Auch Kunsthandwerker haben sich mit kleinen Ateliers in den Dörfern niedergelassen, Licht und Farben der Landschaft fließen in ihre Kreationen ein. Die Anbieter lokaler Produkte verbindet die »Route des Artisans« (siehe Autorentipp S. 74).

Rundfahrt durch die Balagne

Mehrere Routen bieten sich für eine Rundfahrt durch die Balagne an. Besonders reizvoll ist auch

Geheimtipp

SPIELUHREN UND ESTIVOCE

Von der Küste gut zu erreichen ist das »Künstlerdorf« Pigna. Etwas Besonderes ist dort das Atelier Scat'A Musica: Marie Darneal kreiert fantasievolle Spieluhren (Boites à musique), die traditionelle korsische Lieder spielen. Pigna ist auch Schauplatz der Estivoce, einer ganzjährigen Kulturveranstaltung, die das Centre Culturel Voce 1991 ins Leben rief. Mitbegründer ist der Maler und Bildhauer Tony Casalonga. An verschiedenen Plätzen gibt es Instrumentalmusik, Gesang, Theater und andere Darbietungen.

Centre Culturel Voce/Auditorium di Pigna. 20 220 Pigna, Tel. 04 95 61 73 13, E-Mail: contact @ccvoce.org, www.centreculturel voce.org (Mediathek: www.reperto rium.centreculturelvoce.org)

Scat'A Musica. Mai–Okt. tägl. 10–13 / 15–20 Uhr. Marie Darneal, Tel. 04 95 61 77 34, E-Mail: mc.darneal@waynadoo.fr, www.scattamusica.fr

eine Rundwanderung mit Rast in verschiedenen Dörfern. Eine schöne Tagestour mit dem Auto oder Zweirad ist die Rundstrecke ab L'Île-Rousse über die D71. An der Strecke liegen die schönsten Dörfer, und sie ist dennoch überschaubar. Dazu fährt man von L'Île-Rousse zunächst Richtung Osten und biegt bei Lozari Richtung Belgodère ab. Bis hier führt die Strecke noch über die Fernstraße N197. Bei Belgodère, dem Tor zur Balagne, geht es auf die D71, und die Straße wird zunehmend abenteuerlicher. Zunächst aber lohnt sich ein Stopp in diesem ersten Dörfchen, das in 300 Meter Höhe in den Hang gebaut wurde. An der Durchfahrtsstraße gewährt ein kleiner Parkplatz freie Sicht über das Tal mit dem Stausee von Reginu, der seit den 1980er-Jahren die Bewässerung der Region sicherstellt. Der Straße weiter Richtung Costa folgend, kommt bald auf der linken Seite eine (Literaturangabe siehe Information) »Dégustation de fromage« oder, frei übersetzt, »Käsebar« – so nennt man auf Korsika kleine Läden, in denen Käsesorten aus der Region verkauft und zum Kosten angeboten werden.

Abstecher nach Speloncato

Im nächsten Dorf, Occhiatana, befindet sich das erste Atelier der »Route des Artisans«: In der Poterie Terra e Focu fertigt Isabelle Volpei schöne Dinge aus Keramik – die Gelegenheit für ein besonderes Souvenir. Ungefähr drei Kilometer weiter lohnt der erste Abstecher: Links weist ein Schild nach Speloncato, einem der oft erwähnten und absolut sehenswerten »Adlerhorst«-Dörfer der Balagne: Wie ein Raubvogel-Nest sitzt es auf der Kuppe. Die Straße führt nach zwei Kehren direkt in den schmucken Ortskern, einem kleinen Platz mit Brunnen, Kirche, zwei Cafés und Sahne-Panorama. Nach einer Stärkung kann man noch weiter

Der Besuch von Speloncato gehört unbedingt zur Balagne-Tour.

Tour durch die Balagne

Es gibt eine Vielzahl an Möglichkeiten, die Balagne zu erkunden. Bei einer Rundfahrt ab L'Île-Rousse lassen sich die schönsten Dörfer wunderbar miteinander verbinden. Kleine Abstecher bereichern die Route.

Ⓐ Verlauf der »Route des Artisans« – Die Künstlerroute verbindet viele Ateliers.

Ⓑ L'Île-Rousse – Startpunkt der beschriebenen Rundtour.

Ⓒ Belgodère – Aus Richtung Osten kommend, ist der Ort gleichsam das Tor zur Balagne.

Ⓓ Stausee von Reginu – Das Gewässer liegt in der Ebene zwischen den Bergen.

Ⓔ Occhiatana – Hier lohnt ein Besuch der Poterie Terra e Focu.

Ⓕ Speloncato – Das Dorf sitzt genau auf der Bergkuppe und verführt mit einem schönen Marktplatz.

Ⓖ Col de Bataglia – Die Passstraße führt von Speloncato nach Piogiolla. Von oben bietet sich ein einmaliger Blick über die Balagne.

Ⓗ Feliceto – Hier ist u. a. das Weingut Domaine Renucci zu besichtigen.

Ⓘ Genueserbrücken bei Feliceto – Das mittelalterliche Konstrukt führt über den Reginu-Fluss.

Ⓙ Sant'Antonino – Zu Fuß oder per Esel durch das Gassenlabyrinth.

Ⓚ Aregno – Sehenswert ist die Kirche Église de la Trinità.

Ⓛ Pigna – Viel Kunsthandwerk und Musik machen das Dorf zu etwas Besonderem.

Ⓜ Corbara – Zwei kleine Museen bieten Abwechslung.

Ⓝ Couvent Saint-Dominique – In dem Kloster bei Corbara (halbe Strecke ab Pigna) kann man auch übernachten.

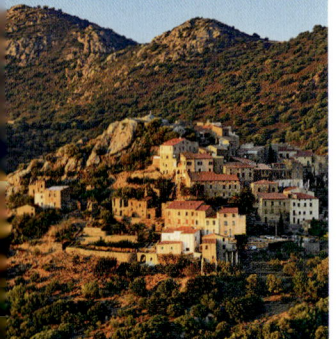

Der Nordwesten

fahren bis auf den Pass Col de Bataglia (1100 m) Richtung Pioggiola, der den Ausblick aus Dorfhöhe noch um einiges überbietet. Die gesamte Balagne liegt einem nun zu Füßen, oft sind auch Gleitschirmflieger zu beobachten.

Zurück auf der D71 windet sich die schmale, teils nur dürftig befestigte Bergstraße weiter durch die Hochbalagne; bald sind die ersten Häuser Felicetos zu sehen. An der Gabelung im Zentrum geht es zum Traditions-Weingut Domaine Renucci (1850) – eine schöne Gelegenheit, um eine Cuvée Vignola aus biologischem Anbau zu verkosten. Wer auf der Hauptstrecke bleibt, kommt an der Sandwichbar A Panetta vorbei. Auf der Mini-Terrasse steht nur ein Tisch; wer den Platz ergattert, kann zum Kaffee einen schönen Blick ins Tal genießen.

Unbedingt besuchen sollte man auch die Glasbläserei von David Campana, dem man an Werktagen bei seiner Kunst über die Schulter schauen kann. Noch ein schöner Tipp für Feliceto: Bei der Ortschaft stehen zwei der wenigen Genueserbrücken der Balagne. Die schönste spannt sich über den Reginu-Fluss (kurz nach dem Ortsausgang Richtung Muro rechts abbiegen, nach circa zwei Kilo-

Oben: Belgodère, das »Tor zur Balagne«
Mitte: Pigna ist bekannt für Keramik und anderes Kunsthandwerk.
Unten: Taverne in Sant Antonino

metern erneut rechts, dann sind es noch anderthalb Kilometer bis zur Brücke). Die zweite Brücke steht bei der Kapelle San Rocca in Feliceto.

Sant'Antonino: Ritt ins Mittelalter

Nach den weiteren Dörfern Muro und Avapesse kommt Cateri. Ab dort führt die D71 schließlich direkt zurück nach L'Île-Rousse. Es wäre aber nahezu ein Frevel, die Rundfahrt zu beenden, ohne in Cateri nach Sant'Antonino (D413) abgebogen zu sein. Denn damit verpasst man das wohl urigste Dorf der Balagne mit dem allerschönsten Blick. Schon die Anfahrt bietet einen Vorgeschmack. Wie an einem Korkenzieher schraubt sich das Sträßchen um den Berg. Bei einem großen Parkplatz schließlich ist Schluss mit dem Autofahren: Das Mittelalterdorf selbst lässt sich ausschließlich zu Fuß erkunden oder stilgemäß per Esel (Verleih auf dem Parkplatz). Auf gepflasterten Gassen geht es durch ein Labyrinth teils überwölbter Gänge, vorbei an einem alten Steinofen und anderen Relikten aus vergangenen Zeiten. All diese toppt wortwörtlich die Aussichtsterrasse hoch oben im Dorf, von der aus sich ein 360-Grad-Panoramablick über die Balagne bietet.

Ab Cateri ist die Rundfahrt auch in verschiedenen Varianten Richtung Calvi erweiterbar. So lassen sich noch Dörfer wie Aregno erkunden oder (über die D151) Montegrosso und Calenzana. Ein »Muss« in Richtung L'Île-Rousse ist auch das Künstlerdorf Pigna (siehe Autorentipp S. 73). Drei Kilometer weiter lohnt auch ein Besuch der beiden kleinen Museen von Corbara sowie, etwa auf halber Strecke zwischen Pigna und Corbara, das sehenswerte Kloster »Couvent Saint-Dominique de Corbara« (Übernachtung möglich).

OLIVENBAUM-FESTIVAL

Wer Mitte bis Ende Juli auf Korsika verweilt, sollte nach Montegrosso fahren. Alljährlich steigt dort ein großes Fest zu Ehren des Olivenbaums: die »Fiera di l'Alivu«. Eine Woche lang strömen rund 10 000 Besucher in das Dorf im Westen der Balagne, um den Wert und die Vielseitigkeit der Frucht mit allen Sinnen zu erfahren. Es gibt zahlreiche Verkostungen von Olivenprodukten und andere Aktionen. Das Festival wurde in Frankreich durch den Conseil National de l'Art Culinaire zur »site remarquable du goût« erhoben – eine Auszeichnung, die nur 100 besondere Orte in ganz Frankreich erhalten.

Fiera di l'Alivu. Aktuelle Termine im Internet (auf Korsisch unter >Calendrier). Montemaggiore, 20 214 Montegrosso. Tel. 04 95 62 81 72, E-Mail: fieradilalivu@wanadoo.fr, www.foiresdecorse.com

Die Kapelle »Capella di Lavasina« in Sant'Antonino

Infos und Adressen

SEHENSWÜRDIGKEITEN

Couvent Saint-Dominique. 20 256 Corbara, Tel. 04 95 60 06 73, www.stjean-corbara.com

Couvent de Tuani. Bei Belgodère. In dem Sinne nicht zu besichtigen, aber schön anzusehen. Für Übernachtungen kann nur das komplette Kloster (!) gemietet werden. 20 226 Costa, Tel. 04 95 61 07 43, www.couventdetuani.com

Le Musée du Trésor. Ausstellung von Kirchenkunst und sakralen Gegenständen aus dem 18. Jh. Mo–Fr 10–12 / 15–18 Uhr, Sa 15–18 Uhr, 20 256 Corbara, Tel. 04 95 46 15 53

Kirchenkunst in der Balagne

Musée privé. Ein kleines Museum in Corbara, das ganz besondere Einblicke in die korsische Geschichte erlaubt. Inhaber Guy Savelli richtete es in seinem Wohnhaus ein, sammelte Gemälde, Karten, Bücher und andere Stücke aus vergangenen Jahrhunderten. Eintritt frei (Spende erbeten), 15–18 Uhr (nicht täglich, am besten vorher anfragen), links neben der Kirche, 20 256 Corbara, Tel. 04 95 60 06 65

ESSEN UND TRINKEN

Casa Musicale. Auf der Panoramaterrasse des Restaurants sitzt man unvergleichbar schön (Adresse siehe Übernachten).

L'Ortu Di Ziu Simone. Einschlägiges Restaurant mit Gartenterrasse in Montegrosso. Spezialitäten wie Calamar Farçi (gefüllter Oktopus) und Terrine Maison. Mai–Sept., Cassano, 20 214 Montegrosso, Tel. 04 95 61 32 11, E-Mail: 20214.lortudiziusimone@orange.fr

ÜBERNACHTEN

A Spelunca. Absolut keine Spelunke, vielmehr leitet sich der Hotelname von Speloncato ab. Einrichtung mit viel Pomp im Palaststil. Place du Village, 20 226 Speloncato, Tel. 04 95 61 50 38, www.hotel-a-spelunca.com

Casa Musicale. Uriges Hotel-Restaurant. Einige Veranstaltungen der Festivoce finden hier alljährlich statt. Von der Terrasse des alten Herrenhauses hat man einen sagenhaften Blick über die Landschaft der Balagne bis hin zum Meer. Place de l'Église, 20 220 Pigna, Tel. 04 95 61 77 31, E-Mail: resa@casa-musicale.org, www.casa-musicale.org

Le Niobel. Kleines Hotel (12 Zimmer) in Belgodère. Die Räume sind ein wenig düster (viel Holz und schwarzer Samt), doch einige haben einen Traumblick über die Balagne bis hinunter zum Meer. Lieu dit Rimessa, 20 226 Belgodère, Tel. 04 95 61 34 00, www.leniobel.com

U Palazzu. Stilvolles Hotel in Pigna mit Panoramablick und romantisch eingerichteten Räumen. 20 220 Pigna, Tel. 04 95 47 32 78, E-Mail: palazzupigna@wanadoo.fr, www.hotel-corse-palazzu.com

EINKAUFEN

Chez Zia Rô. Das Kunsthandwerkergeschäft ist Partner der »Route de Artisans«. Es bietet eine Auswahl an Keramik und Schmuck verschiedener

Künstler, außerdem regionale Produkte aus Oliven, Kastanien, Wurstwaren und Käse. Centre du village, 20 214 Montegrosso, Tel. 06 64 14 96 59, E-Mail: zia-ro@live.fr

Domaine Renucci. Das Weingut mit 17 Hektar Anbaufläche besteht bereits seit 1850 und befand sich lange in Familienbesitz, bis Bernard Renucci es im Jahr 1991 übernahm. Er stattete es mit moderner Winzertechnik aus. Auf den Einsatz von Pestiziden sowie Chemikalien bei der Fertilisation wird verzichtet. Abfüllvolumen: 40 000 Flaschen/Jahr. Weine: Cuvée Vignola (rot, weiß, rosé). Mo–So 10–12 / 15–18.30 Uhr, Herbst und Winter geschlossen, 20 225 Feliceto, Tel. 04 95 61 71 08

Markt in Belgodère. Lokale Produkte von Anbietern und Künstlern der Region. März–Dez., Sa 9–12.30 Uhr, Marché des producteurs locaux, Place de l'Èglise, 20 226 Belgodère

Poterie Terra e Focu. Keramik von Isabelle Volpei. Vasen, Kerzenhalter, Geschirr, Lampen und andere schöne Dinge. Tägl. 10–13 / 14.30–19.30 Uhr, Ochjatana bei Belgodère, Tel. 04 95 61 33 20, E-Mail: isabellevolpei@hotmail.fr

Soufflerie de verre Ange Campana. Die Glasbläserei in Feliceto zählt zu den bekannteren Ateliers der Künstlerroute. Tägl. 10–12 / 15–18.30 Uhr. 20 225 Feliceto, Tel. 04 95 61 73 05, E-Mail: m.jcampana@yahoo.fr.

INFORMATION

Office de Tourisme de Lama. Bei Ostriconi. 20 218 Lama, Tel. 04 95 48 23 90, E-Mail: tourisme@villagedelama.fr, www.villagedelama.fr

Office de Tourisme du Ghjunsani. Bâtiment Battaglini, 20 259 Olmi-Capella, Tel. 04 95 47 22 06, E-Mail: ot.giussani@wanadoo.fr, www.balagne-corsica.com

Mertz, Peter: Bruckmanns Wanderführer Korsika. Tour Nr. 12, Bruckmann Verlag, München 2012, ISBN 3765458910

Bei der Aussicht könnte man fast das Essen vergessen.

10 Cirque de Bonifatu
Bergwelt nahe der Badeorte

Während in Calvi der Sand glüht, geht es 20 Kilometer weiter direkt in eine Landschaft aus Felsen, Gipfeln und Kiefernwäldern. Der grüne Kessel von Bonifatu ist ein Naturjuwel und bietet sich für schöne Wandertouren an. Hier beginnt auch die erste Etappe des Fernwanderweges GR 20. Bizarre Formationen, Baden im klaren Bergfluss, Hängebrücken ... all dies ist bereits bei einer Tagestour zu erleben.

In einer halben Stunde vom Strand in die Bergwelt wechseln – es sind diese Extreme, die Korsika zu etwas Besonderem machen. Schon die Anfahrt aus Calvi ist ein Erlebnis. Nach und nach weicht die alte Kulturlandschaft der Balagne grünen Tälern und Nadelhölzern, beim Blick zurück sieht man das tiefblaue Meer entschwinden. Die Straße endet schließlich im grünen Herz Korsikas. In den steilen Hängen des Cirque de Bonifatu hat sich ein Urwald aus Lariciokiefern erhalten, der als Forêt Domaniale unter Naturschutz gestellt wurde.

Auberge de la Forêt

Bereits bei einer Tagestour (einfache Strecke fünf Kilometer) erhält man einen schönen Eindruck. Die Route ist von mittlerem Schwierigkeitsgrad, erfordert jedoch Schwindelfreiheit und Trittsicherheit und – bedingt durch die Aufstiege – eine gute Kondition. Der Höhenunterschied beträgt immerhin 734 Meter. Auch der Abstieg ist nicht zu unterschätzen. Wie bei allen Bergwanderungen sollte man zudem nur bei gutem Wetter aufbrechen und bei Anzeichen eines Wetterumschwungs sofort umkehren oder Schutz suchen.

Mitte: Grüner Kessel: die Bergwelt des Cirque de Bonifatu
Unten: Hier geht es zur »Refuge de Carrozzu«.

Wanderung durch den grünen Kessel

Diese mittelschwere Tagestour vermittelt einen Eindruck von Korsikas Bergwelt. Mit einem Aufstieg und einigen Flussdurchquerungen ist sie auch eine gute Einstiegsmöglichkeit zur Vorbereitung für längere Bergtouren. Sie führt zum GR 20 und lässt sich damit noch beliebig erweitern.

INFORMATION

An- und Abfahrt: Bis Forsthaus Bonifatu (Auberge de la Forêt).

Ausgangspunkt: Forsthaus Bonifatu mit der Auberge de la Forêt.

Wegbeschaffenheit: Forstweg und steiniger Bergpfad, teils steil ansteigend. Schwindelfreiheit erforderlich.

Länge: 10 km (mit Variante 11 km), 4,5 Std. Gehzeit.

Ausrüstung: Wanderkleidung inkl. berggerechtem Schuhwerk, Sonnenschutz.

Verpflegung: Ausreichend Wasser und einen Snack mitnehmen. Einkehrmöglichkeit in der Refuge de Carrozzu.

Variante: Ab der Refuge de Carrozzu lässt sich der Weg in die Spasimata-Schlucht und noch darüber hinaus erweitern (GR 20).

WICHTIGE STATIONEN

A Auberge de la Forêt – Die D521 endet an einem Parkplatz bei der Auberge. Hier beginnt die Wanderung (ausgeschildert).

B Lichtung – Von dieser Lichtung zweigen mehrere Wanderwege ab. Der Weg rechts neben dem Figarella-Fluss ist der richtige.

C Die erste Flussüberquerung – Ein Nebenarm kreuzt den Weg.

D Hängebrücke – Über den Figarella selbst führt eine Hängebrücke. Große Felsen am Wasser laden zur Rast ein.

E Zweiter Nebenarm des Figarella – Auch diesen gilt es zu durchqueren.

F Dritter Nebenarm des Figarella – Erneut den Fluss überqueren. Ab hier beginnt das schwierigste Stück des Weges.

G Refuge de Carrozzu – Das Ziel ist erreicht. Nach einer Rast oder Übernachtung geht es wieder zurück ins Tal.

H Variante – Ab der Hütte dem GR 20 für 400 m in Richtung Asco-Hütte folgen. Er führt in die Spasimata-Schlucht mit einer abenteuerlichen Hängebrücke.

Die Hängebrücke führt über das Flussbett.

LOHNENDE STOPPS
Entlang des Figarella-Flusses mit seinen 13 Nebenarmen sind schöne Plätze zu entdecken mit Naturschwimmbädern und eindrucksvollen Felsformationen aus rosafarbenem Granit. Um immer wieder innehalten und genießen zu können, empfiehlt es sich, eine Übernachtung in der Berghütte einzuplanen. Bei der Refuge de Carrozzu trifft die beschriebene Wanderung auf den »legendären« Fernwanderweg GR 20 (siehe S. 84 und »Wandern auf Korsika« ab S. 86). Es lohnt sich, ihm für 400 Meter in Richtung Asco-Hütte zu folgen: So gelangt man zur Spasimata-Schlucht und einer Hängebrücke, die sich weit über den Fluss spannt.

Refuge de Carrozzu. Reservierung über die Homepage des Nationalparks. Direkter Link zur Buchung: www.parc-corse.org/vad/

Einfach gut!

Startpunkt ist der Parkplatz am Ende der D251. Gegen eine Gebühr (derzeit 4 €) kann man hier seinen Pkw abstellen. Die Route beginnt auf einer Höhe von 536 Metern beim Forsthaus Bonifatu mit der Auberge de la Forêt. Hier kann man auch gegen eine geringe Gebühr übernachten. Das Ziel ist die Berghütte Refuge de Carrozzu auf 1270 Meter Höhe. Auch dort besteht die Möglichkeit, ein Bett zu nutzen oder zu zelten – eine schöne Variante für eine Zweitagestour. Hin- und Rückweg sind aber auch an einem Tag zu schaffen.

Über die Hängebrücke

Die Tour ist gut markiert (gelbe Streifen) und ausgeschildert. Gleich zu Beginn weist ein Schild mit der Aufschrift »G.R.20 Carozzu 2h30« die Richtung. Der zunächst leicht begehbare Weg verläuft entlang des Figarella-Flusses. Nach einem guten Kilometer (30 Minuten Gehzeit) ist ein kleiner Platz erreicht, an dem mehrere Wanderwege abzweigen. Der nun schmalere Pfad nach Carrozzu setzt sich rechts neben dem Fluss fort, zwischen den Wegweisern und einer Sitzbank. Spätestens jetzt ist man dankbar für gute Wanderschuhe, denn von nun an geht es über Stock, Stein und

Cirque de Bonifatu

Geröll, teils am Abgrund entlang. Nach etwa einem Kilometer ist der erste Flusslauf, ein Nebenarm des Figarella, zu durchqueren. Brücke ist keine vorhanden, doch es liegen Steine im Flussbett.

Nochmals einen Kilometer (Gehzeit insgesamt ca. 1,25 Stunden) geht man bis zum Figarella selbst, über den eine kleine Hängebrücke führt. Ein wunderschöner Platz für eine Pause: Rundgewaschene Felsen bilden sonnenbeschienene Plätzchen. Der Markierung folgend, geht es durch zwei weitere Nebenarme des Flusses. Der erste ist nach circa zehn Minuten erreicht, der zweite nach einer halben Stunde (gesamte Gehzeit bis hier 1,75 Stunden). Dann beginnt das steilste Stück des Aufstiegs zur Refuge de Carrozzu, nur 300 Meter Wegstrecke, jedoch mit einem 250-Meter-Höhenunterschied. So sind weitere 45 Minuten – insgesamt also etwa zweieinhalb Stunden Wanderzeit – bis zur Hütte realistisch. Unterwegs passiert man eine Schutzhütte und trifft auf den Fernwanderweg GR 20 (rot-weiße Markierung). Das bewirtschaftete Refuge de Carrozzu schließlich bietet aus 1270 Meter Höhe einen herrlichen Blick ins Tal, außerdem Speis und Trank sowie Schlafplätze. Nach der wohlverdienten Pause geht es auf derselben Strecke zurück zur Auberge de la Forêt.

GUT ZU WISSEN

TÜCKISCHER BERGFRIEDEN

Obwohl in Wanderführern und Broschüren der Forstverwaltung davor gewarnt wird, unterschätzen Wanderer oftmals, wie tückisch das Wetter in den Bergen sein kann. Bei Regen können sich vormals liebliche Bächlein in reißende Ströme verwandeln und sind dann nicht mehr passierbar. Wer sich über die aktuelle Wetterlage informiert und im Zweifelsfall auf die Wanderung verzichtet, ist auf der sicheren Seite.

Infos und Adressen

ESSEN UND TRINKEN

Auberge de la Forêt. Bewirtschaftete Herberge in Bonifatu, am Startpunkt der Wanderung (Adresse siehe Übernachten).

ÜBERNACHTEN

Auberge de la Forêt. Zwei- und Dreibettzimmer sowie Chalets für sechs bis acht Personen und Campingplatz. Forêt de Bonifatu, 20 214 Calenzana, Tel. 04 95 65 09 98, E-Mail: aubergeforetbonifatu@sfr.fr, www.auberge-foret-bonifatu.com

Refuge de Carrozzu. Die Berghütte ist das Ziel der Bonifatu-Wanderung. Eine Übernachtungsmöglichkeit vor dem Rückweg. Betten und Biwakplatz. Reservierung z. B. über www.parc-corse.org

INFORMATION

Office National des Forêts. Direction régionale de Corse (Regionalverwaltung), Résidence La Pietrina, Avenue de la Grande Armée, 20 000 Ajaccio, Tel. 04 95 23 78 20, www.onf.fr/corse

Parc Naturel Régional de Corse (PNRC). Verwaltung des Nationalparks. Rue Major Lambroschini BP 417, 20 184 Ajaccio CEDEX 1, Tel. 04 95 51 79 10, www.parc-corse.org

11 Der GR 20
Korsikas Herausforderung

Für Wanderer ist es ein Code, der den Puls höher schlagen lässt: Die Abkürzung »GR 20« bedeutet Grand Randonée 20 und kennzeichnet den Fernwanderweg, der in Nordsüdrichtung einmal fast komplett über Korsika verläuft und dabei auch dem Hauptgebirgskamm folgt. Seiner rot-weißen Markierung begegnet man an vielen Stellen in Zentralkorsika.

Der insgesamt rund 220 Kilometer lange GR 20 zählt zu den schwersten Fernwanderwegen Europas, wobei er sich in vergleichsweise einfache, mittelschwere und »schwarze« Etappen unterteilt.

Oben: Spektakuläre Felsen grüßen am Wegesrand.
Seite 86: Beim Wandern am Bavella-Massiv genießt man fantastische Ausblicke.

Der GR 20

Einer der anspruchsvollsten Abschnitte war der zuvor zur 4. Etappe zählende Cirque de la Solitude. Hier gab es am 10. Juni 2015 ein schweres Unglück mit sieben Toten, bedingt durch einen Erdrutsch bei starkem Gewitter. Seitdem gehört der »Kessel der Einsamkeit« (so die wörtliche Übersetzung des Abschnitts) nicht mehr zur Route, und es wurden sämtliche Hilfsmittel abgebaut, die das Erklimmen der Felsen erleichterten. Die neue Etappe 4 lautet nun: Haut Asco – Pointe eboulis – Bocca crucetta – Refuge de Tighjettu. Damit steigerte sich auch der höchste Punkt auf dem GR 20; er liegt nun bei 2607 Metern. Zu unterschätzen ist jedoch auch diese neue Teilroute nicht, die anstrengt und Schwindelfreiheit erfordert.

Aktuelle Infos zur Route

Verantwortlich für den Unterhalt des GR 20 ist die Verwaltung des Parc Naturel Regional de Corse (PNRC). Sie kontrolliert die Wege und hat auf ihrer Homepage einen Blog eingerichtet, in dem die Equipe de Montagne de PNRC aktuelle Informationen bereitstellt. Auch eine gute Wanderkarte ist für den GR 20 unerlässlich. Wer wenig Erfahrung mitbringt, sollte sich einem Wanderführer anschließen.

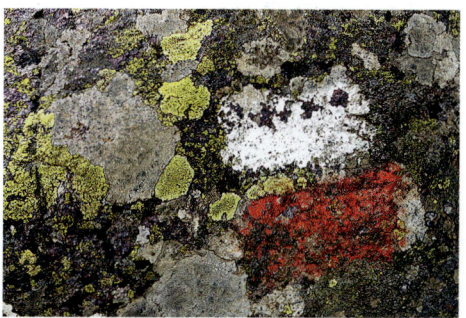

Die Wegmarkierung des GR 20

SEHENSWÜRDIGKEITEN

Calenzana. Im Zentrum von Calenzana steht die Église Saint-Blaise (Barockkirche aus dem 17. Jahrhundert), daneben erinnert der »Friedhof der Deutschen« (Campu Santu di i Tedeschi) an militärische Unterstützung, die Kaiser Karl VI. im Jahr 1732 gegen die genuesische Besatzung Korsikas gewährte. 20 214 Calenzana, www.calenzana.com

ESSEN UND TRINKEN

A Flatta. Das charmante Berghotel mit Pool (schön auch zum Übernachten) bietet in seinem Restaurant traditionelle korsische Küche und hat eine Bar. Lieu-dit A Flatta, 20 214 Calenzana, Tel. 04 95 62 80 38, www.aflatta.com

ÜBERNACHTEN

Bel Horizon. Einfaches (Ein-Stern-) Hotel mit Ein-, Zwei- und Dreibettzimmern. Auf die vielen Wandergäste hat man sich eingestellt: Das Frühstück gibt es äußerst zeitig (für Langschläfer aber auch bis 11 Uhr). Place Prince Pierre 4, 20 214 Calenzana, Tel. 04 95 62 71 72 oder 04 95 62 79 92, E-Mail: contact@calenzana.com

INFORMATION

Office National des Forets. Direction régionale de Corse. Résidence La Pietrina, Avenue de la Grande Armée, 20 000 Ajaccio, Tel. 04 95 23 78 20, www.onf.fr/corse

Parc Naturel Régional de Corse (PNRC). Verwaltung des Nationalparks. Rue Major Lambroschini BP 417, 20 184 Ajaccio CEDEX 1, Tel. 04 95 51 79 10, www.parc-corse.org

WANDERN
auf Korsika

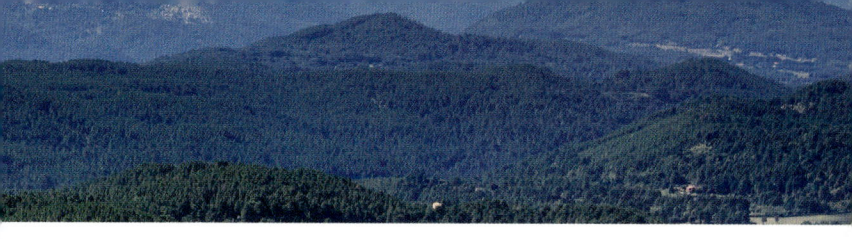

Das »Gebirge im Meer« ist ein Paradies für Wanderer. Sei es eine entspannte Tagestour oder eine Trekkingtour mit Klettereinlage, hier findet jeder etwas Passendes. Besonders bekannt ist der Grande Randonnée (GR 20) über das zentrale Hochgebirge. Weitere Fernwanderwege verbinden die beiden Küsten (Mare e Mare) oder aber Meer und Bergland (Mare e Monti). Auch die vom korsischen Fremdenverkehrsamt kreierten »Routes des Sens Authentiques« (»Straßen der authentischen Sinne«) führen auf zehn Routen vor allem durch das gebirgige Hinterland, vorbei an Orten mit besonderen Pflanzen oder typisch korsischen Produkten.

Dem »GR 20« zumindest ein Stück weit zu folgen, gehört für viele Wanderer unbedingt zu einem Urlaub auf Korsika. Je nach Erfahrung, Kondition und Urlaubszeit bieten sich einzelne Etappen oder die volle Länge an, um die Schönheit der Mittelmeerinsel zu entdecken. Der berühmte Fernwanderweg beginnt in Calenzana bei Calvi an der Nordwestküste und verläuft bis nach Conca nahe Porto Vecchio im Südosten der Insel, folgt dem Verlauf des Hauptgebirgskammes und führt einmal quer durch den Nationalpark. Er zählt zu den schwersten Fernwanderwegen Europas, wobei er sich in vergleichsweise einfache, mittelschwere und »schwarze« Etappen unterteilt (mehr dazu siehe S. 84).

Der rot-weißen Markierung begegnet man an vielen Stellen in Zentralkorsika, sie prangt auf Steinen und Schildern, auf Mauern und an nackten Felswänden. Als eine der Hauptattraktionen Korsikas wird der GR 20 gehegt und gepflegt;

von ausführlicher Beschilderung bis hin zu festen Vorrichtungen wie Ketten, die das Erklimmen von Felsen erleichtern, ist alles vorhanden, allerdings ist der Zustand der Hilfsmittel teils nach wie vor ausbaufähig.

Hinsichtlich der Gesamtlänge des GR 20 schwanken die Angaben. Laut der wohl zuverlässigsten Quelle, dem PNRC selbst, liegt sie bei 200 Kilometern. Zu schaffen

Am GR 20 zwischen der Refuge Onda und der Refuge Vizzavona

ist sie in sage und schreibe weniger als anderthalb Tagen – doch dies gilt nur für den Rekordhalter François D'Haene. Der französische Läufer bewältigte die Strecke im Juni 2016 in 31 Stunden und sechs Minuten. Als realistisch hingegen gelten, je nach Kondition, acht bis 15 Tage für die komplette Tour.

Anspruchsvolle Bergwanderung

Der Rekord darf keinesfalls darüber hinwegtäuschen, dass es sich um eine Bergwanderung handelt, die für unerfahrene und/oder schlecht ausgerüstete Wanderer ungeeignet bis lebensgefährlich ist.

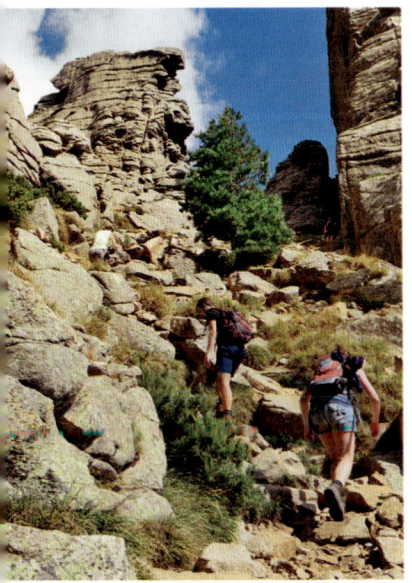

Die Felsnadeln des Bavella-Massivs sind wortwörtlich ein Höhepunkt auf dem Fernwanderweg.

Erforderlich sind gute Kondition, Trittsicherheit und auf einigen Etappen absolute Schwindelfreiheit; teils besteht Steinschlaggefahr. Es geht hinauf bis in Höhen von 2400 Meter, die Temperaturen können dort selbst im Hochsommer um den Gefrierpunkt liegen. Gewitter können überraschend und mit enormer Heftigkeit auftreten. Alle Jahre wieder gibt es auf Korsika Todesfälle durch Unterkühlung und Blitzschlag in den Bergen.

Auch wenn immer ein Restrisiko bleibt: Wer sich in jeder Hinsicht gut vorbereitet (möglichst auch durch Trainingstouren im alpinen Gelände), kann sich auf die wohl spektakulärste und schönste Begegnung mit Korsika freuen. Der GR 20 führt mitten durch das wilde Herz der Insel, über Gebirgsgrate mit Blicken bis hin zum Meer, durch urwüchsige Wälder und vorbei an Bergseen und klaren Flüssen mit Quellen und Badegumpen, die zur Erfrischung einladen.

Übernachten und Ausrüstung

Wild campieren entlang des GR 20 ist verboten und wird entsprechend kontrolliert. Es gibt aber bei einigen Refuges/Gîtes d'Etapes Campingmöglichkeiten und sogar Leihzelte. Außerdem stehen dort günstige Schlafplätze (Kosten pro Übernachtung in der Regel unter 10 €) zur Verfügung. Ein eigener (leichter!) Schlafsack ist auf jeden Fall erforderlich, auch ein Zelt oder Biwak sollte man vorsorglich einpacken. Der Wanderrucksack sollte nicht schwerer als

Immer an die richtige Belüftung denken!

16 Kilogramm sein, reduziert auf alles, was zu einer sicheren Bergwanderung gehört, u. a. mit Erste-Hilfe-Set und Regenschutz. Unverzichtbar sind zudem geeignete Wanderschuhe.

Völkerwanderung

Fast könnte man Grand Randonée auch mit Völkerwanderung übersetzen: Während der Sommermonate gleicht der GR 20 stellenweise einer Strandpromenade – leider teils auch, was die Bekleidung betrifft. Es wurden schon Wanderer mit Badelatschen gesichtet. Viele unterschätzen, wie fordernd die Route ist, und stellenweise wird es ganz schön voll auf dem Weg. Dennoch bleibt es einer der schönsten Fernwanderwege – es liegt an jedem Einzelnen, ihm mit Respekt zu begegnen. Dies gilt natürlich auch für andere Wanderrouten auf Korsika.

Das Bergwetter

Das Wissen um die aktuelle Wetterlage ist unverzichtbar für eine sichere und schöne Wanderung. Zu berücksichtigen ist, dass etwa im Süden Korsikas schönstes Badewetter herrschen kann, während in den Bergen ein heftiges Gewitter niedergeht. Wer jedoch bei den allgemeinen europäischen Online-Vorhersagen nachsieht, könnte zu vage Angaben erhalten. Die Verwaltung des Nationalparks empfiehlt die Vorhersage von Meteo France. Zusätzlich sollte man aber das Wetter unbedingt unterwegs im Auge behalten! Für besonders unerfahrene Wanderer empfiehlt es sich ohnehin, sich Touren von ansässigen Bergführern anzuschließen. Die erfahrenen Guides sehen das Gewitter, bevor andere nur daran denken, und kennen auch die besten Schutzmöglichkeiten.

12 Im Fango-Tal
Biosphärenreservat mit Badevergnügen

Vom Bergland bei Manso, vor der Kulisse der Zweitausender, bis zum Golf von Galéria schlängelt sich der Fluss Fango durch leuchtend orangefarbene Felsen. Er bewässert eine Landschaft, die von der UNESCO zum Biosphärenreservat ernannt wurde, und schuf wunderschöne Naturschwimmbäder. Bei einer Kanutour durch das Fango-Delta sind seltene Wasservögel und Schildkröten zu beobachten.

Es gibt zwei Möglichkeiten, sich dem Vallée du Fango (Fango-Tal) aus Richtung Calvi zu nähern – und beide vereinen sich kurz vor dem Flusslauf. Dort trifft die Küstenstraße D81b auf die durch das Hinterland führende D81, die an dieser Stelle über die »Pont de cinq arcades« führt. Übersetzt heißt dies »Brücke der fünf Bögen«, und so lohnt es sich, das hübsche Konstrukt auch einmal von der Seite anzusehen. Kurz danach fährt man direkt auf das – man muss schon fast sagen: niedliche – Tourist-Office der Region zu. Es ist in einem Container untergebracht. In seinem Inneren aber wird man von einem großen Informationsangebot und einer mehrsprachigen Beratung empfangen.

Panorama vor Zweitausendern

Mitte: Der Blick reicht über das Fango-Tal bis hin zum Monte Estremo.
Unten: Im Fluss findet man die verschiedenfarbigsten Steine.

Vor der Tourist-Information verzweigt sich die Straße erneut. Rechts geht es nach Galéria, links direkt ins Fango-Tal. Es bietet sich an, zuerst eine Wanderung oder einen Badetag am Fluss zu unternehmen und anschließend den Küstenort zu besuchen.

Im Fango-Tal

Der Fango entspringt oberhalb von Manso, am Fuß des Paglia Orba (2525 m) – einem der höchsten Berge Korsikas – in der Schlucht von Capu Tafanatu. Aus dem Tal eröffnen sich bemerkenswerte Panoramen; überaus reizvoll ist der Anblick der Landschaft im Frühjahr mit den mächtigen, noch schneebedeckten Gipfeln am Horizont und den mit blühender Macchia bewachsenen Hügeln davor. Unmittelbar neben dem Paglia Orba ist, in südlicher Richtung, der Capu Tafanatu (2343 m) zu sehen. Aus einigen Winkeln erkennt man sogar sein Markenzeichen, ein großes Felsloch unterhalb des Scheitelpunktes von rund 30 Meter Durchmesser. Laut Legende schmiedete der Teufel sich eine Sense, indem er den Bergrücken des Paglia Orba als Amboss nutzte. Die Klinge brach entzwei. Wutentbrannt schmetterte der Teufel den Hammer gegen den Berg und schlug damit das Loch heraus; der Hammer ging an der Küste nieder. So entstand die Bucht von Calvi. Wenn Wolken durchs Loch ziehen, sieht es aus, als ob der Berg rauche.

Beliebte Badestellen am Fluss

Mit einer Länge von 22 Kilometern durchquert der Fango die vier Ortschaften Montestremu, Barghjana, Manso und Tuarelli, um sich schließlich in ein fruchtbares Delta zu verzweigen und im Golf von Galéria mit dem Meer zu vereinen. Auf seinem Weg schliff er im Laufe der Jahrtausende zahlreiche Felsen zu glatten Steinen, die in Orange-, Rost- und Grautönen schimmern. Sie bilden größere und kleinere Becken, einige davon so tief, dass man von den hohen, sie umgebenden Felsen oder Brücken hineinspringen kann, und Plateaus, auf denen Ruhesuchende ihr Handtuch ausbreiten. Die höheren Temperaturen im Tal erwärmen das kristallklare Wasser in den Sommermonaten auf angenehme Grade. All dies macht den Fluss zu

Einfach gut!

DAS FANGO-DELTA ERKUNDEN

Im Fango-Delta verästelt sich der Fluss in mehrere Seitenarme. Dazwischen entwickelte sich ein wahres Biotop. Zu beobachten sind zahlreiche Vogelarten (u. a. Zwergtaucher und Fischreiher), eine vielfältige Sumpf-Flora und sogar Wasserschildkröten. Nahe heran kommt man mit dem Kanu – eine tolle Gelegenheit auch für schöne Fotos! Die Verleihstation befindet sich in der Bucht neben dem Delta, kurz vor Calvi. Um alle Seitenarme zu erkunden, sollte man anderthalb Stunden einplanen, es sind aber auch kürzere Fahrten möglich. Um den Schutz der Tiere zu gewährleisten, ist Abstand einzuhalten.

Kanuverleih Delta du Fangu. Tel. 06 22 01 71 89, E-Mail: info@delta-du-fangu.com, www.delta-du-fangu.com

einem äußerst beliebten Badeziel, das bei Wetterumschwüngen allerdings Aufmerksamkeit erfordert. Denn der Fango ist ein Bergfluss wie die anderen Badeflüsse Korsikas. Bei Gewitter und Starkregen verwandeln sich die stillen Wasser in reißende Ströme. Tückisch ist, dass man unten im Tal nicht unbedingt etwas davon mitbekommt, wenn das Wetter hoch oben in den Bergen umschlägt. Aus diesem Grund gibt es an der unteren Genueserbrücke eine Warnsirene – wenn sie ertönt, gilt es schleunigst das Flussbett zu verlassen.

An einigen Stellen kann es in der Hauptsaison sehr voll werden, doch fährt man weiter hinauf bis nach Manso, wird man auch noch versteckte Plätze finden. Da die Straße nahe dem Fluss verläuft, sind die meisten Badestellen gut erreichbar. Aus Richtung Küste kommend, geht es zunächst am Flussdelta entlang. Bald ist ein kleiner Weiler erreicht, mit kleinen Hotels und Bed-&-Breakfast-Unterkünften. Wer den Fluss sehen möchte, fährt geradeaus weiter Richtung Manso. Nach ungefähr zwei Kilometern kommt eine erste beliebte Badestelle bei einer Genueserbrücke, die auch als »Sprungturm« dient. Praktischerweise gibt es direkt gegenüber einen großen Parkplatz. Eine weitere historische Brücke mit Felsbecken existiert kurz vor Manso. Wanderwege laden dazu ein, die Flussumgebung näher zu erkunden.

Oben: Sprungturm korsischer Art: Die genuesische Brücke »Ponte Vechju« ist ein beliebter Badeplatz. **Unten:** Einladend sind die Badegumpen mit ihrem klaren Wasser.

Infos und Adressen

ESSEN UND TRINKEN

Restaurant L'Artigiana. Neben der Küstenstraße, doch ruhig, da etwas landeinwärts gelegen. Schöne Terrasse mit herrlichem Meerblick. Auf den Tisch kommen regionale Produkte, die auch im dazugehörigen Laden verkauft werden (siehe Einkaufen). Zwischen Fango-Delta und Galéria, direkt neben der Küstenstraße, Tel. 04 95 60 64 11

ÜBERNACHTEN

Auberge de Ferayola. Gemütliches Zwei-Sterne-Hotel in schöner Lage in Argentella nahe Galéria

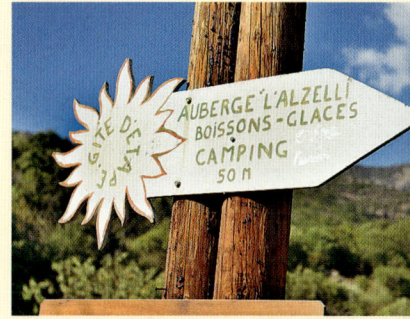

Oft weisen kleine Schilder zur nächsten Gite d'Etape.

(der Ort wurde nach einer stillgelegten Silbermine benannt). Argentella, 20 260 Calvi, Tel. 04 95 65 25 25, E-Mail: info@ferayola.com, www.ferayola.com

Camping La Morsetta. Zwei-Sterne-Campingplatz bei der Bucht von Crovani. Auch Vermietung von Bungalows. Route de Calvi-Porto (D81b), 20 260 Calvi, Tel. 04 95 65 25 28, E-Mail: info@lamorsetta.net, www.lamorsetta.net/de/info.html

EINKAUFEN

L'Artigiana. Kunsthandwerk (Keramik) und korsische Produkte wie Honig, Käse, Charcuterie etc. (Adresse siehe Essen und Trinken)

AKTIVITÄTEN

Bucht von Crovani. Hübscher Kiesstrand an der Küstenstrecke, der einen Stopp wert ist. Rund 10 km vor dem Fango-Delta (aus Richtung Calvi kommend) an der D81b

INFORMATION

Office de Tourisme de Galéria. Mai–Sept. 9.30–12.30 / 16.30–19 Uhr, Carrefour des cinq Arcades (bei der Fango-Brücke, wo die D81 auf die D351 trifft), 20 245 Galéria, Tel. 04 65 62 02 27, E-Mail: galeria@orange.fr, www.si-galeria.com, www.balagne-corsica.com

Badefreuden im Fango-Tal

13 Galéria
Fast vergessenes Dorf am Meer

**Die Häuser schlicht, die Kirche unschein-
bar, der kleine Hafen pragmatisch ... nun
gut, es gibt charmantere Dörfer an Korsikas Küste. Dafür punktet Galéria mit der
Lage zwischen Fango-Tal und dem Naturreservat Scandola. Auf der langen Fahrt
von Calvi nach Porto bietet es sich zudem
für einen Erholungsstopp an. Vor allem
aber beginnt bei Galéria eine lohnende
Etappe des Langwanderweges Mare e
Monti Nord.**

Ab dem Fango-Delta führt die Nebenstrecke D351
noch ein kleines Stück weiter, dann kommt Galéria, und damit ist Schluss an diesem Küstenabschnitt: Die Hauptstrecke nach Porto zweigt schon
kurz nach dem Fluss Richtung Hinterland ab.
Durch diese Lage »am Ende der Welt« hat der kleine Hafenort (ca. 400 Einwohner) durchaus etwas
Verträumtes, auch wenn der historische Charme
ein wenig fehlt. Dafür gewinnt er durch sein ländliches Flair. Lange war die Region ausschließlich
von Anbau und Viehzucht geprägt, was sich noch
immer im Angebot der Läden und Lokale bemerkbar macht. Und dort, wo die Zivilisation endet,
gleich hinter der folgenden Bucht, liegt die Halbinsel Girolata mit dem Naturreservat Scandola.

Bootstour nach La Scandola

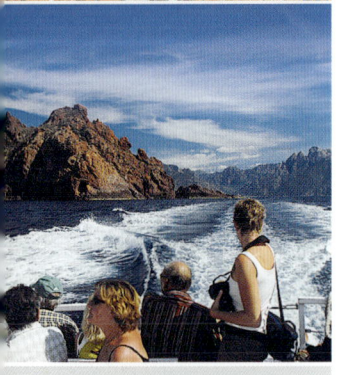

Mitte: Die Felsküste bei Galéria
Unten: Von Galéria aus kann man
eine Bootstour nach La Scandola
unternehmen.

Im Hafen gibt es einen Anbieter, der mit zwei kleinen Booten regelmäßig die unter Naturschutz stehende Halbinsel ansteuert. Damit ist Galéria eine
schöne – und vor allem ruhigere – Alternative zu
den Sportboothäfen von Calvi und Porto, von wo
die meist rappelvollen Boote reihenweise rausfah-

Der weitläufige Hausstrand bietet viel Platz.

ren. Aufgrund der geringen Entfernung sind bereits zweistündige Fahrten möglich; so lässt sich zum Beispiel ein Badenachmittag am Fango mit einer Bootsfahrt am Vormittag verbinden.

Blick vom Capu Tondu

Der Strand von Galéria besteht aus grobem Kies, gefällt aber durch seine Weitläufigkeit und geschützte Lage zwischen den Ausläufern der Balagne und dem felsigen Kap im Süden. Die Straße führt direkt am Strand vorbei, und es gibt unmittelbare Parkmöglichkeiten. Auf der anderen Straßenseite kann man ein leckeres Eis essen gehen oder bei einen Kaffee den Meerblick genießen. Südlich des Strandes sind die Ruinen eines alten Leuchtturmes zu sehen. Im überschaubaren Zentrum von Galéria gibt es einige kleine Hotels, eine Handvoll Restaurants und einen Supermarkt. Eine kurze Wanderung führt auf das Kap, sozusagen den Hausberg Galérias: das Capu Tondu (839 m). Von oben eröffnet sich ein herrlicher Blick auf den Golf und das Fango-Delta.

Auf dem Mare e Monti nach Girolata

Förmlich »geblendet« von der Präsenz des großen Fernwanderweges GR 20 übersehen viele, dass

Geheimtipp

KÜSTENSTRASSE CALVI–GALÉRIA

Über die D81 benötigt man nur eine halbe Stunde von Calvi nach Galéria. Sie führt durch das karge Hinterland Balagne déserte. Die Fahrt auf der Küstenstrecke D81b dauert doppelt so lang, ist aber auch viel schöner. In Serpentinen fährt man direkt über dem Meer, die Felsküste bietet einen herrlichen Anblick nach dem anderen. Vier Kilometer nach Calvi gibt es obendrein einen lohnenswerten Abstecher: Bei der Halbinsel Revellata führt links ein Sträßchen zur Chapelle Saint Christine (auch: Notre Dame de la Serra, 1479), die der Schutzpatronin der Stadt gewidmet ist. Von dort oben hat man einen außergewöhnlichen Panoramablick über die gesamte Bucht von Calvi. Verliebte suchen den Platz gerne auf, um sich beim romantischen Sonnenuntergang ewige Treue zu schwören.

Notre Dame de la Serra. An der D81b, 4 km hinter Calvi

Korsika noch einige weitere reizvolle Langwander-
wege bietet. Einer davon ist der Mare e Monti
Nord. Er beginnt genau wie sein berühmter Bru-
der in Calenzana. Recht gut (orangefarbenes Zeichen) markiert, verläuft er über elf Etappen bis
nach Cargese an der Westküste (südlich von Porto). Die erste Etappe lohnt nicht besonders, dafür
beginnt eine umso schönere in Galéria und führt
nach Girolata – eine Möglichkeit also, die Halbinsel mit dem Naturreservat zu Fuß zu besuchen
statt mit dem Boot. Es ist die vierte Etappe des
Mare e Monti Nord; mit normaler Kondition leicht
zu bewältigen, führt sie größtenteils über schöne
Pfade an der Küste entlang, mit entsprechend
fantastischen Ausblicken.

In Girolata gibt es einige Gîtes d'Etappes, sodass
auch die Möglichkeit besteht, eine Übernachtung
einzulegen und am folgenden Tag entspannt zurück nach Galéria zu wandern. Sehr zu empfehlen
ist die Gîte Le Cormoran, denn hier wird besonders gut gekocht!

Oben: Galéria liegt sozusagen »am
Ende der Welt«.
Unten: Die Felsen von La Scandola

Infos und Adressen

ESSEN UND TRINKEN

Le Concept Snack-Glacier. Eisdiele mit Blick über den Hausstrand. Sehr gutes Eis, auch Snacks und kleine Speisen. An der Durchfahrtsstraße gegenüber dem kleinen Parkplatz, 20 245 Galéria

ÜBERNACHTEN

Gîte Le Cormoran. Familiäre Wanderunterkunft, 20 Plätze, gekocht werden unter anderem frischer Fisch und Bouillabaisse. Girolata, Tel. 04 65 20 15 55

Palazzu. Schönes Hotel mit herrlichem Pool, nur 100 m vom Meer entfernt. Bord de mer, 20 245 Galéria, Tel. 04 65 62 03 61, www.hotelpalazzu.com

Résidence de la Punta. Motel im oberen Teil des Dorfes, eigener Pool, 300 m bis zum Meer. 20 245 Galéria, Tel. 04 65 62 01 74

AKTIVITÄTEN

Galéria Marina. Bootsausflüge in das Naturreservat Scandola. Mit zwei Booten werden zwei- und vierstündige Touren rund um die Halbinsel durchgeführt. Galeria Marina, 20 245 Galéria, Tel. 06 12 52 63 53, E-Mail: info@visite-scandola.com, www. visite-scandola.com

Mare e Monti Nord. Wanderung auf der 4. Etappe des Fernwanderweges über Berg- und Küstenpfade mit Auf- und Abstiegen. Ausgangspunkt: Ortszentrum von Galéria, Länge: 11 km, Wanderzeit (einfache Strecke): 6 Std., Höhenunterschied: 874 m (ist zugleich der höchste Punkt der Route). Variante: Der Mare e Monti lässt sich in beiden Richtungen um weitere Etappen erweitern.

Tauchbasis Incantu. Unterwasserausflüge rund um das Kap. Route de Calca, 20 245 Galéria, Tel. 04 65 62 03 65, E-Mail: info@incantu.com, www.incantu.com

INFORMATION

Office de Tourisme de Galeria. Mai–Sept. 9.30–12.30 / 16.30–19 Uhr, Carrefour des cinq Arcades (bei der Fango-Brücke, wo die D81 auf die D351 trifft), 20 245 Galéria, Tel. 04 65 62 02 27, www.balagne-corsica.com

An der Eisbar kann man sich stärken.

DIE INSELMITTE

14 Parc Naturel Régional de Corse
Alpine Landschaft im Mittelmeer

Für viele ist es das »wahre Korsika«. Während sich an den Küsten das doch oft typische mediterrane Strandleben abspielt, offenbart das Landesinnere eine einmalige, wilde Insel mit rauen Seiten und doch viel Charme, mit unvergleichlicher Natur und zahlreichen Pfaden, die selbst Korsika-Kenner immer wieder zu unbekannten Plätzen leiten. Der Großteil dieser Bergwelt steht als Parc Natural Régional de la Corse (PNRC) unter Schutz.

Der Parc Naturel Régional de Corse (Regionaler Naturpark Korsika) erstreckt sich über eine Fläche von 3500 Quadratkilometern. Damit bedeckt er mehr als ein Drittel der Inselfläche mit mehreren Tälern und Gebirgszügen sowie der Felslandschaft der Calanche an der Westküste. Dichte Pinien- und Korkeichenwälder, kristallklare Flüsse, Quellen und Bergseen bilden eine völlig andere Welt als die Strände und das Salzwasser des Mittelmeeres. In den Höhenlagen (1500–1900 m) gedeihen Erlen und korsische Schwarzkiefern; in Gipfelnähe blühen Akeleien und das *Viola corsica,* das korsische Veilchen. Im Reservat leben unter anderem Mufflons, Hirsche und Wildschweine, Greifvögel wie Wanderfalken, Sperber und Bussarde, viele Arten von Schmetterlingen und Reptilien wie der Feuersalamander.

Spektakuläre Passfahrten

Bereits eine Fahrt durch die korsische Bergwelt mit der Eisenbahn, dem Auto oder Motorrad ist

Seite 98/99: Corte bei Nacht
Mitte: Panorama am Col de Larone
Unten: Mehr als ein Drittel der Insel gehört zum Regionalen Naturpark Korsikas.

ein Abenteuer für sich. In Serpentinen und auf in den Fels geschlagenen, oft sehr schmalen Straßen geht es durch Schluchten und Täler und hinauf bis auf fast 3000 Meter Höhe. Begegnungen mit Tieren gehören dazu, am Straßenrand stehen Ziegen, Geißböcke und Kühe, verwilderte Hausschweine dösen auf dem Asphalt oder kreuzen mitsamt einer Kolonie Frischlinge die Straße. Besonders eindrucksvoll sind der Col de Bavella (Bavella-Pass), die Scala di Santa Regina und die Gorges de Spelunca (Spelunca-Schlucht). Wer weiter Richtung Osten fährt, entdeckt am Flusslauf der Solenzara die schönsten Naturbadebecken Korsikas.

Für Wanderer ist Korsikas Mitte das Ziel schlechthin. Alte Hirtenpfade, Berg- und Küstenwege leiten durch duftende Macchia, alpine Panoramen mit dem tiefblauen Meer am Horizont entfalten sich, in Bergdörfern ist die korsische Gastfreundlichkeit zu erleben. Zum Vergnügen tragen ein Netz aus Wanderer-Unterkünften (*Gîtes d'étapes*), viele natürliche Trinkwasserquellen und größtenteils gut markierte Wanderwege mit einer Gesamtlänge von rund 1500 Kilometern bei.

Fernwanderwege im Nationalpark

Neben der Königsdisziplin, dem Fernwanderweg GR 20 (siehe S. 84), der von Nord nach Süd quer durch den Nationalpark verläuft, gibt es zahlreiche weitere, oft wenig bekannte Wege, auf denen noch Einsamkeit und Stille pur zu genießen sind. Darüber hinaus bieten sich noch weitere Fernrouten für Mehrtagestouren an: Der Mare e Monti verbindet, der Name besagt es, das Meer und die Berge, und dies auf gleich zwei verschiedenen Routen: Der Mare e Monti Nord führt in zehn Etappen von Calenzana nach Cargèse (zur vierten

Nicht verpassen

KAJAKFAHREN BEI BARCHETTA

Für Neulinge unter den Kajakfahrern ist Barchetta in der Gemeinde Volpajola die Topadresse Korsikas. Der kleine Weiler verdankt den regen Zuspruch dem Fluss Golo, der am Fuße der höchsten Berge entspringt. Kurz vor der Ortschaft nämlich bildet dieser bei einer Brücke eine wilde und dennoch überschaubare Wasserfläche, die ein hervorragendes Übungsareal abgibt. Eine schöne Gelegenheit für alle, die den Sport einmal ausprobieren möchten oder noch recht unerfahren sind. Entlang der breiten Uferböschungen bietet der Golo obendrein schöne Bademöglichkeiten.

Brücke von Barchetta. Am Ortseingang an der N193 (ca. 17 km ab Ponte Leccia in Richtung Bastia)

In Terra Corsa. Kajak-Verleih und Kurse. Route de Calvi, 20 218 Ponte Leccia, Tel. 04 95 47 69 48, E-Mail: info@interracorsa.com, www.interracorsa.com

Verwilderte Hausschweine trifft man im Nationalpark häufig.

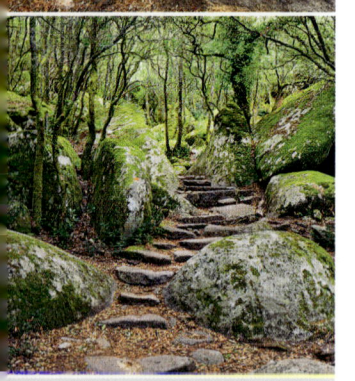

Etappe siehe auch S. 95). Auf dem Mare e Monti Sud geht es in sechs Etappen von Porticcio (bei Ajaccio) nach Burgo (nahe Propriano).

Ganz besonders reizvoll sind auch die drei Lang-wanderwege, die »von Meer zu Meer« führen, also die Ost- und Westküste Korsikas verbinden. Der Mare a Mare Nord (acht bis zwölf Etappen) führt von Moriani über Corte nach Cargèse, die Strecke gabelt sich zudem in einen Hauptweg und eine Variante. Mitten durch Korsika schlängelt sich die Route des Mare a Mare Centre; sie beginnt in Ghisonaccia an der Ostküste und endet in Portic-cio bei Ajaccio (sieben Etappen). Ganz im Süden lohnt der Mare a Mare Sud: In fünf Etappen geht es von Porto-Vecchio nach Propriano.

Adrenalin-Kick

Die Bergwelt zieht auch Anhänger anderer Sport-arten an – und so stößt man an vielen Plätzen im Nationalpark auf Kletteranlagen, Canyoning- und Rafting-Stationen oder Verleiher von Mountain-bikes. Mitten im Parc Naturel Régional de Corse, zu Füßen des Monte Cinto, bietet die ehemalige Inselhauptstadt Corte viel Kultur und spannende Einblicke in die Inselgeschichte. Corte ist auch Startpunkt für Ausflüge in die Bergwelt, da viele Täler und Pässe von der zentralen Stadt aus schnell erreicht sind.

Oben: An manchen Stellen grenzt der Regionale Naturpark direkt an das Meer.
Mitte: In den Wäldern sieht man prachtvolle Korkeichen.
Unten: Wanderweg zur archäologi-schen Stätte in der Hochebene Pianu de Levie.

Infos und Adressen

ESSEN UND TRINKEN

Refuges. Listen der bewirtschafteten Wanderunterkünfte gibt es z. B. auf www.le-gr20.fr (speziell für den GR 20) und www.parc-corse.org (Homepage des Nationalparks, hier auch Reservierungsmöglichkeit)

ÜBERNACHTEN

Auberge A Filetta. Acht süße Zimmer im charmanten Berggasthof (6 Doppelzimmer, 2 Einzelzimmer). 20 148 Cozzano, Tel. 04 95 24 45 61, E-Mail: renucciauberge@wanadoo.fr, www.auberge-afiletta.com

Gîte Chez Marie. Unterkunft auf dem letzten Abschnitt des Mare e Monti (nahe Porto). Übernachtung (ganzjährig) im Doppelzimmer oder Schlafsaal mit Stockbetten. Die Preise sind verhältnismäßig hoch. 20 150 Ota, Tel. 04 95 26 11 37, E-Mail: contact@gite-chez-marie.com, www.gite-chez-marie.com

U Fracintu. Gîte-Hotel im Hinterland von Valinco. Lieu dit U Borgu, 20 143 Fozzano, Tel. 04 95 76 15 05, www.gite-hotel-valinco.fr

AKTIVITÄTEN

Corsica Forest. Canyoning und Adventure-Park nahe Solenzana (Ostküste). Treffpunkt nach vorheriger Reservierung z. B. am Camping Ponte Grossu an der D268 Richtung Bavella/Zonza, Tel. 06 16 18 00 58, www.corsica-forest.com

Rêves de cimes. Canyoning und Adventure-Park an mehreren Standorten im Südwesten des Nationalparks. Chemin de Culetta, 20 167 Mezzavia, Tel. 04 95 21 89 01, E-Mail: contact@revesdecimes.fr, www.revesdecimes.fr

INFORMATION

Office National des Forêts. Direction régionale de Corse (Regionalverwaltung). Résidence La Pietrina, Avenue de la Grande Armée, 20 000 Ajaccio, Tel. 04 95 23 78 20, www.onf.fr/corse

Parc Naturel Régional de Corse (PNRC). Verwaltung des Nationalparks. Rue Major Lambroschini BP 417, 20 184 Ajaccio CEDEX 1, Tel. 04 95 51 79 10, www.parc-corse.org

Den Proviant auffüllen: Auch wenn es oft weit ist, das nächste Dorf kommt bestimmt.

15 Im Asco-Tal
Prachtbrücke und tierische Einblicke

Der Name Asco (korsisch: Ascu) steht für einen Fluss und ein Tal, das Richtung Westen immer tiefer in die Bergwelt führt, aber auch für ein verschlafenes Dorf, vor dem sich die schönste Genueserbrücke Korsikas befindet. Das grün schimmernde Wasser lädt vielerorts zum Baden ein. Zu besichtigen sind auch ein Schildkrötendorf und ein Mufflon-Museum.

In das Valée d'Asco (Asco-Tal) gelangt man über Ponte Leccia. Ein Stück nördlich der Ortschaft führt eine Panoramastraße (D47) direkt ins Tal mit sanften Macchia-Hügeln, das dann aber in eine zunehmend wildere Bergwelt mit Kiefernwäldern übergeht. Nach 33 Kilometern endet die Kurvenstrecke am Monte Cinto (2706 m), dem höchsten Berg Korsikas.

Gorges de l'Asco

Im Granitmassiv klafft die Schlucht Gorges de l'Asco. Ganz unten schillert der Bergfluss, der nach der Schneeschmelze zu einem reißenden Strom anschwillt, was Rafting-Fans schätzen. Auch wer sich für Klettern oder Canyoning begeistert, ist hier genau richtig. Der westliche Teil des Flusses wird Stranciacone genannt, erst ab dort, wo er sich mit dem Tassineta-Bach vereint, heißt er Asco.

In vergangenen Jahrhunderten lebte wohl kaum jemand abgeschiedener auf Korsika als die Einwohner des Asco-Tales. Die Zufahrtsstraße wurde erst im Jahr 1937 gebaut, zuvor erreichte man Nachbartäler allenfalls über Maultierpfade. Die

Mitte: Der Weg ins Asco-Tal führt durch fruchtbare Landschaften.
Unten: Im »Village des Tortues« von Tizzarella

Äußerst fotogen ist die Brücke von Asco.

Aufzucht von Schafen und Ziegen sicherte die Lebensgrundlage, auf Terrassenfeldern wurden Getreide, Obst und Gemüse angebaut. Zu Beginn des 20. Jahrhunderts verfügte die Gegend rund um Asco über den größten Viehbestand Korsikas, 12 900 Schafe und 6000 Ziegen zählte die Gemeinde im Jahr 1910. Noch heute findet man Schäfereien (*Bergerien*) oder Überreste davon in der Region. Auch Pech-Öfen sind ein Relikt aus den alten Zeiten. Das Pech wurde aus den Stümpfen von Schwarzkiefern gewonnen, in den Öfen gebrannt und diente zum Abdichten von Booten.

Im Schildkrötendorf

Gleich zu Beginn der Schlucht bietet sich ein schöner Abstecher an: Nach circa sechs Kilometern geht es rechts nach Moltifao und Castifao – über eine Brücke (darunter ist eine schöne Badegumpe!). Kurz hinter der Abzweigung weist ein großes Holzschild am rechten Straßenrand zu einem besonderen Ort: Im »Village des Tortues« (Schildkrötendorf) widmet man sich dem Schutz der griechischen Landschildkröten (*Testudo hermanni*), deren wilder Bestand im Asco-Tal seit einigen Jahren zurückgeht. Die Schildkrötenstation

Nicht verpassen

THEATERFESTIVAL L'ARIA IN VALLINCA

Wer bei einem Ausflug nach Motifao und Castifao noch weiter Richtung Norden fährt, gelangt über die D547 und die D963 (Richtung Olmi Capella) in die Gemeinde Vallinca (erreichbar auch über die Balagne oder auf direkterem Wege über eine nördlichere Abzweigung der N197). Das Bergdorf vor den oft noch schneebedeckten Gipfeln ist schon für sich den Besuch wert. Besonders aber lohnt es sich im Sommer: Von Juni bis August steigt dort das Theaterfestival L'Aria mit Aufführungen an rund 60 Schauplätzen in vier Dörfern. Der Schauspieler Robin Renucci rief die zuständige Kulturorganisation Aria im Jahr 1998 ins Leben.

Infos und Termine
www.ariacorse.org, www.vallica.info

ist gegen Eintritt (derzeit 5 €) zu besichtigen, das Geld kommt dem Projekt zugute. Anders als in der bekannteren Schildkrötenfarm »A Cupullata« bei Ajaccio, die eher einem Tierpark gleicht, stehen hier noch Engagement und Herzblut im Vordergrund. Sehenswert sind beide.

Die Brücke von Asco

Zurück auf der D147, geht es weiter durch die Gorges de l'Asco. Am Ende der Schlucht träumt auf einer Bergflanke (ca. 600 m) das ehemalige Hirtendorf Asco. Das 130-Einwohner-Nest hat sich mit kleinen Bars und Cafés auf Touristen eingestellt und ist ein netter Platz für eine Pause. Rund um das Dorf stehen Bienenstöcke, der Honig aus Rosmarin- und Lavendelnektar ist vor Ort erhältlich, zum Teil auch in anderen Regionen Korsikas.

Am Ende des Dorfes führt ein Pfad in die Schlucht hinab. Dort nun befindet sich einer der schönsten Plätze Korsikas. Über den Fluss spannt sich, in perfekten Proportionen, die wohl meistfotografierte Genueserbrücke der Insel. Sie scheint eins mit der Umgebung zu sein, wie mit den Bergflanken verwachsen. Das Felsbecken darunter mit glasklarem Wasser ist eine beliebte Badestelle. Die Brücke von Asco ist auch bequem über die Straße zu erreichen. Die Zufahrt samt Parkplatz finden Sie hinter dem Dorf links, dann rechts, über zwei Kehren hinab zum Fluss.

Im Mufflon-Museum

Hinter Asco steigt das Tal weiter an und führt durch die Wälder des Forêt de Carrozzica, in denen Mufflons leben. Über den Wipfeln ziehen Steinadler ihre Kreise. Im Herzen des Waldes hat die Gemeinde Carrozzica das »Maison du Mouflon et de la Nature« (Mufflon-Museum) eingerichtet.

Oben: Urwüchsige Wälder leiten zur Bergwelt über.
Unten: Früher konnten die Einheimischen das Tal allenfalls per Maultier verlassen. Heute ist es einfacher.

Infos und Adressen

SEHENSWERTES
Couvent Saint-François di Caccia. Ruinen eines Klosters aus dem 16. Jh., das nach einer Plünderung im Jahr 1774 aufgegeben wurde. Weil die Kirche und andere Teile einzustürzen drohen, ist das Gebäude zum Teil abgesperrt. Hinter dem Dorf Moltifao auf einer Anhöhe, 20 218 Castifao

Maison du Mouflon et de la Nature. Tägl. (außer Di) 10–17 Uhr, Eintritt frei, Route du Haut Asco, 20 276 Asco, Tel. 04 95 47 82 07, E-Mail: mairie.asco@corsicadsl.com

Village des Tortues. Juni–Sept. 11–15.30 Uhr, Juli/Aug. 10–17 Uhr, Route d'Asco, Lieu dit Tizarella, 20 276 Moltifao, Tel. 04 95 47 85 03, E-Mail: info@parc-naturel-corse.com

ESSEN UND TRINKEN
Franceschetti. Italienisches Restaurant im oberen Dorf von Asco. Costa, 20276 Asco, Tel. 09 62 03 97 28

Den korsischen Ziegenkäse probiert man am besten direkt an der Bergerie.

ÜBERNACHTEN
Auberge E Cime. Liebevoll eingerichtete Zimmer und eine Terrasse direkt über dem Asco-Tal. 20 276 Asco, Tel. 04 95 47 81 84, www.e-cime.com

Auberge L'Acropole. Rustikales Holzambiente, Zimmer in den Kategorien Standard, Comfort und Suite, mit Pool. Asco village, 20 276 Asco, Tel. 04 95 47 83 53, www.acropole-asco.com

Refuge du Parc. Wanderunterkunft. Haut-Asco, 20 276 Asco, Tel. 04 95 47 86 83

AKTIVITÄTEN
In Terra Corsa. Canyoning, Rafting etc. Route de Calvi, 20 218 Ponte Leccia, Tel. 04 95 47 69 48, E-Mail: info@interracorsa.com, www.interracorsa.com

INFORMATION
Parc Naturel Régional de Corse (PNRC). Verwaltung des Nationalparks. Rue Major Lambroschini BP 417, 20 184 Ajaccio CEDEX 1, Tel. 04 95 51 79 10, www.parc-corse.org

Eine Bar lädt zur kurzen Pause ein.

16 Monte Cinto
Das Dach Korsikas

Den alpinen Charakter der Insel prägen Gipfel, die fast die 3000-Meter-Marke erreichen. Das »Dach Korsikas« ist der Monte Cinto (2706 m), nur 23 Kilometer vom Meer entfernt. Es lohnt der Aufstieg, aber auch schon der Blick auf den Berg aus dem Tal oder von den Nachbargipfeln aus. Zum Aufstieg ab dem Weiler Lozzi im Niolo-Tal gibt es auch eine reizvolle Variante über den Bergsee Lac de Cinto.

Wer oben war und gute Fernsicht hatte, ist um eine Erfahrung reicher, bei der selbst eingefleischte Alpinisten feuchte Augen bekommen. Vom oft mit Schnee bedeckten Gipfel über sattgrüne Täler bin hin zum blauen Meer reicht der Blick, die Bucht von Calvi samt Zitadelle ist zu sehen, auch der in rote Felsen gefasste Golf von Porto – im Kontrast zu den lieblichen Küsten breitet sich die eisige Nordflanke vor den Füßen aus. Um Korsikas höchsten Berg zu bewältigen, sind jedoch Kondition und Erfahrung im Bergwandern erforderlich, denn besonders der letzte Abschnitt hat es in sich.

Der Weg zum Gipfel

Die Grate des Cinto-Massivs verlaufen Richtung Nordosten und Südwesten. Die Nordflanke des Cinto fällt ins Asco-Tal ab, im Süden liegt das Tal des Flusses Golo. Dies ist auch die einfachere Aufstiegsmöglichkeit, dennoch: Neun bis zehn Stunden sind für den Weg zum Gipfel auf jeden Fall einzuplanen. Unterwegs ist eine Übernachtung in dem etwas heruntergekommenen Refuge de l'Erco (korsisch: Ercu) möglich. Einige Stunden spart zudem eine Anfahrt mit Geländewagen oder Moun-

Mitte: Fast wie in den Alpen und doch so nah am Meer
Unten: Hier geht es zum Monte Cinto – auf Korsisch wird der Berg mit »u« geschrieben.
Rechte Seite: Der GR 20 führt auch durch die Bergwelt des Monte Cinto.

Infos und Adressen

tainbike. Die ersten sieben Kilometer führen über eine Schotterstraße, die mit einem normalen Pkw seit einigen Jahren nicht mehr befahrbar ist.

Ein Aufstieg auf den Monte Cinto ist auch ab dem Asco-Tal möglich (jedoch mit schwierigerer Kletterpartie) und als Abstecher vom in der Nähe verlaufenden Fernwanderweg GR 20. Der Aufstieg an der Südseite beginnt im Niolo-Tal, das über die Schlucht Scala di Santa Regina zu erreichen ist (siehe S. 110). Dazu nimmt man die Abzweigung der D84 an der Fernstraße Ponte Leccia–Corte und fährt bis zum Stausee von Calacuccia. Am Ortsausgang geht es rechts hinauf nach Lozzi, wo sich auch ein Campingplatz (Camping U Monte Cinto) befindet. Die besagte Schotterstraße, die zum Wanderpfad führt, beginnt direkt dahinter.

Zum Lac de Cinto

Nach etwa zwei Stunden Wanderzeit ist die Refuge de l'Erco (1667 m) erreicht, wo ein Matratzenlager eine einfache Schlafstätte bietet (Wasserhahn hinter der Hütte). Danach wird der Weg steiniger und verläuft dann über die immer steiler werdende Felswand mit einigen leichten Kletterpassagen. Wer sich das anspruchsvolle Stück sparen möchte, belässt es bei der Wanderung zur Berghütte, die auch schon sehr lohnenswert ist.

Eine äußerst reizvolle Variante ist der Weg ab dort Richtung Westen, der zum Lac de Cinto führt: Wie eine schillernde Glasscheibe liegt der türkisblaue Bergsee in einem Felskessel. Von hier ist über den Grat auch noch der Gipfel des Monte Cinto zu erreichen – also eine längere (plus eine Stunde), jedoch auch schönere Tour als der direkte Aufstieg ab dem Refuge. Letzteren wählte übrigens der Erstbesteiger des Monte Cinto: Der Franzose Edouard Rochat erreichte den Gipfel am 6. Juni 1882.

ESSEN UND TRINKEN
Refuges. Listen der bewirtschafteten Wanderunterkünfte gibt es z. B. auf www.le-gr20.fr (speziell für den GR 20) und www.parc-corse.org (Homepage des Nationalparks, hier auch Reservierungsmöglichkeit).

ÜBERNACHTEN
Camping U Monte Cinto. Zelten unter alten Kastanienbäumen, der Aufstieg zum höchsten Berg Korsikas ist nah, 15. Mai–15. Sept., 20 224 Lozzi, Tel. 04 95 48 04 45 (während der Saison) oder 04 95 47 65 72 (außerhalb der Saison), www.camping-montecintu.com

Hôtel Le Chalet. Diese (auch komfortablere) Übernachtungsmöglichkeit bietet sich an, wenn man sich dem Monte Cinto aus Richtung Norden nähern möchte. Haut-Asco, 20 276 Asco, Tel. 04 95 47 81 08, www.hotel-lechalet-asco.com/hotel-asco-corse

INFORMATION
Parc Naturel Régional de Corse (PNRC). Verwaltung des Nationalparks. Rue Major Lambroschini BP 417, 20 184 Ajaccio CEDEX 1, Tel. 04 95 51 79 10, www.parc-corse.org

17 Fahrt durch das Niolo-Tal
Landschaften der Meisterklasse

Durch die wilde Scala di Santa Regina, die Hochebene mit Blick auf den Monte Cinto, urwüchsige Kiefernwälder und die rote Spelunca-Schlucht bis nach Porto: Die abwechslungsreichste Möglichkeit, Korsika in Ostwestrichtung zu durchfahren, beginnt nahe Ponte Leccia. Sie führt durch verschiedenste Landschaften, mittendrin liegt das Niolo-Tal mit seinen romantischen Dörfchen.

Korsika, die Insel der Schönheit, sei eine Schöpfung Gottes … nur bei der Scala di Santa Regina sei der Teufel am Werk gewesen, so munkelt man auf Korsika. Wohl eher mit einem Augenzwinkern, ist doch die »Treppe der Himmelskönigin« sogar noch schöner als so manche andere Bergstrecke Korsikas. Die Fahrt auf dem schmalen, in den Fels gehauenen Sträßchen allerdings kann einen schon etwas das Fürchten lehren, besonders, wenn einem in der Kurve ein Reisebus entgegenkommt.

Scala di Santa Regina

Ab der Hauptstrecke Corte–Ponte Leccia führen zwei Abzweigungen (D84 und D18) bald hinein in die Schlucht. Der Fluss Golo fraß sich tief in das Tafoni-Gestein, das zu beiden Seiten in bizarrsten Formationen aufragt, stufenartig, was zu dem Namen »Scala« führte. Ein niedliches Mäuerchen begrenzt, mit eher rein psychologischem Effekt, die Serpentinenstraße.

Es lohnt ein Zwischenstopp, um die Schönheit der Schlucht bei einer Wanderung in Ruhe auf sich

Eine Herausforderung für Autofahrer, doch sie lohnt sich: an der Scala di Santa Regina.

Fahrt durch das Niolo-Tal

Einfach gut!

wirken zu lassen. Möglich ist dies ab der Ortschaft Corscia (800 m) – der Name ist kein Schreibfehler. Rund vier Kilometer vor Calacuccia führt eine kleine Straße in das 170-Einwohner-Dorf. Die markierte, mittelschwere Wanderung (11,5 km, Höhenunterschied 250 m) beginnt beim Rathaus. Sie führt zum Teil über alte Saumpfade, die einst der Wanderviehhaltung dienten, durch die Schlucht, vorbei an Trockensteinmauern und wunderschönen Bogenbrücken. Mit Glück sind unterwegs endemische Reptilien zu entdecken.

Im Niolo-Tal

Im weiteren Verlauf führt die Bergstraße direkt in das Vallée du Niolo (Niolo-Tal). Die Zufahrt bei Calacuccia präsentiert sich zunächst eher unromantisch mit moderner Technik. Die Hochspannungsanlage auf der linken Seite gehört zum höchstgelegenen Stausee Korsikas, gespeist vom Fluss Golo, mit fast 89 Kilometern einer der längsten Flüsse der Insel. Das 150 Quadratkilometer große Seebecken wurde 1968 im Zentrum des Tales angelegt. So konnte sich im Laufe der Jahrzehnte bereits eine Pflanzenwelt rund ums Gewässer entwickeln, die es in die Bergwelt integriert. Regelmäßig freuen sich die Kajakfahrer, denn wenn das Wasser abgelassen wird, ist der Fluss selbst im Hochsommer bei sonst niedrigem Wasserstand befahrbar. Das Hochtal bietet noch weitere Superlative: Zwölf der höchstgelegenen Dörfer der Insel liegen im Niolo; zusammen bringen sie es auf gerade einmal 2000 Einwohner.

Die Bergwelt des Cinto-Massivs

Das fruchtbare Tal umrahmen die höchsten Berge Korsikas. Neben dem Monte Cinto (2706 m) zeigt

LAC DE NINO

Der Ausflug zum wohl schönsten Bergsee der Insel sollte auf keiner Korsika-Reise fehlen: Inmitten einer Moränenlandschaft liegt der Lac de Nino (1743 m), umgeben von tiefgrünen Flachmoorwiesen mit kleinen Wasserlöchern (»Pozzinen«). Das 6,5 Hektar große Gewässer, das Quellbecken des Flusses Tavignano, ist bis zu elf Meter tief und fast das halbe Jahr über zugefroren. In der Nähe liegt die Bergerie Vaccaghia, wo man unbedingt den handgemachten Ziegenkäse kosten sollte. Zum Lac de Nino führen verschiedene Wandertouren (siehe Haupttext). Die Ranch U Niolu A Cavallou bietet obendrein begleitete Ausritte an.

Ranch U Niolu A Cavallou. Route de Vergio (an der D84, 6 km vor Albertacce in Richtung Porto), 20 224 Albertacce, Tel. 06 11 05 79 04 (Manue Castellani) und 06 23 67 92 90 (Ange-Pierre Negroni), www.ranchunioluacavallu.fr

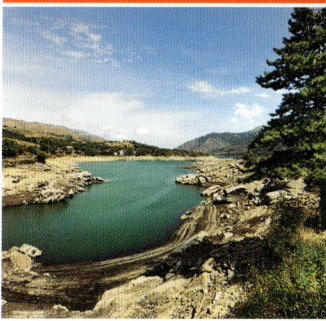

Landschaftlich reizvoll ist auch der Lac de Calacuccia im Niolo-Tal.

Engelstatue in Albertacce

sich, in Richtung Osten, der Monte Ver-
datu (2583 m), auf der anderen Seite des
Tales der Monte Rotondo (2622 m). Im
Westen grüßt der Paglia Orba (2525 m), wegen seiner Silhouette auch das »Matterhorn« Korsikas genannt. In der Berglandschaft sprudeln
Wasserfälle, und kristallklare Seen bilden schöne
Ausflugsziele (siehe Autorentipp S. 111). Zur Flora
zählen endemische Pflanzen wie die fleischfres-
sende *Pinguicula corsica*, zur Fauna neben Greif-
vögeln vor allem das korsische Mufflon (*Ovis
gmelini musimon var. corsicana*). Das aus dem
Nahen Osten stammende Wildschaf mit den ge-
bogenen Hörnern wurde im 7. Jahrtausend v. Chr.
auf der Insel heimisch und hat sich seither eigen-
ständig entwickelt. Seinem Namen – korsisch »a
muvra« (w) beziehungsweise »u muvrone« (m) –
begegnet man auf der Insel häufig. Er findet sich
in der Bezeichnung des im Haut Asco gelegenen
Berges A Muvrella (2148 m), Cafés und Restaurants
sind danach benannt und zum Beispiel auch »I
Muvrini«, die bekannteste Musikgruppe Korsikas.

Calacuccia und Albertacce

Bei der Durchfahrt gewinnt das Tal an Charme,
der Stausee fügt sich in das Bergpanorama, in
Sicht ist stets der charakteristische Gipfel des Paglia Orba. Die umgebenden alten Dörfer laden zur
Erkundung ein. Calacuccia, eine Station auf dem
Fernwanderweg Mare a Mare Nord, bietet einige
Gîtes, kleine Hotels und Restaurants. Kurz dahinter
liegt, an der Südflanke des Monte Cinto, der Weiler Lozzi mit der Aufstiegsmöglichkeit zum höchsten Gipfel (siehe S. 108). Unterhalb davon führt
die Straße weiter in das nächste Dorf, Albertacce,
wo sich ein Stopp lohnt. Ein hübscher Mosaik-
brunnen ziert den kleinen Dorfplatz, dahinter lugt
die Kirche aus Naturstein zwischen den Bäumen
hervor. Kurz zuvor befindet sich das Musée ar-

chéologique Lucien Acquaviva (ehemals: Musée Licnicoi) an der rechten Straßenseite. Es beherbergt Zeugnisse der korsischen Vor- und Frühgeschichte. Ein archäologischer Rundweg führt zu drei Menhiren und einigen »Abris«, wie die steinzeitlichen Felsunterschlüpfe genannt werden.

Durch den korsischen Schwarzwald

Hinter Albertacce führt die D84 in den Forêt de Valdu Niellu. Das ausgedehnte Waldgebiet mit seinen prachtvollen Laricio-Kiefern bietet Plätze der Stille und herrliche Wandermöglichkeiten. Die endemische Art, auch als »Korsische Schwarzkiefer« bekannt, ist eine Unterart der im Mittelmeerraum stark verbreiteten Schwarzkiefer. Charakteristisch für diese Art sind die schwarz gefärbten, verdeckten Teile der Zapfenschuppen. Aufgrund ihres hohen Harzgehaltes spielte sie eine bedeutende Rolle in der Pecherei. Die Schwarzkiefer gedeiht in Höhenlagen zwischen 1000 und 1800 Metern, trotzt trockenen, heißen Sommern genauso wie eisigen Winden und Frost im Winter. Einige der Kiefernbestände im Valdu Niellu sind ein halbes Jahrtausend alt.

Auch verwilderte Hausschweine sind von nun an nahezu zuverlässige Wegbegleiter, sie dösen am Straßenrand oder trotten gemütlich vor das

Oben: Zuverlässig trifft man sie auch hier an, die Genueserbrücken.
Mitte: Ein Original ist auch die korsische Schwarzkiefer.
Unten: Geschwister unter sich

Oben: Auf dem Jahrmarkt »La
Santa di u Niolu« in Casamaccioli
Unten: Christusstatue am Col de
Verghio

Auto – entsprechende Vorsicht ist deshalb geboten! Bald ist rechts im Wald der Hochseilgarten
der Association Sportive du Niolu (AS Niolu) zu
sehen, direkt gegenüber befindet sich ein Parkplatz und 30 Meter weiter das Forsthaus von
Poppaghja (1076 m), an dem eine empfehlenswerte Wanderung beginnt: In rund zwei Stunden
erreicht man den zauberhaften Bergsee Lac de
Nino. Eine weitere Wanderroute zum See beginnt
bei der Skistation auf dem Col de Verghio. Sie
ist mit 19 Kilometern und insgesamt sechs Stunden Gehzeit deutlich länger (Literaturangabe siehe Information).

Col di Verghio

Bald darauf leitet die D84 über den Col de Verghio, den höchsten Pass Korsikas (1477 m). Ungefähr vier Kilometer vor der Passhöhe befindet sich
bei einer Kehre der Startpunkt für die Wanderung
zur Cascade de Radule (Wasserfall von Radule).
Der markierte Weg begleitet ein Stück des Fernwanderweges GR 20. An der Strecke liegen eine
Bergerie und eine schöne Badestelle im Golo-
Fluss. Kurz vor dem höchsten Punkt des Passes,
den eine Christusstatue aus Marmor markiert, ist
die Skistation Castello di Verghio zu sehen. Anschließend geht es durch die spektakuläre Gorges
de Spelunca (Spelunca-Schlucht) bis an die Westküste zum Golf von Porto.

Infos und Adressen

SEHENSWERTES

Musée archéologique du Niolu. 8000 Jahre korsische Gebirgsgeschichte. Mo–Fr 10–12 / 14–17 Uhr, Sa/So 10–12 / 15.30–18.30 Uhr, 20 224 Albertacce, Tel. 04 95 47 13 5

ESSEN UND TRINKEN

Col di Verghio. Kaffee trinken auf dem höchsten Pass Korsikas mit entsprechendem Panorama-blick. An der D84 neben der Christusstatue

Du Lac. Deftige, regionale Küche, gute Portionen und preiswert. Manzu-Braten, Stuffatu, Niolo-Käse etc. Sidossi 130, 20 224 Calacuccia (Weiler direkt am See an der Nebenstrecke, zwischen Calacuccia und Albertacce), Tel. 04 95 48 02 73

Le Chalet. Kaffee-Bar in uriger Holzhütte am Ortsausgang von Albertacce. Hier macht der Ranger des Nationalparks mit seinem knallgelben Pick-up gern Pause. Verkauf von Honig aus dem Niolo-Tal. Rechts neben der D84 (Richtung Porto), 20 224 Albertacce

Le Corsica. Korsische Küche zu moderaten Preisen (Menü ab 25 €), Tagesgerichte. Route du couvent (nahe Tankstelle), 20 224 Calacuccia, Tel. 04 95 48 01 31

ÜBERNACHTEN

Couvent Saint-François-di-Niolu. Gîte d'étape im Kloster. Ca. 2 km hinter Calacuccia, rechts an

Darf es noch etwas mehr sein?

der Straße nach Albertacce (D84). 20 224 Albertacce, Tel. 04 95 48 00 11

Gîte d'étape José Albertini. U Casale, 20 224 Albertacce, Tel. 04 95 48 05 60

L'Acqua Viva. Sympathisches Zwei-Sterne-Hotel mit Campingplatz. 12 Zimmer mit kleinem Balkon. Bei der Tankstelle, 20 224 Calacuccia, Tel. 04 95 48 06 90 (Hotel) oder 04 95 47 00 39 (Campingplatz), E-Mail: info@acquaviva-fr.com, www.acquaviva-fr.com

AKTIVITÄTEN

As Niolo. Die Association Sportive du Niolu betreibt einen Kletterpark mit »Baby Parc« für die Kleinsten, auch andere Outdoor-Aktivitäten wie Canyoning und Skifahren. Route de Cuccia, 20 224 Calacuccia, Tel. 04 95 48 05 22 oder 06 22 50 70 29, www.haute-montagne-corse.com

INFORMATION

Office de Tourisme du Niolu. Route de Cuccia (200 m hinter der Ortsausfahrt von Calacuccia Richtung Corte), 20 224 Calacuccia, Tel. 04 95 48 05 22, office-tourisme-niolu.fr

Mertz, Peter: Bruckmanns Wanderführer Korsika. Tour Nr. 12, Bruckmann Verlag, München 2012, ISBN 3765458910

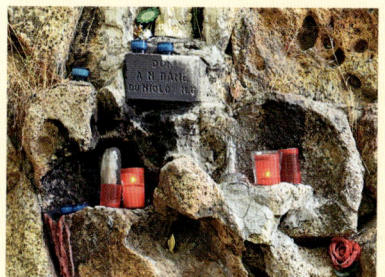

Gedenkstätte in der Scala di Santa Regina

KORSIKAS
Natur und Tierwelt

Das grüne Hinterland der Insel lässt einen beinahe das Meer vergessen ...

Die vielseitigen Landschaften Korsikas mit ihren unterschiedlichen Vegetationszonen – vom flachen Küstenland über das Mittelgebirge bis hin zu alpinen Regionen – haben eine reiche Pflanzenwelt hervorgebracht. Entsprechend vielfältig ist auch die Fauna der Insel.

Die Landschaften prägten kulturelle Einflüsse wie der Weinanbau, den bereits die Griechen in der Antike pflegten, sowie die Tatsache, dass Korsika eine Insel ist: Fernab vom Festland konnten sich endemische Arten entwickeln, Pflanzen also, die nur in dieser Region der Erde vorkommen.

Drei Vegetationszonen

Bedingt durch die verschiedenen Höhenlagen, die bis auf fast 3000 Meter heraufreichen, unterscheidet man auf Korsika drei Vegetationszonen. In den Tieflagen bis 500 Meter finden sich Korkeichen, Ölbäume, Steineichen, Schirmpinien,

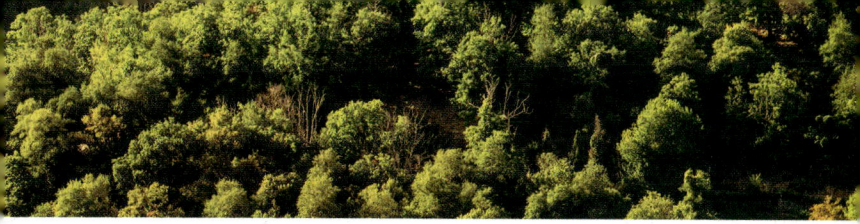

Aleppokiefern und Palmen, außerdem dienen diese Regionen der landwirtschaftlichen Nutzung. Die mittlere Vegetationszone in 1000 bis 1500 Meter Höhe beherbergt Schwarzkiefern- und Kastanienwälder, auch Birken und Weißtannen sind hier zu finden, in sonnigen Lagen außerdem Zitruspflanzen und Ölbäume. Die Baumgrenze liegt bei rund 1800 Metern. In der alpinen Vegetationszone (ab 2000 Meter) schließlich gedeihen nur noch wenige Pflanzen, darunter die korsische Grünerle.

Urwüchsige Wälder

Die Bergregionen bezaubern mit ausgedehnten Wäldern. Häufig sieht man die im Mittelmeerraum ohnehin weit verbreitete Larico-Kiefer, doch wer genau hinsieht, erkennt, dass es sich um eine endemische Unterart handelt, die daher auch als korsische Schwarzkiefer (*Pinus laricio corsicanus*) bezeichnet wird. Larico-Kiefern erreichen ein hohes Alter, einige der Bäume auf Korsika sind rund 800 Jahre alt. Sie dienten traditionell der Pechgewinnung, denn sie liefern jene schwarze, harzähnliche Flüssigkeit, die u. a. beim Bootsbau nützlich war.

Kastanien und Korkeichen

Eine weitere Baumart, die Korsikas Geschichte prägte und noch heute zum Charakter der Insel beiträgt, ist die Esskastanie (»chataigne«). Rund 40 000 Hektar sind insgesamt mit Kastanienwäldern bedeckt, drei Viertel davon entfallen auf die Mikroregion der Castagniccia im Nordosten der Insel, die daher auch ihren Namen hat. Es handelt sich um verwilderte Kastanienhaine, denn die Pflanze wurde zu Zeiten der genuesischen Besetzung gezielt angebaut, um den Korsen als Grundnahrungsmittel zu dienen. Sie wird auch Brotbaum genannt, denn aus Kastanienmehl lassen sich Produkte wie Pulenta, Falculella und torta castagnina (Kuchen) herstellen. Im Südosten Korsikas wiederum, also rund um Porto-Vecchio, ist die Korkeiche stark verbreitet. Außerdem findet man in den Wäldern Steineichen, Seestrandkiefern und Buchen sowie den Eukalyptusbaum, der gut an seiner sich abschälenden – und dadurch fleckig wirkenden – Rinde zu erkennen ist. Diese Baumart stammt ursprünglich aus Australien und Indonesien.

Die Macchia – immergrünes Buschland

Mit dem dichten Macchia-Bewuchs trotzt die Insel den Eingriffen des Menschen in ihre Natur. Ursache für die starke Ausbreitung des duftenden Gestrüpps sind Abholzung, Überweidung und zahlreiche Waldbrände, teils bewusst gelegt von Hirten, um neue Freiflächen zu schaffen. Im Zusammenspiel mit Erosion durch Wind und Wasser wurde das Erdreich stark abgetragen, an manchen Stellen bis auf den nackten Fels, sodass sich die Sekundärvegetation mit widerstandsfähigeren Pflanzen ansiedelte.

Die »unsterbliche« Immortelle

Noch eine Besonderheit der Flora Korsikas ist das große Vorkommen der Immortelle (korsisch: A Maredda), auch italienische Strohblume (*Helichrysum italicum ssp italicum*) oder Currykraut genannt. Ganze Felder in der Balagne sind mit dem Halbstrauchgewächs bedeckt, das gelbe Blütenköpfe trägt, selbst in den Garigue-Zonen findet es sich. Es wird auch als Nutzpflanze angebaut, denn es liefert ein aromatisches

Gewürz und wird für Kosmetika, etwa Anti-Aging-Produkte, eingesetzt. Die »unsterbliche« Immortelle ist eine Blüte von außergewöhnlicher Langlebigkeit: Sie verwelkt selbst nach dem Pflücken nicht. Auch als Souvenir ist die Immortelle in vielfacher Form auf Korsika zu finden. In Supermärkten bekommt man zum Beispiel Beutelchen mit getrockneten Blüten. So kann man sich den Duft Korsikas mit nach Hause nehmen.

Mufflons und verwilderte Hausschweine

Korsika hat so etwas wie ein Wappentier. Der Mufflon ziert Likörflaschen und andere Produkte, ist in Namen von Restaurants zu finden (auch die bekannteste korsische Band I Muvrini benannte sich nach dem Hörnertier). Der Bestand in den Wäldern der Insel ging jedoch, be-

Wild lebende Hausschweine trifft man häufig auf Korsika

dingt durch Wilderei und die touristische Erschließung, stark zurück. Seit 1956 ist die Mufflonjagd auf Korsika verboten. Eine Population lebt noch im Asco-Tal, wo man dem Tier auch ein Museum widmete.

Häufig indes begegnet man auf Korsika frei lebenden Kühen, Schafen, Ziegen und Schweinen. Besonders für Autofahrer ist dies von Bedeutung. Die Tiere stehen am Straßenrand, dösen auf dem Asphalt oder beschnuppern neugierig Touristen. Anders, als viele meinen, handelt es sich bei den Schweinen jedoch selten um echte Wildschweine (»Sanglier«) denn die haben sich in die tiefste Macchia zurückgezogen. Vielmehr sind es zumeist verwilderte Hausschweine (»Couchon Sauvage«).

Feuersalamander und Schwarze Witwen

Die pflanzenreiche Insel mit ihren Lagunenseen (Étangs) an einigen Küstenabschnitten bietet optimale Lebensbedingungen für Vögel. Neben dem endemischen Korsenkleiber sind viele mitteleuropäische Vogelarten vertreten, darunter Singvögel wie Amsel, Drossel und Fink, außerdem der Specht, die Nachtigall und der Eisvogel. Über den Küsten und Wäldern kreisen Greifvögel wie Bussarde, Falken, Sperber und Milane, Stein- und Fischadler sowie Bartgeier, hinzu kommen Wasservögel wie Kormorane, Reiher, Möwen und Wildenten. Zu den endemischen Reptilien Korsikas zählen unter anderem der korsische Feu-

Giftiger Inselbewohner: Die Schwarze Witwe ist gar nicht ganz schwarz.

ersalamander, der korsische Gebirgsmolch und der korsische Scheibenzüngler.

Ein Insekt, dem man nicht zu nahe kommen sollte, ist die Schwarze Witwe. Die Giftspinne kommt in einigen Regionen Korsikas vor. Ihr unregelmäßiges Haubennetz baut sie in Bodennähe zwischen Grashalmen und niedriger Vegetation, in Räumen bevorzugt sie Winkel und Ecken wie Holznischen. Ihr Biss ist schmerzhaft und kann insbesondere bei gesundheitlich angeschlagenen Menschen auch größere Komplikationen hervorrufen. Die Schwarze Witwe tritt nicht so häufig auf, dass man laufend besorgt zu Boden blicken müsste, zumal sie nicht von sich aus angreift. Den Menschen sticht sie allenfalls bei unachtsamer Berührung, daher sollte man darauf achten. Zu erkennen ist das fünf bis zehn Millimeter große Tier an hell umrandeten roten Flecken auf dem schwarzen Hinterleib, die in drei Längsreihen angeordnet sind.

18 Corte
Zeitreise in der einstigen Hauptstadt

Mitten im Parc Naturel Régional de Corse faszitniert Corte, Korsikas ehemalige Hauptstadt, mit ihrer ehrwürdigen Zitadelle und einem großen Kulturangebot. Das Rebellentum des 18. Jahrhunderts steckt noch immer in den Gassen – Einschusslöcher in alten Fassaden und Denkmäler erinnern daran, dass es gar nicht so lange her ist. Zugleich ist Corte eine junge, lebendige Stadt, in der mehr als 4000 Studenten leben.

Im geografischen Zentrum der Insel zwischen den schönsten Landschaften des Naturparks gelegen, bietet die Stadt ein ganz anderes Bild als Küstenstädte wie Bastia, Calvi oder Porto-Vecchio. Hoch oben auf düsteren Schieferfelsen thront die Zitadelle, das kleine Häusermeer zu ihren Füßen. Die 7000-Einwohner-Stadt liegt an der Öffnung des Tavignano-Tales, in dem der gleichnamige Fluss mit der Restonica zusammenströmt. An der gut ausgebauten Hauptverkehrsachse N193 Ajaccio–Bastia ist sie gut zu erreichen, auch an die Eisenbahnlinie ist sie angeschlossen.

Bewegte Geschichte

Corte war von 1755 bis 1769 die Hauptstadt der korsischen Nation und ist es für viele Korsen insgeheim noch heute als Symbol des Widerstandes gegen die genuesische Besatzungsmacht (siehe »Berühmte Widerstandskämpfer« ab S. 142). Die Reise in Cortes Geschichte beginnt bei den engen, steilen Gässchen, die durch die schiefergedeckten Häuser der Oberstadt leiten – einige hei-

Mitte: Universitätsstadt mit Geschichte: Corte
Unten: Die Gasse Ancienne Rue Scoliccia in Corte

Rundgang durch Corte

In den Gassen und Rampen der Altstadt stößt man auf Zeugnisse von Cortes wilder Geschichte. Es lohnt aber auch ein Blick in die Straßen außerhalb der Festungsmauern.

Ⓐ Place Paoli – Rund um den Platz in der Neustadt spielt sich der Alltag von Corte ab.

Ⓑ Cours Paoli – In Cortes Einkaufsstraße finden sich zahlreiche nette Geschäfte.

Ⓒ Zitadelle – Nicht nur die Festungsanlage selbst ist interessant, sie birgt auch lohnende Museen und Cafés in schöner Lage.

Ⓓ Place Gaffori – Ein Denkmal erinnert an den Widerstandkämpfer Jean-Pierre Gaffori (korsisch Ghjuvan Petru Gaffory).

Ⓔ Église de l'Annoniciation – Schlichte Kirche mit schönem Vorplatz.

Ⓕ Hausfassade an der Place Gaffory – Zu sehen sind noch die Kugeleinschläge.

Ⓖ Casa Arrighi de Casanova – Nicht der be-

rühmte Schwerenöter, aber ein Namensvetter von politischer Bedeutung wurde hier geboren.

Ⓗ Nationalpalast – Das Gebäude gehört heute zur Universität von Corte.

Ⓘ Aussichtsplattform Bélvédère – Von hier bietet sich ein schöner Blick über die Altstadt.

Ⓙ Nid d'Aigle – Das »Adlernest« ist eine hervorstehende Bastion der Zitadelle.

Ⓚ Musée de la Corse – Ausstellungen zur Stadt- und Inselgeschichte.

Ⓛ Touristeninformation – Mit der Haltestelle der Ausflugsbahn »Le petit Train«.

Ⓜ Abteilung der Archäologischen Fakultät der Universität Corte und Fonds Régional d'Art Contemporain (FRAC) – Auch hier gibt es regelmäßig Ausstellungen.

Ⓝ Université de Corse Pasquale Paoli – Die einzige Universität Korsikas.

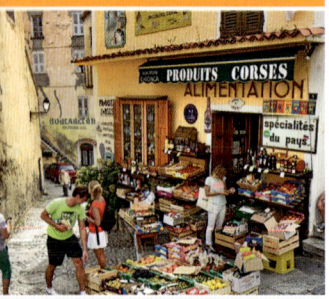

Eine Schatzkiste ist auch die Altstadt mit ihren kleinen Läden.

ßen treffenderweise »Rampe«. Die Altstadt versprüht Charme mit netten Cafés, Eisdielen und bunten Läden, ihr Herzstück ist die kleine Place Gaffory mit einem Denkmal des Widerstandskämpfers Jean-Pierre Gaffori. Rundherum reihen sich die Stühle und Tische der umgebenden Restaurants, und auch eine Kirche findet noch Platz: Ein Blick in die Église de l'Annonciation (1450) offenbart schlichtes Interieur mit einer schönen geschnitzten Orgel. Nicht weit davon, im ehemaligen Nationalpalast (17. Jh.), erklärte der Rebell Pasquale Paoli die Unabhängigkeit Korsikas. Heute gehört er zur Universität von Corte.

Belvédère und Nid d'Aigle

Über alledem ruht unbeeindruckt La Citadelle de Corte. Treppen und Gänge leiten ab der Place Gaffory zur Aussichtsplattform Belvédère. Von dort bietet sich ein herrlicher Rundblick, auf der einen Seite von der Bergwelt bis hin zu den Gipfeln des Niolo-Hochtals, auf der anderen die Stadt Corte. Näher gerückt ist nun auch der Felsvorsprung, auf dem die Festungsanlage sitzt. Besonders gut zu erkennen ist die Südspitze mit dem Nid d'Aigle (Adlernest), einer hervorstehenden Bastion am Rande der Felsen. Die ehemals von den Mauren errichtete Burg aus dem 9. Jahrhundert beherbergt heute das Musée de la Corse mit zwei Dauerausstellungen – die »Galerie Doazan« stellt das ländliche, traditionelle Korsika dar, das »Museum im Wandel« die zeitgenössische wirtschaftliche, soziale und kulturelle Geschichte der Insel – sowie jährlich wechselnden Sonderausstellungen. Schräg gegenüber dem Museumseingang befindet sich die Touristeninformation von Corte. Hier gibt es reichlich Infomaterial, etwa eine Begleitbroschüre zum »Parcours Patrimonial Corte«, einem Rundweg, der durch die Altstadt führt.

Infos und Adressen

SEHENSWÜRDIGKEITEN

Chapelle Ste-Croix. Sehenswerte Kapelle mit schmucker Orgel. Rampe Sainte-Croix, 20 250 Corte

Église de l'Annonciation. Place Gaffory, 20 250 Corte

Fonds Régional d'Art Contemporain (FRAC). La Citadelle, 20 250 Corte, www.frac-platform.com

Musée de la Corse. April–21. Juni/21. Sept– 31. Okt. Di–So 10–18 Uhr, 22. Juni–20. Sept 10–20 Uhr, La Citadelle, 20 250 Corte, Tel. 04 95 45 25 45, www.musee-corse.com

ESSEN UND TRINKEN

Le Bar de la Haute Ville. Sympathisches kleines Lokal vor der Kirche, bei Einheimischen beliebt. Sehr guter Café aut lait! Place Gaffory, 20 250 Corte, Tel. 04 95 61 06 20

Patissier Marie et Jean-Luc. Das beste Eis Cortes und andere Leckereien. Seit 2000 Jahr für Jahr vom Guide du Routard empfohlen. Place Gaffory, 20 250 Corte

U Campanile. Restaurant neben der Kirche mit schönen Außenplätzen. Spezialitäten wie Wildschweinpastete, Lammragout und Ziegenkäse mit Feigenmarmelade. Rue Eglise 2, 20 250 Corte, Tel. 06 25 78 12 49

Restaurant-Brocherie le Nicoli. Spezialitäten mit Korsikas Ziegenkäse Brocchiu – auch Desserts – und andere raffinierte Kreationen. Serviert im gemütlichen Gewölbe. Avenue Jean Nicoli, 20 250 Corte, Tel. 04 95 33 27 17

ÜBERNACHTEN

Sampiero Corso. Das Zwei-Sterne-Hotel hat 31 Zimmer. 5 Min. vom Bahnhof Corte entfernt. Avenue du Président Pierucci, 20 250 Corte, Tel. 04 95 46 09 76, E-Mail: contact@sampierocorso.com, www.sampierocorso.com

Im Restaurant »U Museu«

Hotel de la Paix. Zentrale und doch ruhige Lage, 100 m vom Cours Paoli. Zwei Sterne. Avenue Gén de Gaulle, 20 250 Corte, Tel. 04 95 46 06 72, E-Mail: info@hoteldelapaix-corte, www.hoteldelapaix-corte.fr

Les jardins de la glaciere. Drei-Sterne-Hotel im Restonica-Tal mit wunderschönem Garten am Fluss. Gorges de la Restonica, 20 250 Corte, Tel. 04 95 45 27 00, E-Mail: contact@lesjardinsdelaglaciere.com, www.lesjardinsdelaglaciere.com

EINKAUFEN

Vielle Cave du Vin. Schöne Auswahl an korsischen Weinen und Verkostung von hervorragender Charcuterie. Ruelle de la Fontaine 2 (Seitenstraße vom Place Paoli), 20 250 Corte, Tel. 04 95 46 33 79

Wochenmarkt. Fleisch- und Wurstwaren, Obst und Gemüse, regionale Produkte. Ziegen- und Schafskäse von Venachese und Frischkäse (Brocciu), Kastanienkuchen sowie andere Spezialitäten aus Corte und Umgebung. Freitagvormittags (ganzjährig), Parking de la gare, 20 250 Corte

INFORMATION

Office de Tourisme Corte. Lieu-dit Citadelle, 20 250 Corte, Tel. 04 95 46 26 70, E-Mail: corte.tourisme@wanadoo.fr, www.corte-tourisme.com

Die Inselmitte

19 Georges de la Restonica
Im Bann der Bergseen

Südlich von Corte, direkt vor den Toren der Stadt, beginnt die Restonica-Schlucht – ein abwechslungsreiches Wandergebiet mit grauen und weißen Felsformationen, mächtigen Schwarzkiefern und klaren Bergseen. Der Aufstieg zum Lac de Melo ist recht leicht zu bewältigen. Anspruchsvoller ist die Tour, wenn man sie mit dem Lac de Capitello verbindet.

Die schmale Bergstraße D623, die sich durch die Georges de la Restonica führt, überwindet auf einer Strecke von 16 Kilometern einen Höhenunterschied von fast 1000 Metern. Unterwegs bieten sich einige Möglichkeiten, zum Fluss hinabzusteigen. Einzelne Hotels warten zudem mit bezaubernden Terrassen direkt über dem klaren, rauschenden Wasser auf.

Bergerie de Grotelle

Die Straße endet bei der Bergerie de Grotelle (1370 m). Wenn der Andrang im Sommer groß ist, werden die Autos schon vorher aufgehalten und auf dem großen (gebührenpflichtigen) Parkplatz unterhalb der Hütte eingewiesen. Zudem ist die Straße jeweils halbtags nur in einer Richtung befahrbar, morgens Richtung Bergsee, nachmittags Richtung Corte – also den Ausflug entsprechend planen!

Wie für Postkarten gemacht, liegt die Hirtenhütte vor dem Gipfel, mit wuchtigen Holzbänken auf der Terrasse, die schon bei der Anfahrt Vorfreude auf die Einkehr nach der Wanderung wecken.

Berglandschaft mit viel Wasser: Gorges de la Restonica

Wanderung zu den Bergseen

Für geübte Bergwanderer ist die komplette Rundwanderung um beide Seen ein Highlight. Alle anderen belassen es lieber bei dem bereits lohnenden Aufstieg zum Lac de Melo.

INFORMATION

An- und Abfahrt / Rückfahrt: D623 bis Bergerie
de Grotelle.

Ausgangspunkt: Die Wanderung startet direkt an
der Bergerie de Grotelle.

Wegbeschaffenheit: Teils steile Bergpfade,
Schuttrinnen, Felsstufen (Trittsicherheit erforderlich), teils Wege am Abgrund.

Länge: 12 km, 5,5 Std. Gehzeit.

Ausrüstung: Berggerechte Kleidung und Wanderschuhe, Sonnenschutz.

Verpflegung: Ausreichend Trinkwasser, bei der
ganzen Tour auch etwas zu essen mitnehmen. Einkehrmöglichkeit in der Bergerie.

Variante: Kurzer Aufstieg nur bis zum Lac de Melo
(Hin- und Rückweg 2 Std.).

WICHTIGE STATIONEN

Ⓐ Bergerie de Grotelle – Bei der Berghütte beginnt der Aufstieg.

Ⓑ Weggabelung – Hier entscheidet man sich für
eine einfache oder eine schwierige Variante.

Ⓒ Lac de Melo – Am See treffen beide Wege wieder aufeinander. Der untere Bergsee ist erreicht.

Ⓓ Bergpfad – Für die komplette Tour folgt man
dem Bergpfad an der Westseite des Lac de Melo.

Ⓔ Lac de Capitello – Der See liegt unterhalb des
Capu a i Sorbi (2267 m).

Ⓕ Punta alla Porta – Auf der Felsscharte Punta
alla Porta (2100 m) trifft der Pfad auf den GR 20.

Ⓖ Höhenpfad – Er führt auf den Granitsattel Bocca a Soglia (2052 m).

Ⓗ Abstieg – Über einen direkten Abstieg zum Lac
de Melo setzt sich der Rundweg fort.

Ⓘ Lac de Melo – Ab dem See folgt man wieder
dem gleichen Weg wie beim Aufstieg – oder nun
der zweiten Variante (leicht/schwierig).

Rechts neben dem Eingang weist ein großes Schild den Weg zum unteren Bergsee Lac de Melo (1710 m). Der direkte Aufstieg dauert nur eine Stunde, er gabelt sich in die einfache Variante »accès facile« und die schwierige Variante »accès dificile«. Doch auch Erstere sollte man nicht unterschätzen, es ist und bleibt eine Bergwanderung, die geeignetes Schuhwerk und witterungsgemäße Kleidung erfordert. Der gut markierte Wanderweg führt über Granitplatten und entlang von Felswänden direkt zum Bergsee, der fast kreisrund in einem Felskessel glitzert. Bei einem Blick zurück liegt das Restonica-Tal zu Füßen. Der Lac de Melo ist 6,5 Hektar groß und bis zu 20 Meter tief ... abgebrühte Naturen können ein erfrischendes Bad nehmen. Für eine Ruhepause bietet sich der hintere Teil des Sees an, wo der Andrang der Wanderer eher ausbleibt.

Lac de Capitello

Oberhalb des Lac de Melo liegt der Lac de Capitello (1930 m), der in einem weiteren einstündigen Aufstieg zu erreichen ist. Allerdings ist diese Tour noch deutlich anspruchsvoller und beinhaltet einige Kletterpassagen. Der See ist etwas

Georges de la Restonica

kleiner (5,5 Hektar), aber bis zu 42 Meter tief und damit der tiefste Bergsee Korsikas. Rund acht Monate im Jahr ist seine Oberfläche von Eis bedeckt.

Geübte Bergwanderer können nun noch über die Punta alla Porta (2100 m) bis zur Bocca a Soglia (2052 m) aufsteigen und einen unschlagbaren Blick über das stufenartig liegende See-Duo genießen. Die Wanderzeit beträgt ab dem Capitello-See insgesamt etwa 1,25 Stunden. Von der Bocca a Soglia ist anschließend auch ein direkter Abstieg zum Lac de Melo (ca. eine Stunde) möglich. Die gesamte Rundwanderung um beide Seen ist als schwarze Route eingestuft, setzt also gute Kondition, Trittsicherheit und Schwindelfreiheit voraus. Im Zweifelsfall sollte man es zunächst bei dem einfachen Aufstieg belassen, vielleicht beim nächsten Mal dort die schwierigere Variante wählen und sich auf diese Weise an die komplette Route herantasten. So bieten die beiden Bergseen Möglichkeiten für Wanderer aller Trainingsgrade – man könnte eine Gruppe auch entsprechend aufteilen und sich dann wieder an der Bergerie de Grotelle treffen.

GUT ZU WISSEN

ANDERE BERGSEEN

Im Hochsommer wird es voll am Lac de Melo und Lac de Capitello. Zum Teil kommen mehrere Hundert Wanderer täglich, sodass es besonders an den Kletterpassagen dann eng werden kann. Zweifellos ist das Seen-Duo eines der schönsten Ziele auf Korsika, doch es gibt auf der Insel noch mehr schöne Bergseen, zum Beispiel den Lac de Nino (siehe Autorentipp S. 111) oder – noch weniger bekannt – den Lac de Bastani beim recht einfachen Aufstieg auf den Monto Renoso (siehe S. 134). Dort geht es in der Regel ruhiger zu.

Infos und Adressen

ESSEN UND TRINKEN

Bergerie de Grotelle. Bewirtschaftete Berghütte zur Einkehr nach der Wanderung. Am Schlusspunkt der Straße D623, 20 250 Corte

ÜBERNACHTEN

Arena Le Refuge. Drei-Sterne-Hotel direkt am Fluss. Die Einrichtung der Zimmer ist schlicht. Vallée de la Restonica, 20 250 Corte, Tel. 04 95 46 09 13, E-Mail: contact@hotel-arena-lerefuge.com, www.hotel-arena-lerefuge.com

Dominique Colonna. Das Drei-Sterne-Hotel liegt im vorderen Bereich der Restonica-Schlucht, 2 km vor Corte. Schöner Ausgangspunkt für Bergtouren. Vallée de la Restonica / BP 83, 20 250 Corte, Tel. 04 95 45 25 65, E-Mail: info@dominique-colonna.com, www.dominique-colonna.com

INFORMATION

Office de Tourisme de Ponte Leccia / Morosaglia. Place de la Mairie, 20 218 Ponte Leccia, Tel. 04 95 47 70 97, E-Mail: officedetourisme.ponteleccia@orange.fr, www.ponteleccia-morosaglia.com

20 Bocognano
Adrettes Bergdorf im Geheimnistal

Es gibt viele Bergdörfer auf Korsika. So fährt manch Durchreisender auf der Strecke Bastia–Ajaccio auf der praktischen Umgehungsstraße an Bocognano vorbei – und verpasst damit eines der schönsten. Es locken bezaubernde Brunnen, eine Bäckerei und eine Charcuterie, die zu den besten der Insel zählen, besondere Wanderwege, der Canyon Richiusa und andere schöne Plätze.

Bocognano liegt ungefähr auf halber Strecke zwischen Corte und Ajaccio vor einer Kette aus Zweitausendern; der höchste Gipfel ist der Monte d'Oro (2389 m). Vor diesem Anblick breitet sich das Dorf wie auf einem Balkon aus, herrlich ist der Blick in das grüne, mit dicken Laubbäumen bestandene Tal vor dem Felsmassiv. Ein von einem Steinmäuerchen umgebener Parkplatz lädt dazu ein, anzuhalten und das Panorama auf sich wirken zu lassen. Von dort ist auch das gepflegte Dorfzentrum schnell erreicht, das sich in die Schönheit der Umgebung einfügt und auch ein Platz für Genießer ist. Ein Stück in Richtung Corte befindet sich ein kleiner Platz mit einem wunderschönen alten Dorfbrunnen (1883), in ihm wurden bunte Steine verbaut, die Bergflüsse rund schliffen. Davor sitzt man unter schattigen Bäumen und lässt sich zum Beispiel einen Kastanienkuchen vom Verkaufsstand der Boulangerie Guidotti schmecken, der im Sommer hier aufgebaut ist. Ohnehin ist die Dorfstraße eine kleine »Feinschmecker-Meile«, ganz in der Nähe befindet sich z. B. eine der besten Charcuterien der Insel (siehe Autorentipp S. 129).

Mitte: Hier schmeckt der Kastanienkuchen besonders gut.
Unten: Brunnen am Dorfplatz von Bocognano

Vallée Secrète

Geheimtipp

Viele Gäste steuern Bocognano gezielt an, weil von hier aus der wohl bekannteste Wasserfall Korsikas, die Cascade du Voile de la Mariée, erreichbar ist. Eine Wanderroute (ca. acht Kilometer) führt ab dem Dorfzentrum dorthin (siehe S. 132). Doch rund um das Dorf gibt es noch viel mehr zu entdecken. Als »Vallée Secrète« bezeichnen die Einwohner ihr Tal, vielleicht, weil es so viele ungeahnte Plätze verbirgt. Seine Geschichte begann im Neolithikum, einer Epoche der Jungsteinzeit (5. Jahrtausend v. Chr.), als erste Siedler sich hier niederließen. Große Tafeln und Schilder im Ort informieren über Umgebung und Wandermöglichkeiten – leider nur auf Französisch, doch vieles geht bereits aus den Abbildungen hervor. In der Tourist-Information ist eine Karte mit Wanderungen erhältlich, die zu verborgenen Kapellen, Badestellen und historischen Plätzen führen, darunter auch eine Tour zur Menhir-Statue von Tavera. Ohnehin lohnt es sich, in dem Gebäude vorbeizuschauen, denn es gleicht einer kleinen Ausstellung. Liebevoll gestaltete Collagen an den Wänden informieren u. a. über die korsische Eisenbahn zwischen Tradition und Moderne – in Bocognano gibt es einen Bahnhof –, über korsische Banditen und die Besonderheiten des Dorfes. Die Tourist-Information ist vor dem kleinen Platz mit dem Denkmal der Kriegsgefallenen zu finden.

Am Gravona-Fluss

Die Umgebung von Bocognano wird auch als Haute Gravona bezeichnet, nach dem Fluss, der das Tal prägte. Schöne Badegumpen gibt es beim Weiler Busso, zu erreichen über eine kleine Straße am Ortsausgang (Richtung Corte), die an einem Parkplatz endet. Der Fluss ist schon von dort aus zu sehen. Dies ist auch ein beliebter Startpunkt

CHARCUTERIE MANNEI

Der kleine Laden an der Dorfstraße ist schon eine Augenweide für Gourmets. Dicke Würste und Schinken hängen an den Wänden, liebevoll aufgereiht allerlei Gläser mit Pasteten, Konfitüren, Kastanienmargarine und anderen Spezialitäten. Holzläden und eine alte Messingwaage sorgen für Atmosphäre. Die Charcuterie Mannei gilt auf der Insel als eine der besten Adressen für regionale Wurstwaren, Ziegenkäse und andere Köstlichkeiten. Auch korsische Weine und Liköre, Postkarten und einige handgearbeitete Souvenirs stehen in den Regalen.

Charcuterie Mannei. Corsacci, 20 136 Bocognano, Tel. 04 95 27 41 48

für Canyoning-Touren, denn direkt gegenüber klafft die Richiusa-Schlucht mit Felsrutschen und anderen Formationen, die perfekt sind für diesen Outdoor-Sport. Große Schilder vor dem Parkplatz warnen vor den Risiken insbesondere bei Touren Unerfahrener auf eigene Faust. Doch auch in dieser Gegend gibt es professionelle Anbieter von Begleitung und Ausrüstung (siehe Infos und Adressen).

Fôret de Vizzavona

Lohnend ist auch ein Ausflug in den Forêt de Vizzavona (Buchenwald von Vizzavona), zu erreichen über den Pass, auf den die N193 bald hinter Bocognano (Richtung Corte) führt. Der Vizzavona-Pass (1163 m) markiert die Grenze zwischen den Départements Corse-du-Sud und Haute-Corse. Es ist die höchste Passstraße Korsikas, und so kommt es in den Wintermonaten häufig vor, dass sie aufgrund von meterhohem Schnee gesperrt ist. Das Dorf Vizzavona verfügt über einen eigenen Bahnhof, in der Umgebung befinden sich schöne Ziele wie der Wasserfall Cascade Anglais. Auch die Besteigung des Monte d'Oro ist von hier aus möglich – die rund neunstündige Tour hat es allerdings in sich und setzt Erfahrung voraus.

Oben: Am Gravona-Fluss gibt es schöne Badestellen.
Unten: Der Glockenturm der Kirche Sainte Lucie in Bocognano

Infos und Adressen

ESSEN UND TRINKEN

Bar des Amis. Bei Lucien sitzt man gemütlich unter Linden oder am Tresen. Familiäre Bar, auch Livemusik und Karaoke. Cardetto, 20 133 Carbuccia (Weiler nahe Bocognano), Tel. 04 95 27 41 24

ÜBERNACHTEN

Hôtel-Restaurant Beau Séjour. 17 Zimmer, Hotel im schönen Blumenpark. Mai–Okt., Beauséjour, 20 136 Bocognano, Tel. 04 95 27 40 26, www.hotelbocognano.com

Monte d'Oro. 23 Zimmer im Hotel und Vierbettzimmer in der zugehörigen Gîte. Vizzavona, 20 219 Vivario, Tel. 04 95 47 21 06, www.monte-oro.com

EINKAUFEN

Boulangerie Au Four A Bois. Für Insider die beste Bäckerei der Region. Im Ortsteil Coletta, 20 136 Bocognano

VERANSTALTUNGEN

Festimonti. Volksfest in Bocognano, mit Aktionen zu Wandern, Klettern, Canyoning, Gleitschirm fliegen und Reiten. Jährlich Ende September

La Foire de la châtaigne. Kastanienfest. Organisiert vom »Foyer Rural U Castagnu«, ist diese fest-

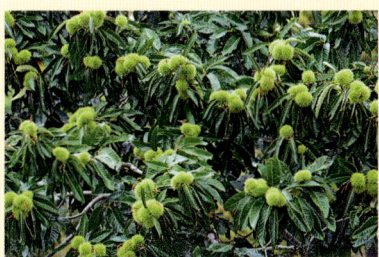

Ihnen zu Ehren feiert man ein Fest: Esskastanien in den Wäldern des Gravona-Tals.

liche Veranstaltung ein winterliches Highlight. Mehr als 20 000 Besucher und rund 150 Aussteller. Jeweils am ersten Wochenende im Dezember

AKTIVITÄTEN

Corsica Natura. Kletterpark in Vizzavona. Quartier Moraschi, 20 136 Bocognano, Tel. 04 95 10 83 16, E-Mail: info@corsicanatura.fr, www.corsicanatura.fr

INFORMATION

Office du Tourisme de la Haute Vallée de la Gravona. Mo–Sa 8.30–18.30 Uhr, So 10–15 Uhr, 20 136 Bocognano, Tel. 04 95 27 41 86, E-Mail: hautegravona@orange.fr, www.gravona.com

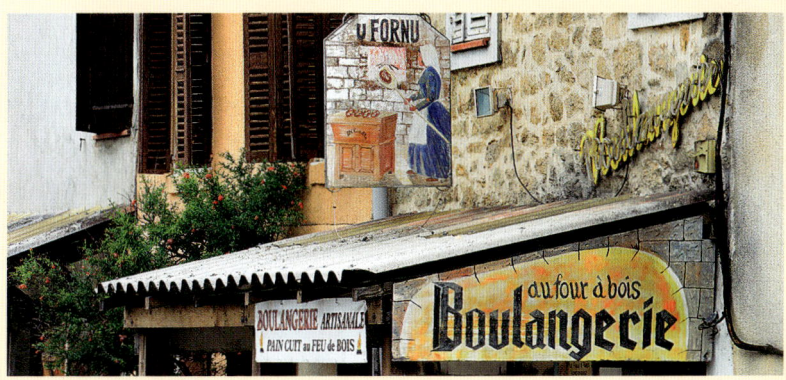

Bocognano ist bekannt für seine gute Boulangerie.

21 Durch das Prunelli-Tal
Von Bastelica nach Bastelicaccia

Der Fluss Prunelli entspringt an der Nord-flanke der Punta Capannella (2250 m) oberhalb des Dorfes Bastelica. Er mündet nach 44 Kilometern bei Bastelicaccia in den Golf von Ajaccio. Ihn umgibt ein Tal mit äußerst vielseitigen Möglichkeiten abseits der breiten touristischen Pfade. Nördlich des Tals lohnt ein Abstecher nach Ghisoni, einem Bergdorf mit geheimnis-vollen Ruinen.

Nahe der Mündung ist das Tal, fruchtbar und aus-ladend, von Obstplantagen und Terrassenfeldern geprägt, dann führt es – durch die Schlucht Gor-ges du Prunelli – zunehmend in das verwinkelte Bergland. Am schönsten ist die Erkundung in Ost-westrichtung, also ab Bastelica. So kann man auch als Erstes seine Hauptattraktion besichtigen, den Cascade du Voile de la Mariée oder »Braut-schleier-Wasserfall«. Der Name sagt schon alles.

Cascade du Voile de la Mariée

Wie ein weißer Schleier stürzen die Wasser des Bergflusses in die Tiefe, oben schmal, sich nach unten hin ausbreitend wie feinstes Stoffgewebe. Der höchste Wasserfall Korsikas bringt cs auf rund 130 Meter. Besonders eindrucksvoll ist das Schau-spiel im Frühjahr bei Schneeschmelze. Zu errei-chen ist das Naturwunder bereits nach kurzer Wanderung, sofern man mit dem Auto so dicht wie möglich heranfährt. Das geht ab Bocognano: am Kreisverkehr (Ortsausgang Richtung Ajaccio) auf die D27 abbiegen und der Straße 3,3 Kilome-ter folgen. Der Wasserfall ist ausgeschildert, ab

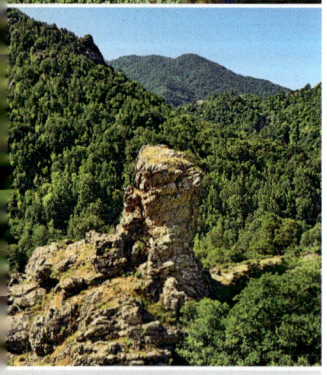

Mitte: Genueserbrücke im Prunelli-Tal
Unten: In der Schlucht beeindru-cken Felsformationen.

der Parkmöglichkeit sind es circa zehn Minuten Aufstieg. Alle, die lieber ausgiebig laufen oder mit der Eisenbahn in Bocognano ankommen, nehmen den Wanderweg ab Dorfzentrum.

Bergdorf Ghisoni

Nicht mehr direkt im Prunelli-Tal, aber von dessen Nordausgang aus gut zu erreichen, liegt das 230-Einwohner-Dorf Ghisoni inmitten dichter Kastanienwälder. Dazu fährt man ab Bocognano in die entgegengesetzte Richtung, über den Vizzavona-Pass bis nach Vivario und biegt dort in die Nebenstrecke D69 ein. Über das Dorf kursieren gruselige Geschichten, die auch mit den ungewöhnlichen Namen zweier Berge zusammenhängen: Südlich von Ghisoni erheben sich der Kyrie Eleison (1260 m) und der Christe Eleison (1535 m). Der Legende zufolge rühren die Namen von tatsächlichen Rufen Irrgläubiger her, die im Mittelalter in dem Dorf lebten und bei einem grausamen Gemetzel starben oder verbrannten, als das Dorf in Brand gesteckt wurde. In ihrer Verzweiflung schrien die Gepeinigten »Kýrie eléison« (»Herr, erbarme dich«) und »Christé eléison« (»Christus, erbarme dich«), und da die Worte als Echo von den Felsen zurückkamen, erhielten die Berge ihre Namen. So wohl geschehen im Jahre 1354, als Papst Innozenz VI., ein Franzose, eine Hetzjagd auf die vermeintlichen Ketzer angeordnet hatte. Sie sollen der religiösen Bewegung der *Ghjuvannali* (Giovannali) angehört haben.

Einige Reste der mittelalterlichen Gebäude sind noch zu sehen. Dazu überquert man ungefähr drei Kilometer hinter Ghisoni (D344 Richtung Ghisonaccia) die Brücke über den Fluss Fiumorbu. Nach circa einer halben Stunde Wanderzeit zweigt ein Pfad ab, der bald von Ruinen gesäumt ist. Auch

Geheimtipp

WANDERN MIT »ABENTEUER KORSIKA«

Selbst auf Korsika muss man sie suchen: Bergführer, die aus jeder Wanderung ein ganz besonderes Erlebnis machen und zugleich in puncto Sicherheit und Erfahrung ganz vorn liegen. Urlauber, die kein Französisch sprechen, freuen sich zudem über deutsch- oder englischsprachige Guides. All dies erfüllen die geführten Touren mit Eric Finger und seinem Team von Abenteuer Korsika. Zu Routen, wie man sie in keinem Wanderführer findet, gibt es ein tolles Programm wie ein Spezialitäten-Picknick am Bergfluss, einen korsischen Grillabend mit Übernachtung auf einem Geheimtipp-Campingplatz oder eine Fünf-Tages-Tour auf teils selbst freigeschlagenen Hirtenwegen.

Abenteuer Korsika. Eric Finger, Tel. 00 49 421 16 16 52 45 und 00 49 176-61 19 54 44, E-Mail: info@abenteuer-corsica.de, www.abenteuer-corsica.de

Almhütte mit Vogelbeerbaum an der Route Panoramique Du Plateau D'Eze

ein alter Steinofen ist noch zu erkennen. Angesichts der Geschichte kann einem beim Anblick der Gemäuer schon ein kalter Schauer über den Rücken laufen.

Wer anschließend noch Lust auf Abkühlung verspürt, findet sie in zahlreichen Badegumpen im Flusslauf. Hier befindet sich auch ein Platz, der als »Y-Baum« ziemlich bekannt ist. Der namensgebende Baum mit seiner unverkennbaren Gabelung steht am Straßenrand; an der Badestelle wird es im Sommer sehr voll. Zurück auf dem Hauptwanderweg geht es weiter zur alten Eisenmine von Finosa (1912), die kurz nach dem Zweiten Weltkrieg stillgelegt wurde. Es sind noch Gerätschaften und Stollen zu sehen.

Auf dem Monte Renoso

Zwischen Ghisoni und dem Prunelli-Tal liegt der Monte Renoso (2352 m), der relativ leicht zu besteigen ist. Die insgesamt zehn Kilometer Hin- und Rückweg sind in fünf Stunden zu schaffen, sodass das Erlebnis im Rahmen einer Halbtages-

Oben: Schroffe Gipfel und viel Grün: das Prunelli-Tal
Unten: Ein Highlight ist der »Brautschleier-Wasserfall« Cascade du Voile de la Mariée

Prunelli–Tal und Umgebung

Das Prunelli-Tal verbindet die Ortschaften Bastelica und Bastelicaccia. Es lohnen sich darüber hinaus einige Ziele nördlich davon rund um das Bergdorf Ghisoni.

A Cascade du Voile de la Mariée – Viele kommen nur in das Prunelli-Tal, um den »Brautschleier-Wasserfall« zu sehen.

B Ghisoni – Das Bergdorf liegt nördlich des Prunelli-Tals.

C Kyrie Eleison und Christe Eleison – Die beiden Gipfel bei Ghisoni wurden – nach einer recht düsteren Geschichte – mit den christlichen Bittrufen benannt.

D Ruinen des mittelalterlichen Dorfes – Hier soll sich seinerzeit die Hetzjagd auf die Giovannali abgespielt haben.

E Fiumorbu (Fium'orbu) – Der Fluss bietet schöne Badegumpen.

F Die Eisenmine von Finosa – Schon lange stillgelegt, können aber noch die Stollen und einige Geräte besichtigt werden.

G Monte Renoso – Eine schöne und – im Vergleich zu anderen Varianten – auch einfache Möglichkeit, in etwa fünf Stunden einen Zweitausender zu besteigen.

H Bastelica – Das hübsche Bergdorf ist sehenswert und als Ausgangspunkt für schöne Wanderungen beliebt.

I Gorges du Prunelli – Schlucht im Prunelli-Tal.

J Tolla – Das Dorf am großen Stausee ist über die an Panoramen reiche D3 zu erreichen.

SKIGEBIET VAL D'ESE

Ski- und Snowboard fahren auf einer Mittelmeerinsel? Auch das geht auf Korsika. Die Skistation bei Ghisoni hat sogar Abfahrten mit Meerblick. Das größte und für viele schönste Skigebiet aber ist Val d'Ese bei Bastelica. Auf einer Fläche von mehr als 20 Hektar bietet es vier Pisten. Die Skistation befindet sich auf 1620 Meter Höhe, die höchste Abfahrt beginnt bei 1825 Metern.

Val d'Ese. Anfahrt: D27a ab Bastelica, nach 15 km hinauf aufs Plateau d'Ese (Val d'Ese ist ausgeschildert). www.bastelica.fr (französisch)

Einfach gut!

tour möglich ist. Die bei Bergwanderungen gängige Kleidung und Vorsichtsmaßnahmen (auf das Wetter achten) sind natürlich trotzdem zu beachten. Der Aufstieg beginnt an der Bergerie de Capannelle mit der Gîte d'étape/Snack-Bar U Renosu (1586 m), zu erreichen über die D69 ab Ghisoni. Nach gut sechs Kilometern zweigt die schmalere D169 Richtung Skistation Campu di Neve ab, die nach zwölf weiteren Kilometern schließlich zu der besagten Berghütte führt. Wahlweise kann man hier parken und den Aufstieg beginnen. Es lässt sich aber auch das landschaftlich eher weniger attraktive erste Stück des Aufstiegs sparen: Rund einen halben Kilometer vor der Bergerie de Capannelle geht es rechts zu einem weiteren, höher gelegenen Parkplatz. Von dort führt der Aufstieg am Skilift vorbei; anschließend dienen Steinmännchen, die andere Wanderer hinterließen, der Orientierung. Nach etwa einer Stunde (ab dem Skilift) ist der Bergsee Lac de Bastani (2089 m) erreicht, ein schöner Platz für eine Pause. Hinter dem See ist schon der Monte Renoso zu sehen. Anschließend führt der Weg über einen Bergsattel. Bis zum Gipfelkreuz sind es nun noch circa 45 Minuten.

Über Tolla nach Ajaccio

Der Ausläufer des Renoso-Massivs bietet auch ab Bastelica wunderschöne, wenig bekannte Wandermöglichkeiten. Am besten schließt man sich Wanderführern der Region an, um diese versteckte Seite Korsikas kennenzulernen. Auch das Dorf selbst ist sehr sehenswert (siehe S. 138). Südwestlich von Bastelica gabelt sich die Straße, sodass es zwei Möglichkeiten gibt, das weitere Prunelli-Tal bis nach Ajaccio zu erkunden. Die schönere Variante ist die D3, denn sie führt als Passstraße direkt am Bergdorf Tolla mit seinem großen Stausee entlang und bietet tolle Panoramen.

Sonnenuhr in Tolla

Infos und Adressen

SEHENSWERTES

Cascade d'Aziana. Wasserfall bei von Bastelica. Ponticello, 20 119 Bastelica

Gorges du Prunelli. Schlucht oberhalb des Stausees Lac de Tolla. An der D3, 20 117 Tolla

Tour Génoise de Capitello. Genueserturm aus dem 16. Jh. an der Prunelli-Mündung bei Bastelicaccia, beim Étang de Casavone im Golf von Ajaccio, südlich des Flughafens (Abzweigung der D55), 20 128 Grosseto-Prugna

ESSEN UND TRINKEN / ÜBERNACHTEN

U Renosu. Gîte d'étape mit Snack-Bar am Aufstieg zum Monte Renoso. 3 Schlafräume mit insgesamt 16 Betten. Campingmöglichkeit vor der Hütte. Auch Verkauf der wichtigsten Lebensmittel. Station de Ski, 20 227 Ghisoni, Tel. 06 30 21 49 05

Weitere Adressen. Siehe S. 141.

AKTIVITÄTEN

Rêves de cimes. Canyoning und Adventure-Park an mehreren Standorten, u. a. Kletterparcours in Vero (größter Korsikas). Chemin de Culetta, 20 167 Mezzavia, Tel. 04 95 21 89 01, E-Mail: contact@revesdecimes.fr, www.revesdecimes.fr

Parc Aventure Indian Forest Corse. Je ein eigener Kletterparcours für Kinder und Erwachsene. Mitte Mai–Mitte Sept 9.30–19 Uhr, bei Ghisoni, Tel. 06 08 24 67 87 und 04 95 57 63 42, E-Mail: contact@indian-forest-corse.fr, www.indian-forest-corse.fr

INFORMATION

Office du Tourisme de la Haute Vallée de la Gravona. Mo–Sa 8.30–18.30 Uhr, So 10–15 Uhr, 20 136 Bocognano, Tel. 04 95 27 41 86, E-Mail: hautegravona@orange.fr, www.gravona.com

Office du Tourisme de la Vallée du Prunelli. Pela Curacchia, 20 129 Bastelicaccia, Tel. 04 95 22 55 13, E-Mail: ot@vallee-prunelli.fr, www.tourisme-prunelli.com

Eine lohnende Route ist die Passstraße um den Stausee von Tolla.

22 Bastelica
Die heimliche Hauptstadt Korsikas

Das Dorf liegt so versteckt und abseits der großen Fernstraßen Korsikas, dass Ahnungslose ihm kaum Bedeutung beimessen würden. Vor Ort aber ist der berühmte Freiheitskämpfer Sampiero Corso so präsent wie nirgendwo sonst auf Korsika. Schnell wird klar: Dies ist in gewisser Hinsicht eine heimliche »Hauptstadt«. Auch ansonsten lohnt sich Bastelica. Es bettet sich in dicht bewaldete Hügel und ist einfach wunderschön.

Im 19. und frühen 20. Jahrhundert kam Bastelica tatsächlich nah an das Privileg Hauptstadt heran. Als damals viertgrößte Ortschaft Korsikas war sie ein bedeutendes ökonomisches Zentrum. Es florierten die Zucht von Ziegen, Schafen und Schweinen und der Anbau von Kastanien. Noch im Jahr 1936 lebten hier 4152 Menschen. Heute liegt die Einwohnerzahl nur noch bei knapp einem Achtel davon (ca. 550), doch noch immer ist Bastelica bekannt für seine ausgezeichnete Charcuterie, sozusagen als Hochburg der Wurstproduktion. Rund um das Dorf herum werden nach wie vor viele Schweine gezüchtet, auch gibt es noch Hirten, die hervorragenden Ziegen- und Schafskäse herstellen.

Malerisches Dorfzentrum

Aus den anderen Inselteilen nach Bastelica zu kommen, benötigt etwas Zeit, denn man erreicht das Dorf ausschließlich über die größtenteils kurvenreiche Nebenstrecke D27, entweder direkt ab Ajaccio (N196 über Cauro) beziehungsweise die parallel verlaufende D3 oder ab der Fernstrecke

Mitte: Zentrum ist der Weiler Santo mit Kirche und Sampiero-Denkmal.
Unten: Schmucke Details sind überall im Dorf zu entdecken.

Bastelica kuschelt sich zwischen die Bergflanken.

Bastia–Ajaccio (N193). Dann nimmt man die Abzweigung bei Bocognano, die über den Pass Col de Scalella (1193 m) führt. Daher bietet es sich an, entweder in Ajaccio oder direkt vor Ort eine Unterkunft zu buchen und den Ausflug mit weiteren Zielen in der Umgebung zu verbinden.

Im Dorf hat man sich auf den Tourismus eingestellt, es ist überaus geschmackvoll hergerichtet mit seinen akkuraten Häusern aus hellen, gemauerten Schiefersteinen, zwischen den Fassaden lugen die Bergkuppen hervor. Hübsch begrünte, lauschige Plätze laden zum Verweilen ein, etwa eine kleine Oase im Zentrum mit Schatten spendenden Bäumen und einem Brunnen, aus dem ein goldener Löwenkopf Wasser speit. Große Wandertafeln wecken die Lust auf Erkundung der Umgebung, und überall im Dorf laden kleine Läden mit Spezialitäten, Restaurants und Cafés zum Verweilen ein. Ein besonderer Platz befindet sich im oberen Dorf, nahe dem Restaurant Chez Paul: ein historisches Waschhaus, so wie es in den alten Dörfern üblich war.

Ein architektonisches Prachtstück ist auch die Dorfkirche Saint Michel (19. Jh.), eine dreischiffige Basilika, die auf den Ruinen ihrer Vorgängerin neu errichtet wurde. Die genuesischen Truppen hatten

Geheimtipp

ZIEGENKÄSE VON MARC BEAUMONT

Zu den wenigen Hirten der Region, die noch eigenen Ziegenkäse in Handarbeit herstellen, gehört Marc Beaumont. Sein Käse ist unvergleichbar köstlich und nur an einigen Plätzen auf der Insel erhältlich. Zum einen in Bastelica selbst – allerdings ist der Hirte, der seine Bergerie hoch oben in den Bergen betreibt, selten antreffen –, zum anderen in zwei Filialen der Supermarkt-Kette Géan Casino, und zwar in Corte und an der Route de Mezzavia bei Ajaccio.

Géant Casino Corte. Avenue du 9 septembre, 20 250 Corte

Géant Casino/Centre Commercial La Rocade. Route de Mezzavia, 20 167 Ajaccio

Marc Beaumont. Tricolacci, 20 119 Bastelica, Tel. 0495/28 73 64

sie im Jahr 1564 in Brand gesetzt. Die Kirche befindet sich im zentralen Ortsteil Santo.

Nur noch Denkmäler erinnern daran, dass Krieg und Blutrache die Geschichte des beschaulichen Dorfes geprägt hatten – so beispielsweise die Bronzebüste des heute als Volksheld verehrten Freiheitskämpfers Sampiero Corso, dem berühmtesten Sohn Bastelicas (siehe S. 143).

Attraktive Urlaubsregion

Heute ist Bastelica ein Ort des reinen Genusses, der Liebe zur Natur und der Lebensfreude. Wanderer ziehen durch die kleinen Straßen, eine kleine Bimmelbahn bringt Urlauber zum Tolla-See, und regelmäßig hält ein mobiler Obst- und Gemüsehändler mit seinem Wagen vor der Kirche. Am ersten Novemberwochenende feiert man den Apfel beim Herbstfest »Foire a Nostra Mela«.

Ein schöner Ausflug führt über den Pass Col de Cricheto zu einer Genueserbrücke am Ese-Bach. Sie befindet sich anderthalb Kilometer hinter dem Pass. Auf einem Spazierweg gelangt man in wenigen Minuten hinab zur Brücke. Eine weiteres attraktives Wanderziel ist der Wasserfall Cascade d'Ortala bei Bastelica.

Oben: Sie liefern die Milch für den vielleicht inselbesten Ziegenkäse.
Unten: Das Denkmal für Sampiero

Infos und Adressen

ESSEN UND TRINKEN

Bar U Renosu. Sympathische Café-Bar im Ortsteil Dominicacci. 20 119 Bastelica,
Tel. 04 95 28 73 30

Chez Paul. Das Restaurant wird im Guide Michelin empfohlen. Regionale Produkte und eine Terrasse zum Träumen. Stazzona, 20 119 Bastelica,
Tel. 04 95 28 71 59

ÜBERNACHTEN

Artemisia. 3-Sterne-Hotel, Zimmer mit herrlichem Bergpanorama. Boccialacce, 20 119 Bastelica,
Tel. 04 95 28 19 13, www.hotel-artemisia.com

Gîte de Cricheto. Zwei Zimmer für insgesamt 6 Personen. Auch Englisch und Deutsch. Christian Lorenzino, Lieu dit Cricheto, 20 119 Bastelica,
Tel. 04 95 28 41 36, E-Mail:
christian.lorenzoni.2a@gmail.com

Gites ruraux. Ein Zimmer für 2 Personen, der Vermieter spricht auch Englisch. Philippe Martini,
20 119 Bastelica, Tel. 04 95 10 54 31/32

Gîte rural. Zwei Zimmer in urigem Steinhaus, Anfragen auf Englisch und Deutsch möglich. Marie-Josephe Porri, Village, 20 119 Bastelica,
Tel. 04 95 10 54 31/32

In den Hotels und Restaurants warten liebevoll eingedeckte Tische auf Gäste.

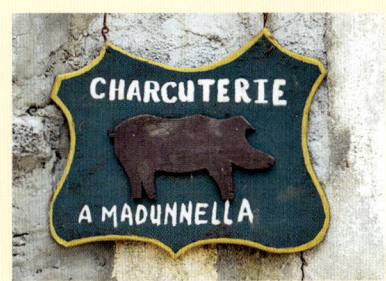

Auch für seine gute Charcuterie ist Bastelica bekannt.

EINKAUFEN

L'Aziana. Lonzo, Jambon und andere Charcuterie-Spezialitäten aus der Region. Dominicacci,
20 119 Bastelica, Tel. 04 95 28 71 45

Charcuterie Nunzi. Auch hier hängen die Schinken von der Decke. Dominicacci, 20 119 Bastelica,
Tel. 04 95 28 70 31

VERANSTALTUNGEN

Foire a Nostra Mela. Beim traditionellen Herbstfest steht der Apfel im Mittelpunkt. Doch es gibt nicht nur Äpfel in allen möglichen Varianten zu probieren, sondern auch Charcuterie, Honig und viele andere Spezialitäten. Am ersten Wochenende im November, 20 119 Bastelica

AKTIVITÄTEN

Le Petit Train. Rundfahrt mit der Bimmelbahn entlang des Tolla-Stausees. Abfahrt mehrmals täglich, Col de Cricheto, 20 119 Bastelica,
Tel. 04 95 28 41 36, www.cricheto.com

INFORMATION

Office du tourisme de la Haute Vallée de la Gravona. Mo–Sa 8.30–18.30 Uhr, So 10–15 Uhr,
20 136 Bocognano, Tel. 04 95 27 41 86, E-Mail:
hautegravona@orange.fr, www.gravona.com

Office du Tourisme de la Vallée du Prunelli.
Pela Curacchia, 20 129 Bastelicaccia,
Tel. 04 95 22 55 13, www.tourisme-prunelli.com

BERÜHMTE
Widerstandskämpfer

Als sei es gestern gewesen: An der Place Gaffori sind noch Schussdellen in der Hausfassade zu sehen (links). An der Place Paoli steht der Freiheitskämpfer in Bronze verewigt (rechts).

Korsika ist eine stolze, rebellische Insel, das spürt man vielerorts noch heute. Ihre Geschichte prägten die Namen großer Freiheitskämpfer – Pasquale Paoli, Jean-Pierre Gaffori und Sampiero Corso.

Die Stadt Corte bildete im 18. Jahrhundert das Zentrum im Freiheitskampf unter dem Rebellen Pasquale Paoli, der sich für die Unabhängigkeit Korsikas von Frankreich einsetzte und eine demokratische Verfassung einführte. Am 8. Mai 1769, in der Schlacht von Ponte Novu, war es damit vorbei. Nach dem Rebellen ist die Place Paoli unterhalb der Altstadt benannt. In den belebten Platz mündet die geschäftige Straße Cours Paoli. Mehr über den Rebellen erfährt man in seinem Geburtshaus, das heute ein Museum ist. Das »Musée Maison Natale de Pasquale Paoli« befindet sich in Morosaglia, im Nordwesten der Castagniccia. In drei Räumen präsentiert die Ausstellung persönliche Gegenstände des berühmten Generals sowie Darstellungen, Waffen und andere Gegenstände aus der Zeit der korsischen Unabhängigkeit. In einer kleinen Kapelle neben dem Museumseingang befindet sich die Urne mit den Aschenresten von Pasquale Paoli. Sie wurde im Jahr 1889 aus Westminster Abbey in London nach Morosaglia überführt.

Korsische Volkshelden

Allgegenwärtig ist in Corte auch der Name Jean-Pierre Gaffori (korsisch Ghjuvan Petru Gaffory). Der in Corte geborene Arzt und Widerstandskämpfer (1704 bis 1753) hatte bereits 1746, also fast zehn Jahre vor der Hauptstadtgründung, als General die Eroberung seiner besetzten Heimatstadt eingeleitet. Die Genueser ließen, so berichtet Gregorovius, seinen Sohn aus einer Schießscharte in der Mauer der Citadelle heraushängen, um den korsischen Anführer von seinem Sturm auf die Festung abzuhalten.

Herzstück der Altstadt von Corte ist die kleine Place Gaffory mit einem Denkmal des Widerstandskämpfers. Das Bronzestandbild auf Marmorsockel (1900) stammt von dem Bildhauer Aldebert.

Im idyllischen Bergdorf Bastelica wiederum erblickte 1497 Sampiero Corso das Licht der Welt, jener Mann, der durch seinen Einsatz gegen die genuesische Besatzungsmacht auf Korsika als Volksheld verehrt wird. Darauf deutet auch sein Geburtsname hin, er lautet »Sampièro di Bastelica«. Der junge Sampiero stand im Dienst des letzten großen florentinischen Condottiere, Giovanni de' Medici. Im Jahr 1553 war er der Anführer im korsischen Aufstand gegen Genua. Als er elf Jahre darauf einen erneuten Aufstand initiierte, erwies sich seine Gattin Vanina d'Ornano als Verräterin: Als Sampiero erfuhr, dass sie Verhandlungen mit den Genuesern führte, tötete er sie. Das hatte Folgen. Sampiero starb am 17. Januar 1567 durch die Blutrache seines Schwagers Michel Angelo d'Ornano, der ihn überfiel und anschließend köpfte.

In Bronze gegossen

Das Geburtshaus von Sampiero Corso befindet sich im Ortsteil Dominicacci. Nach seiner Ermordung hatten die Genueser es niedergebrannt, im 18. Jahrhundert wurde es wieder aufgebaut. Eine Tafel erinnert an den »korsischsten aller Korsen«. Vor dem Haus befindet sich ein kleiner Platz mit einer Bronzebüste des Freiheitskämpfers. Und auch im Dorfzentrum gegenüber der Kirche ist er nicht zu übersehen. Eine heroische Bronzestatue zeigt ihn in kämpferischer Pose mit hoch erhobenem Schwert.

23 Hochebene Plateau di Coscione
Das Tibet Korsikas

Einen landschaftlichen Kontrast zu den Schluchten und Tälern Korsikas bildet das Plateau di Coscione, eine Hochebene in den Bergen des Alta Rocca: Weite, Freiheit, scheinbar endloses Land, Wildpferde, Mufflons und eine endemische Flora. Am besten einen Geländewagen mieten – oder das Auto stehen lassen und die meditative Stimmung genießen. In jedem Fall sicherheitshalber einen Kompass einstecken.

Das Plateau di Coscione (korsisch: *Cuscionu*) liegt im südlichen Teil des Regionalen Naturparks Korsika, zwischen den Pässen Col de Verde und Col de Bavella. Es ist eine völlig andere Welt, die einen im Hochland des Alta Rocca erwartet, fernab von jeglicher Zivilisation. Sanfte Anhöhen, bewachsen mit Buchen, Tannen und Erlen, dazwischen weite Landstriche, von Quellen, Bächen und Pozzinen durchzogen. Wildpferde, frei lebende Kühe und Schweine grasen. Das Klima ist wolkig, feucht und kühl, beinahe wähnt man sich in Sibirien, in der Steppenlandschaft der arktischen Tundra – eine Landschaft, wie geschaffen zum Meditieren, daher nennt man sie auch das Tibet Korsikas.

Hirsche und Forellen

Mit einer Gesamtfläche von 11 228 Hektar erstreckt sich das Plateau di Coscione über ein Höhenprofil von 430 bis 2134 Meter. Eine reiche Flora mit teils seltenen Pflanzen ist vorzufinden, darunter auch endemische Arten wie der Wiesenhafer *Trisetum conradiae* und der korsische Eisenhut *Aconitum corsicum* sowie genügsame Pflan

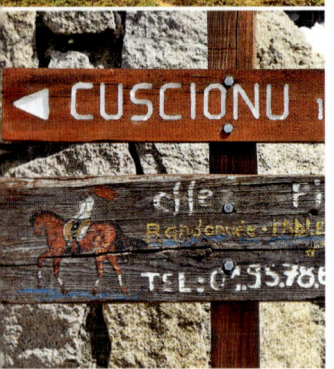

Mitte: Für korsische Verhältnisse viel Weite
Unten: Ein Wanderweg führt zum Hochplateau.

Hochebene Plateau di Coscione

zen wie die *Herniaria latifolia*, die mit dem Wasser auskommen, das die Luftfeuchtigkeit spendet. Auch selten gewordene Tierarten sind zu beobachten – die einzigen Hirsche Korsikas, die im Jahr 1998 wieder angesiedelt wurden, und das Mufflon; außerdem sind zahlreiche Insekten wie Schmetterlinge und Käfer auf dem Hochplateau zu Hause. In den klaren Bächen tummeln sich Forellen.

Zum Monte Incudine

Das Plateau di Coscione liegt auf dem Gebirgszug in der Höhe des Golfs von Ajaccio an der Westküste und Solenzara an der Ostküste. Zu erreichen ist es am besten aus westlicher Richtung über das Dorf Zicavo; dabei gibt es mehrere Zufahrtsmöglichkeiten (z. B. über die D83 ab der Fernstraße N196 Ajaccio–Propiano). Im Dorf hält man sich rechts (D69) und biegt schließlich auf die D428 ab. So gelangt man zur Bergerie de Bassetta und der nahen Kapelle San Petru. Wer aus dem Inselsüden anreist, kommt aus entgegengesetzter Richtung, ab Sartene/Propriano, auch auf die D69.

Ab der Bergerie de Bassetta bietet sich eine Wanderung durch das Hochplateau an. Vorbei an weiteren Hirtenhütten (Bergeries von Cavallara, 1520 m), geht es auf gut markierten Wegen hinauf zum Monte Incudine (korsisch: *Monti Alcudina*, 2136 m). Nach einer Stunde kreuzt der Fernwanderweg GR 20. Insgesamt benötigt man für die einfache Strecke rund drei Stunden. Vom Gipfel überblickt man nahezu die gesamte Bergwelt Korsikas. Im Süden breiten sich die markanten Nadeln des Bavella-Massivs aus, Richtung Norden erheben sich die Gipfel des Monte Cinto, Paglia Orba und Monte Rotondo. Im Osten sind das Meer und bei guter Fernsicht sogar die Insel Elba und das italienische Festland zu sehen.

Infos und Adressen

24 Castellu di Cucuruzzu
Ausflug in die Bronzezeit

Menhiren und Kultstätten begegnet man auf Korsika häufiger. Wenn auch jede für sich sehenswert ist: Etwas ganz Besonderes ist das Castellu di Cucuruzzu bei Levie in der Alta Rocca. Es handelt sich um eine gut erhaltene Festungsanlage mit einem Rundbau der Torreaner. Die frühgeschichtliche Ausgrabungsstätte ist zu besichtigen.

In der Bronzezeit um etwa 1600 v. Chr. lebte im Süden Korsikas ein Volksstamm, der nach seiner Praxis, turmartige Bauten (*Torre*) zu errichten, heute als Torreaner bezeichnet wird. Der Archäologe Roger Grosjean entdeckte diese Kultur, bezüglich ihrer Herkunft tappen die Wissenschaftler aber noch im Dunkeln. Wahrscheinlich entstammte sie dem Seevolk Schardana, das während der Bronzezeit das Mittelmeer unsicher gemacht hatte und dabei auch auf Korsika und Sardinien gelandet war. Die Spuren der Torreaner auf Korsika verlieren sich im Zeitraum 1000 bis 800 v. Chr. Ungeklärt wie ihre Herkunft ist auch ihr Untergang.

Besichtigung der Ausgrabungsstätte

Die Torreaner hinterließen neben zahlreichen Menhiren und Kultstätten die besagten Rundbauten, die sie wahrscheinlich als Zufluchtsstätte und gemeinschaftliche Getreidespeicher nutzten. Man fand solche Ruinen u.a. auch in Torre bei Porto-Vecchio, wo der Ort sogar danach benannt wurde. Dort allerdings sind nur noch wenige Mauerreste zu sehen. Ganz anders das Castellu (*Casteddu*) di Cucuruzzu auf der Hochebene Pianu di Levie

Mitte und unten: Die Ausgrabungsstätte zeigt deutlich die gebogene Mauerumrandung und die Nischen.

Castellu di Cucuruzzu

(700 m), von dem nicht nur der Turmstumpf, sondern auch der Grundbau der kompletten Festungsanlage blieb. Sie wurde 1959 bei Luftaufnahmen entdeckt. Zwischen 1963 und 1964 führte Roger Grosjean die erste Ausgrabung durch.

Die Anfahrt nach Cucuruzzu erfolgt entweder ab Ajaccio (N196 und D268) oder ab Porto-Vecchio (D859/N196 und D59). Die Ausgrabungsstätte ist ausgeschildert. Ein kurzer Wanderweg führt durch einen Wald aus Steineichen, Kastanienbäumen und Schwarzkiefern zum Kastell. Der Eingang befindet sich in der Mitte eines geborstenen Granitblocks, durch den eine Steintreppe führt. Dahinter bilden zu beiden Seiten fünf Meter hohe und drei Meter dicke Megalith-Mauern eine gebogene Umrandung. Auffällig sind große Nischen in den Mauern, sie dienten vermutlich als kleine Räume für verschiedene Tätigkeiten wie Töpfern oder Kochen. Links des Eingangs befinden sich Hohlräume, in denen Reste von Keramik und Körner gefunden wurden – vermutlich ehemalige Lagerorte.

Kapelle und Museum

Der Torre befindet sich im Osten der Anlage. Sein Durchmesser beträgt acht Meter, das Mauerwerk ist noch bis zu einer Höhe von rund fünf Metern erhalten. Auch ein Teil der Bedachung aus Platten in Kragenbauweise ist noch vorhanden. Ähnliche Bauwerke, die sogenannten »Nuraghen«, fand man auf Sardinien. Während der Besichtigung der Anlage bietet sich auch ein herrlicher Blick über das Tal bis hin zu den Bavella-Nadeln. Der Rundgang führt schließlich zu den Grundmauern der mittelalterlichen Kapelle San Larenzu. Sie wurde aus den gefundenen Steinen zehn Meter weiter neu errichtet. Auf der Rückfahrt sollte man sich das Musée de l'Alta Rocca, das archäologische Museum in Levie, ansehen (siehe Autorentipp S. 149).

Infos und Adressen

SEHENSWERTES

Castellu di Capulla. Nahe Cucuruzzu befindet sich dieses Relikt aus einer ganz anderen Epoche – dem Mittelalter. Von der ehemaligen Anlage ist allerdings nur noch eine Steinmauer vorhanden. Ca. 20 Min. Fußweg ab Cucuruzzu. Ca. 1 km nordöstlich der Fundstätte, 20 170 Levie

Castellu di Cucuruzzu.
April/Mai/Okt. 9.30–18 Uhr, Juni–Sept 9.30–19 Uhr, in Wintermonaten nur für Gruppen nach Anmeldung, Pianu di Levia. 20 170 Levie, Tel. 04 95 78 48 21

ESSEN UND TRINKEN

La Pergola. Restaurant mit Bar am westlichen Ortseingang. Sorba, 20 170 Levie, Tel. 04 95 78 41 62

ÜBERNACHTEN

Auberge A Pignata. Gemütliche Zimmer, schöne Aussicht und ein kleiner Wellness-Bereich. Route du Pianu, 20 170 Levie, Tel. 04 95 78 41 90, E-Mail: apignata2a@yahoo.fr, www.apignata.com

INFORMATION

Maison d'acceuil des sites archéologiques de lien vers Pianu di Livia. Haus der archäologischen Stätten von Pianu di Levie. 20 170 Levie, Tel. 04 95 78 48 21

25 Zonza und Umgebung
Wanderdorf im Alta Rocca

Mitten in der herrlichen Gebirgslandschaft des Alta Rocca liegt die Gemeinde Zonza. Ihr Herzstück ist ein Dorf, das Wanderer lieben, liegt es doch kurz vor dem Bavella-Pass mit seinen spektakulären Touren. Entsprechend gut ist die Infrastruktur mit Unterkünften, Restaurants und sogar einer Pferderennbahn. Für Durchreisende ist Zonza ein schönes Etappenziel, um bei einem Kaffee das Panorama zu genießen.

Zonza gehört zur Gemeinschaft der Gemeinden des Alta Rocca, die es auf insgesamt 2500 Einwohner bringt. Es liegt am östlichen Rand der Region Alta Rocca auf einer Höhe von 800 Metern und ist daher gut von der Ostküste aus zu erreichen. Ab Solenzara führt die D268 hinauf zum Col de Bavella (Bavella-Pass), übrigens eine wunderschöne Strecke mit vielen Bademöglichkeiten im Fluss. Direkt hinter dem Bavella-Pass liegt Zonza. Man erreicht das Dorf außerdem ab Porto-Vecchio über die D368 sowie über die D268 aus Richtung Westen. Letzteres ist eine besonders reizvolle Möglichkeit, das Alta Rocca kennenzulernen (siehe Autorentipp S. 152). Zonza bildet also auch einen Verkehrsknotenpunkt, auf dem zentralen Platz mit dem Kriegerdenkmal treffen vier Straßen aufeinander. In der Hauptsaison sind die Parkplätze knapp. Eine Alternative ist die Fahrt mit dem Linienbus ab Porto-Vecchio.

Treffpunkt der Outdoor-Fans

Ein internationales Völkchen sorgt besonders im Sommer für reges und buntes Treiben in Zonza. Mit seiner Postkarten-Schönheit und zahlreichen

Mitte: Am Horizont sind die Felsnadeln des Bavella-Massivs zu erkennen.
Unten: Blick auf Zonza

Das Skelett der Dame von Bonifatio

Möglichkeiten für Outdoor-Aktivitäten ist das Dorf ein Tummelplatz für Wanderer, Kletterer, Reiter und andere Sportler, auch Motorradfahrer legen bei der Fahrt über den Bavella-Pass gern einen Stopp ein. Eine Handvoll Geschäfte versorgt mit Lebensmitteln und lokalen Produkten, in den Unterkünften kocht man gut, und an der Hauptstraße gibt es einen Massagesalon. Den Mittelpunkt des Dorfes bildet die neugotische Kirche Santa Maria Assunta (19. Jh.). Einige der Häuser aus hellem Granit stammen aus dem 17. Jahrhundert.

Außer Wandern reizt die Umgebung zum Klettern und Canyoning. Kurz vor der Passhöhe gibt es einen Hochseilgarten. Zwischen Zonza und dem Bavella-Pass befindet sich die höchstgelegene Pferderennbahn Europas: Im Hippodrom Viseo bringen mehrmals jährlich Trab- und Galopprennen das Publikum zum Glühen.

Die Region Alta Rocca

Vor Zonza breitet sich in Richtung Westen und Norden die Alta Rocca aus. Der Name der Region bedeutet übersetzt »hoher Fels« und lässt sich wohl darauf zurückführen, dass das Hochplateau

Nicht verpassen

MUSEÉ DE L'ALTA ROCCA
Die Urgeschichte der Region Alta Rocca wird im archäologischen Museum von Levie lebendig. Zur Dauerausstellung gehören auch Fundstücke aus der Grabungsstätte von Cucuruzzu, z. B. Gebrauchsgegenstände wie Schleif- und Schlachtwerkzeug oder Instrumente zur Textil- und Keramikverarbeitung. Das Museum beherbergt außerdem das historische Highlight Korsikas: das Skelett der Dame von Bonifacio, die ältesten menschlichen Überreste, die jemals auf der Insel gefunden wurden. Die Dame verstarb im 8. Jahrtausend v. Chr. Sie soll 30 bis 35 Jahre alt geworden sein.

Musée de l'Alta Rocca. Anfahrt: Im Zentrum von Levie Richtung Carbini, an der rechten Straßenseite. Juni–Sept. 10–18 Uhr, Okt.–Mai Di–Sa 10–17 Uhr, feiertags geschlossen, Quartier Prato, 20 170 Levie, Tel. 04 95 78 00 78, E-Mail: musee.levie@cg-corsedusud.fr auf drei Seiten von Gebirgszügen umrahmt wird: im Norden das Bavella-Massiv, im Osten die Felskette um die Bocca d'Illarata, im Süden das Gebirge von Cagna. Einer anderen Auslegung zufolge entstammt der Name dem Adelsgeschlecht der »della Rocca«, das im Mittelalter in der Region ansässig war. Die hügelige Landschaft mit ihren vielen Dörfern, Wäldern und prähistorischen Fundstätten lädt zu Ausflügen ein.

Bei Wanderungen durch das Pianu di Levia (Hochplateau von Levie) geht es durch dichte Mischwälder aus Eichenhölzern, uralten Kastanienbäumen und Pinien, riesige Granitbrocken ragen aus dem Grün hervor. Diese Felsen dienten bereits den Ureinwohnern Alta Roccas als Schattenspender. Tipp für eine Mehrtagestour: Auch der Fernwanderweg Mare a Mare Sud (Propriano–Porto-Vecchio) verläuft durch die Alta Rocca. Er ist in sechs Etappen unterteilt, also in einer Woche gut zu schaffen.

Oben und unten: Die Region um Zonza bietet Wandertouren für jeden Geschmack.
Mitte: Das Dorf Levie vor dem Bavella-Massiv

Levie und Quenza

In der Hochebene von Levie bildet das namensgebende Dorf einen weiteren touristischen Schwerpunkt. Südwestlich von Zonza gelegen, ist es über die schöne Nebenstrecke D268 zu erreichen. Gemessen an der Größe ist Levie mit seinen 700 Ein-

Rund um Zonza

Das Wanderdorf liegt in der Alta Rocca mit vielen schönen Ausflugszielen. Ob als Rundfahrt mit Stopps in den Dörfern oder zu Fuß, die Erkundung der Umgebung lohnt sich sehr.

Ⓐ Zonza – Es ist nicht das größte Dorf der Alta Rocca, doch für Wanderer so etwas wie die Metropole.

Ⓑ Hippodrom Viseo – Wer möchte, kann zur Abwechslung hier auch mal zum Trab- oder Galopprennen gehen.

Ⓒ Pianu di Levia – Das Hochplateau von Levie ist das Zentrum der Alta Rocca.

Ⓓ Levie – Ein Besuch im prähistorischen Museum Musée de l'Alta Rocca (siehe Autorentipp S. 149) gehört unbedingt dazu.

Ⓔ Quenza – Eine Rundwanderung verbindet das Dorf mit Zonza.

Am Weg liegen einige Einkehrmöglichkeiten.

Ⓕ Hochplateau von Coscione – Die Steppenlandschaft gehört zum Nordteil der Alta Rocca.

Ⓖ Sainte-Lucie-de-Tallano – In der Umgebung fand man seltenes Gestein.

Ⓗ Cucuruzzu – Ein Aufenthalt in Zonza lässt sich wunderbar mit einem Besuch der Fundstätte verbinden.

151

Einkauf in der Charcuterie

NEBENSTRECKE D268

Da viele über den Col de Bavella ins Alta Rocca fahren, geht diese wunderschöne Nebenstrecke etwas unter: Die D268 offenbart auf einigen Abschnitten ein Stück wenig besuchtes, ländliches Korsika. Obendrein führt sie durch mehrere schöne Dörfer. So kommt man auch durch Sainte-Lucie-de-Tallano, in dessen Umgebung man das seltene Gestein Kugeldiorit fand. Es wird als Souvenir auch vor Ort verkauft. Ein Besuch in dem Dorf lohnt sich besonders Ende März zum Olivenfest. In den Genuss beider Strecken kommt, wer West- und Ostküste bei einer größeren Fahrt verbindet: über die D 268 nach Zonza und dann über den Col de Bavella – oder anders herum.

Anfahrt: Ab dem Golf von Valinco (Propriano) über die D69 auf die D268 (Beschilderung Richtung Sainte-Lucie-de-Tallano und Levie folgen)

Einfach gut!

wohnern der Hauptort der Alta Rocca. An der Hauptstraße reihen sich Läden, Bars und Wanderunterkünfte aneinander. Ein echtes Highlight ist hier das prähistorische Museum Musée de l'Alta Rocca, das man hervorragend mit einem Besuch der nahe gelegenen Fundstätte von Cucuruzzu (siehe S. 146) kombinieren kann.

Wer Zonza hingegen in Richtung Nordwesten verlässt, also über die Nebenstrecke D420, gelangt durch die Alta Rocca nach Quenza. Das Dorf ist auch per pedes bei einer schönen Rundwanderung ab Zonza zu erreichen. Es befinden sich dort ein Campingplatz am Fluss St-Antoine (Camping la Rivière) und eine Brücke mit einer beliebten Badestelle. Im Winter ist Quenza ein Langlauf-Skigebiet, nur ein Stück weiter nördlich grenzt das Hochplateau von Coscione an (siehe S. 144). Hinter Quenza führt die Straße schließlich, vorbei an einer hübsch restaurierten Mühle, nach Aullène. Hier beginnt ein Gebiet, das 2009 bei einem großen Waldbrand in Mitleidenschaft gezogen wurde. Mehr als 3500 Hektar Kastanien- und Kiefernwald verbrannten. Von Aullène aus führt die D69 über den Col de la Vacca direkt in die reizvolle Steppenlandschaft von Coscione. In Richtung Süden kann man die Tour nun als Rundfahrt um das Alta Rocca fortsetzen.

Infos und Adressen

ESSEN UND TRINKEN / ÜBERNACHTEN

Auberge de Sanglier. Herberge mit beliebtem Restaurant, Spezialitäten wie Wildschwein-terrine. Holzterrasse mit Panoramablick. Porca Zonza, 20 112 Sainte-Lucie-de-Tallano, Tel. 04 95 78 67 18, E-Mail: aubergesanglier@wanadoo.fr

Hôtel-Restaurant de l'Incudine. Auch hier über-zeugt neben der Übernachtungsmöglichkeit die gute korsische Hausmannskost. Village, 20 124 Zonza, Tel. 04 95 78 67 71, E-Mail: info@hotel-incudine.com, www.hotel-incudine.com

AKTIVITÄTEN

Balesi Evasion. Die Linienbusse fahren von Porto-Vecchio über den Col de Bavella bis nach Ajaccio und umgekehrt. Stopp u.a. in Zonza. www.balesievasion.com

Corsica Madness. Kletterpark, Canyoning und andere Adrenalin-Kicks. Route de Levie, 20 124 Zonza, Tel. 04 95 78 61 76, www.corsicamadness.com

Hippodrome. Pferderennbahn. Mairie de Zonza, 20 124 Zonza, www.hippodrome-zonza.fr

INFORMATION

Communauté de communes de l'Alta Rocca. Die Gemeinschaft der Gemeinden von Alta Rocca betreibt auch eine eigene Homepage. Rue Sorba / BP 07, 20 170 Levie, Tel. 04 95 78 47 93, E-Mail: alta-rocca@orange.fr, www.alta-rocca.com

Office de Tourisme de Zonza-Sainte Lucie de Porto-Vecchio. Mairie annexe, 20 144 Sainte Lucie de Porto-Vecchio, Tel. 04 95 71 48 99, E-Mail: tourisme.saintelucie@wanadoo.fr, www.zonza-saintelucie.com

Badespaß im Fluss Quenza

26 Col de Bavella
Korsikas schönste Felsen

Wie das schiefe Gebiss eines Riesen ragen die sieben Felsnadeln in den Himmel. Die Spitze des Bavella-Massivs krönt jede Bergwanderung, liegt selbstverständlich am Fernwanderweg GR 20 und ist ein Wallfahrtsort. Ein Erlebnis ist bereits die Fahrt über den Pass Col de Bavella.

Ob Wolken um die Felsen wabern oder alle sieben Nadeln im Licht der Abendsonne erglühen, das Bavella-Massiv bietet immer ein einmaliges Naturschauspiel. Am besten, man kommt öfter, denn es ist jedes Mal anders. Besonders schön ist die Anfahrt ab Solenzana (D268). Die Passstraße führt in zahlreichen Kehren durch dichte Wälder am gleichnamigen Fluss entlang.

Notre-Dame-des-Neiges

Auf der Passhöhe (1218 m) stockt der Atem, so schön ist der Anblick. Die Straße führt direkt südlich an den sieben Felsnadeln, den Aiguilles de Bavella, vorbei. Hier gibt es auch eine Parkmöglichkeit, und schon bei einem kleinen Rundgang gewinnt man unvergessliche Eindrücke von Korsikas wohl schönstem Bergpass. Rechts daneben bietet sich ein Anblick, der die Dramatik des Ortes noch unterstreicht: Von einem kleinen Berg aufgehäufter Felsen schaut eine Marienstatue herab auf Unmengen von roten Opferlichtern und Kärtchen mit Segenswünschen, die überall zwischen den Felsen stecken. Die »Schneejungfrau« Notre-Dame-des-Neiges soll vor Gefahren im Gebirge schützen. Da wenige Meter daneben der Fernwanderweg GR 20 kreuzt, gibt es reichlich Anlass zu Bitten und Opfergaben. Jedes Jahr Anfang August

Mitte: Ein Top-Spot für Wanderer
Unten: Statue »Notre-Dame-des-Neiges« am Bavella-Pass

Eindrucksvoll sind die sieben Felsnadeln.

ist dieser Ort Ziel einer Wallfahrt (*Péle-rinage*); dazu dient das von einem kleinen Zaun umgebene Areal vor der Marienstatue.

Zwischen den Bavella-Nadeln

Die Passhöhe ist Ausgangspunkt für verschiedene Wanderungen und Klettertouren in das Bavella-Massiv. Zu seiner Beliebtheit trägt neben der landschaftlichen Schönheit mit den bizarren Gipfelformen auch der fast durchwegs raue Fels bei, der wie geschaffen ist für den Outdoor-Sport. Das Spektrum der möglichen Routen reicht von einem gemütlichen Spaziergang bis hin zum abenteuerlichen Trekking durch dichte Macchia und oft nahe am Abgrund.

Neben dem weiß-rot markierten GR 20 gibt es auf dem Bavella-Massiv auch eine alpine Variante des Fernwanderweges. Sie ist mit einem gelben Doppelstrich markiert. Wer über die entsprechende Wanderkleidung, Schwindelfreiheit und Trittsicherheit verfügt, kann – gutes Wetter vorausgesetzt – zum dritten Bavella-Turm aufsteigen, der Punta di a Vacca (1611 m). Der Aufstieg führt vorbei an windschiefen Kiefern, kleineren Felstürmchen und Geröllfeldern zunächst auf den Col de

Einfach gut !

DEN GR 20 TESTEN

Unübersehbar prangt das rot-weiße Symbol, das Korsikas berühmten Fernwanderweg markiert, auf einem Stein auf der Passhöhe. Nur mit Erfahrung sollte man eine längere Wanderung auf dieser Strecke unternehmen, zumal die mittleren Etappen zu den schwersten zählen. Doch einen kleinen Eindruck zumindest kann man bei dieser Gelegenheit gewinnen und der Route ein Stückchen folgen – natürlich nur so weit, wie es die eigene Kondition zulässt und auch dies nur mit passender Kleidung. Die alpine Variante des GR 20 (gelbe Markierung) beinhaltet eine anspruchsvollere Klettertour durch die Felslandschaft und hinauf zu den Spitzen.

Der GR 20. Startpunkt am Col de Bavella (hier auch Parkmöglichkeiten). Der Wanderweg kreuzt die Straße und ist leicht am rot-weißen Symbol zu erkennen. Mehr Infos zum Fernwanderweg siehe S. 84.

l'Oiseau. Hier bietet sich ein schöner Blick auf die folgenden Türme. Dann geht es auf dem gelb markierten Pfad abwärts und schließlich hinauf zur Scharte zwischen dem zweiten und dritten Turm. Von hier aus ist in circa 15 Minuten der höchste Punkt der dritten Nadel erreicht.

Wanderung zum »Bomben-trichter«

Sicher wird es die meisten Wanderer in Richtung Nordwesten ziehen, wo die Granitfelsen der Aiguilles de Bavella eine magische Anziehungskraft ausüben. Doch es lohnen sich auch Wege in die andere Richtung. Ein einladendes Kiefernwäldchen empfängt auf der anderen Straßenseite. Dort führt eine Wandertour beispielsweise zum Trou de la Bombe (»Bombentrichter«), so benannt nach einem gewaltigen Loch in der Felswand.

Die volle Pracht aller sieben Bavella-Nadeln, nebeneinander aufgereiht, indes ist aus der Ferne am besten zu sehen. Dazu begibt man sich Richtung Tal mit dem Dorf Village de Bavella. Vor Ort hat man sich natürlich auf Wanderer eingestellt mit Unterkünften und Einkehrmöglichkeiten. Hier beginnt auch eine schöne Tour zur Paliri-Hütte (1055 m). Dazu folgt man ein Stück dem weiß-rot markierten Hauptweg des GR 20. Er führt durch einen bewaldeten Hang hinab, quert einen Bachlauf, begleitet einen Forstweg und endet schließlich bei der Berghütte.

Oben: Bäume der Berge: Die Laricio-Kiefer
Unten: Viele Lokale sind auf Wanderer eingestellt und bieten auch Unterkünfte.

Canyoning

Unterhalb des Col de Bavella (in Richtung Solenzara) lohnt ein Abstecher in die Schluchten Canyon de la Purcaraccia und Canyon de la Pulischella, besonders, wenn man ein Anhänger des Canyoning-Sports ist.

Infos und Adressen

ESSEN UND TRINKEN / ÜBERNACHTEN

Auberge du Col de Bavella. Gîte (Zimmer mit 4 oder 8 Schlafplätzen in Etagenbetten), Restaurant mit großer Panoramaterrasse. Familie Grimaldi, 20 124 Zonza, Tel. 04 95 72 09 87, E-Mail: auberge-bavella@wanadoo.fr, www.auberge-bavella.com

Camping Bavella Vista. Zelten nahe den Nadeln. Einer der schönsten Campingplätze auf Korsika. Route de Quenza, 20 124 Zonza

AKTIVITÄTEN

Corsica Canyon. Canyoning beim Col de Bavella. Tel. 06 22 91 61 44, E-Mail: infos@corsica canyon.com, www.canyoncorse.com

INFORMATION

Office de Tourisme de Zonza-Sainte Lucie de Porto-Vecchio. Mairie annexe, 20 144 Sainte Lucie de Porto-Vecchio, Tel. 04 95 71 48 99, E-Mail: tourisme.saintelucie@wanadoo.fr, www.zonza-saintelucie.com

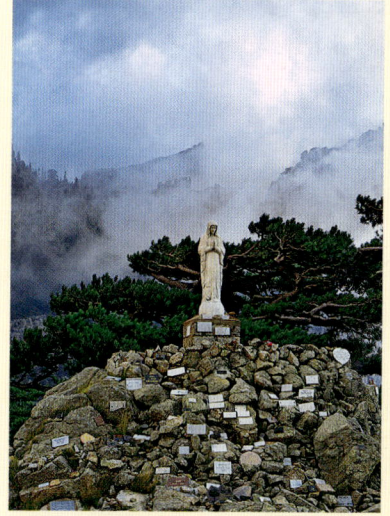

Die »Notre-Dame-des-Neiges« soll vor Gefahren im Gebirge schützen.

Wanderer im Bavella-Massiv

27 Die korsische Eisenbahn
Auf Schienen über die Insel

Durch Täler und Schluchten, über Brücken, Viadukte und durch Tunnel. Am Meer und an Flussufern entlang. Durch das Hochgebirge und vorbei an kleinen Dorfbahnhöfen ... Eine Fahrt mit der Eisenbahn ist die entspannteste Möglichkeit, die Schönheit und Vielfalt Korsikas zu genießen. Obendrein ist es praktisch und spart so manche Routensuche.

Die korsische Eisenbahn verbindet alle großen Orte von der Inselmitte bis hin zum Norden und Nordwesten. Ihre beiden Hauptstrecken verknüpfen die Küstenstädte Bastia, Ajaccio, Calvi und L'Île-Rousse, außerdem Corte und Ponte Leccia im Zentrum Korsikas. Als Strandbahn bietet sie Zugang zu vielen schönen Buchten an der Nordwestküste, in den Berggebieten halten die Züge an Bahnhöfen vieler Dörfer wie Bogognano oder solchen, die sonst nur über lange und kurvenreiche Autofahrten zu erreichen sind. So schön Passfahrten auch sein können – wer viel von der Insel sehen möchte, hat manchmal auch genug davon, besonders wenn man selbst das Steuer in den Händen hält. Einen Tag mit der Eisenbahn unterwegs zu sein ist dann oft eine willkommene Abwechslung, besonders auch für Kinder. Allerdings: Alle, die sehr anfällig für die Seekrankheit sind, sollten es erst einmal mit einer kürzeren Strecke probieren.

Mitte: Viadukt über den Vecchio
Unten: Strandbahn zwischen Calvi und L'Île Rousse

Die »Zitternde«

Es kann schon wackelig werden und schaukeln bei der Fahrt mit der Schmalspurbahn, was für alle,

Die korsische Eisenbahn

die es vertragen, den Erlebniswert unterstreicht: U Trigihellu (*U Trinichellu*), »Die Zitternde«, heißt die Eisenbahn auf Korsika, und dies aus gutem Grund. Wer vor Ort auf andere Bezeichnungen stößt, sollte sich übrigens nicht wundern, denn die Bahn wird auch mal »Trenucciu« (kleiner Zug) oder »Le Michelin« genannt.

Auf die Idee, eine Eisenbahn auf Korsika zu bauen, kam man im 19. Jahrhundert. Bis dahin waren die Küsten- und Gebirgsorte der Insel nur per Maultier oder Fuhrmann zu erreichen. 1888 war Baubeginn, doch Grundbesitzer und Fuhrmänner sorgten sich um ihre Erde und Existenzgrundlage. Sechs Jahre später war die Hauptstrecke Bastia–Ajaccio fertig. Fast 160 Kilometer lang, passiert sie rund 40 Tunnel und überquert bei Vecchio ein 140 Meter langes, 80 Meter hohes Viadukt, das größte Korsikas. Der Entwurf stammt von Gustave Eiffel, dem Erbauer des Eiffelturms in Paris.

230 Kilometer Schienen

Als im folgenden Jahrhundert immer mehr Korsen auf das Auto umstiegen, ging das Ansehen der Bahn zunächst zurück. Als sie in den 1970er-Jahren stillgelegt werden sollte, kam diese Idee jedoch auch nicht gut an, und Proteste der Bevölkerung verhinderten diesen Beschluss. Im Jahr 1983 wurde die Chemins de fer de la Corse (CFC) als Tochtergesellschaft der staatlichen Société nationale des chemins de fer français (SNCF) gegründet. Noch heute betreibt sie die Schmalspurbahn, mittlerweile mit rund 200 Angestellten. Die Züge fahren täglich mit zwei bis vier Verbindungen. Mehrfach ausgebaut und erweitert, kann sich das Schienennetz von rund 230 Kilometern sehen lassen. Der längste Tunnel befindet sich bei Vizzavona und misst fast vier Kilometer. Die maximale Steigung beträgt 30 Promille.

Infos und Adressen

INFORMATION

Bahnhöfe auf Korsika. In Ajaccio, Bastia, Biguglia, Bocognano, Calvi, Casamozza, Corte, Francardo, Furiani, L'Île Rousse, Mezzana, Ponte Leccia, Ponte Novu, Venaco, Vivario, Vizzavona

Chemins de fer de la Corse (CFC). www.ter-sncf.com/Regions/corse/Fr, Infos und Tarife auch unter www.train-corse.com

Chemins de fer de la Corse. Service Commercial. Mo–Do 8.30–12 / 13.30–17 Uhr, Fr 8–12 Uhr, BP 237, 20 294 Bastia Cedex, Tel. 04 95 32 80 57, www.cf-corse.fr

Ein Erlebnis und zugleich praktisch ist die Fahrt mit der korsischen Eisenbahn.

DER WESTEN

28 Réserve Naturelle de Scandola
Farbenspiel der Feuerklippen

Steil ragen die Felsen aus dem Meer hervor, färben sich im Licht der Sonne golden, orange und feuerrot, unter der Wasseroberfläche türkis, blau, violett, um sich schließlich in der Tiefe zu verlieren. Diesen unvergleichbaren Anblick bietet das Naturreservat Scandola bei Girolata, nördlich von Porto. Nur eine Bootsfahrt oder eine Wanderung führen in das geschützte Gebiet.

Das Naturjuwel ist Teil der felsigen Halbinsel, die zwischen dem Golf von Galéri und dem kleinen Golf von Girolata aus dem Mittelmeer ragt. Diese Region gehört, zusammen mit der südlichen Umgebung von Porto, als einziger Küstenabschnitt zum Parc Naturel Régional de Corse. Seit 1975 ist sie Naturschutzgebiet, seit 1983 zählt sie obendrein zum Weltnaturerbe der UNESCO.

Aus Lava geboren

Die Felsen entstanden vor rund 250 Millionen Jahren infolge von Vulkanausbrüchen. Aus der erkaltenden Lava bildeten sich Porphyr, Rhyolith und Schmelztuff. So erklären sich die außergewöhnliche Färbung des Gesteins, das sich so sehr von anderen Küstenformationen der Insel unterscheidet, und die bizarren Formen, die es annimmt. Diese geologische Entwicklung prägt die komplette Küstenregion rund um den Golf von Porto mit der gleichermaßen spektakulären Calanche de Piana (siehe S. 172).

Seite 160/161: Blick vom Col de Palmarella auf den Golf von Girolata
Mitte: Der Golf von Girolata, auf der Landzunge das Dorf
Unten: Die Plage de Tuara im Golf von Girolata

Am allerschönsten wirkt das Farbenspiel der Felsen vom Meer aus betrachtet – das rötliche Ge-

Réserve Naturelle de Scandola

stein im Kontrast zu den Blautönen des klaren
Wassers. Die wohl meisten Ausflugsboote starten
ab dem Hafen von Porto, doch auch die (längere)
Anfahrt ab Calvi ist möglich und – viele übersehen es –, nicht zuletzt gibt es im kleinen Küstenort Galéria einen Tourenanbieter sozusagen gleich
»um die Ecke« (siehe S. 94).

Bootstour nach Scandola

Ab Galéria sind bereits zweistündige Bootstouren
möglich. In Porto gibt es die unterschiedlichsten
Angebote der in großer Zahl vertretenen Skipper,
auch abhängig vom Typ und der Größe des Boo-
tes. Angefangen von der Zweieinviertel-Stunden-
Fahrt mit dem Speed-Schlauchboot bis hin zur
gemütlichen Tagestour staffeln sich die Angebote.
Die meisten Touren dauern drei bis vier Stunden.
Ab Calvi gibt es auch Halb- und Ganztagestouren
mit dem Katamaran.

Die Fahrt durch das Labyrinth aus Felsentoren,
Klippen, Riffen und kleinen Inselchen ist ein Erlebnis, das sich je nach Boot sehr unterschiedlich
gestalten kann. Einige machen auf Fischadler aufmerksam oder auf Kaninchenfische, die aus dem
Pazifik eingewandert sind, andere steuern durch
die schmalsten Canyons und Grotten. Viele Boote
legen eine Pause zum Schnorcheln und Baden ein,
die man unbedingt nutzen sollte. Einen Anker-
Stopp pro Fahrt erlauben die strengen Vorgaben
des Naturschutzgebiets, Tauchen mit Pressluftfla-
sche ist hingegen nicht gestattet. Auch das Anlegen am Strand von Girolata gehört bei vielen
Bootstouren dazu. Das Dörfchen ruht auf einem
Felsvorsprung. Keine Straße führt dorthin, wohl
aber ein schöner Wanderweg. Er beginnt beim
Parkplatz auf dem Col de la Croix (269 m), an der
D81 ab Porto, ist ausgeschildert und mit orange-
farbenen Markierungen versehen.

Infos und Adressen

ESSEN UND TRINKEN / ÜBERNACHTEN

Gîte Le Cormoran. Wanderunterkunft (Etappenziel Mare e Monti
Nord), 20 Plätze, Halbpension möglich. April–Okt., 20 147 Girolata,
Tel. 04 95 20 15 55, E-Mail:
cormoranvoyageur@hotmail.fr

La cabane du berger. Campingplatz
und Gîte (auch Bungalows). Direkt
am Wasser in der Bucht von Girolata.
20 147 Girolata, Tel. 04 95 20 16 98

AKTIVITÄTEN

Colombo Line. Bootsausflüge ab Calvi, auch per Katamaran. Quai Landry,
20 260 Calvi, Tel. 04 95 65 32 10 und
04 95 65 03 40, E-Mail: infos@colom
bo-line.com, www.colombo-line.com

Galéria Marina. Zwei- und vierstündige Bootsausflüge. 20 245
Galéria, Tel. 06 12 52 63 53,
E-Mail: info@visite-scandola.com,
www.visite-scandola.com

INFORMATION

Office de Tourisme de Galéria.
Mai–Sept. 9.30–12.30 Uhr /
16.30–19 Uhr, Carrefour des cinq
Arcades, 20 245 Galéria,
Tel. 04 95 62 02 27,
E-Mail: galeria@orange.fr,
www.si-galeria.com,
www.balagne-corsica.com

Port de Girolata. Homepage
des Hafens von Girolata.
www.port-girolata.com

**Mertz, Peter: Bruckmanns Wan-
derführer Korsika.** Tour Nr. 12,
Bruckmann Verlag, München 2012,
ISBN 3765458910

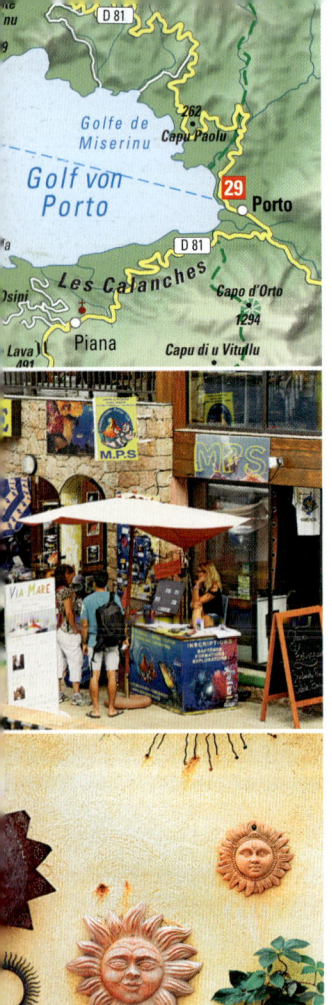

29 Porto
Hafen im schönsten Golf Korsikas

Der Hafenort Porto liegt in der Meeres-öffnung der Spelunca-Schlucht. Rund um die Flussmündung des Porto gruppieren sich die Häuser in hellem Orange, passend zu den Felsen der Calanche an der Süd-seite der Bucht. Ein Aquarium und ein Museum zur Geschichte der Baumheide sind kleine touristische Highlights. In der Marina starten die Ausflugsboote.

In Porto gibt es außer Restaurants und Hotels eigentlich nicht viel zu besichtigen, doch schon der Anblick des Dorfes in der unvergleichlich schö-nen Landschaft ist die Reise wert. Die Ortschaft schlängelt sich um die Flussmündung, gut ge-schützt reicht der Hafen bis in die Schlucht hinein. Hohe Bäume und sanfte grüne Hügel säumen das Ufer, während unmittelbar dahinter die Felsen emporragen. Auch eine kleine Fußgängerbrücke spannt sich über das Wasser, sodass man vom Orts-kern direkt hinüber zum Strand spazieren kann, der sich auf der anderen Seite des Flusses befindet.

Meer und Fluss

Der breite Strand von Porto besteht aus grobem Kies und wirkt recht nüchtern. Doch dort ange-kommen, überrascht seine Schönheit. Der Blick aufs Meer mit den mächtigen Klippen ist ein-drucksvoller, als – vom oberen Dorf aus betrachtet – vermutet. Direkt hinter dem Strand befindet sich ein großer Parkplatz und dahinter wiederum eine Minigolf-Anlage unter schattigen Bäumen. Um vom Strand mit dem Auto ins Dorfzentrum zu gelangen, muss man einmal um Porto herumfah-

Mitte: Tauchschule im Hafen von Porto
Unten: Schmuck an einer Haus-fassade

Der Golf von Porto mit seinem Wahrzeichen

ren. So weit ist es zwar nicht, doch es bietet sich an, den Wagen am Strand stehen zu lassen und den direkten Fußweg über die kleine Brücke zu nehmen (oder anders herum), zumal die Parkplätze im Sommer rar sind. Auf der anderen Seite des Flusses wartet ein hübsches Zentrum mit modernen Häusern, an den Mauern blühen Oleander und Bougainvillea, an der Promenade bieten Restaurants und Cafés lauschige Terrassen mit Blick über den Binnenhafen. Ungefähr 600 Einwohner leben in Porto. Während der Saison steigt die Zahl der Menschen, die den Ort bevölkern, um ein Vielfaches, doch es geht immer noch beschaulicher zu als in den großen Badeorten Korsikas.

Musée de la Bruyère

Vom Fluss verläuft die nun ansteigende Promenade in einer Biegung zwischen dem Zentrum und der felsigen Halbinsel vor Porto; einige Cafés wurden förmlich in das Gestein hineingebaut. Dazwischen führt ein Pfad zum Wahrzeichen des Ortes, dem viereckigen Tour Génoise de Porto (1540), einem Genueserturm hoch oben auf dem Hügel. Sein Name stammt vom ehemaligen mittelalterlichen Pfarrbezirk Sia. Hier beginnt das kleine

Geheimtipp

AUSFLUG MIT DEM HYBRIDBOOT

Unter den zahlreichen Booten, die in der Marina von Porto liegen und auf Ausflugsgäste warten, fällt eines besonders auf: Schneeweiß und mit buntem Regenbogen präsentiert sich das Hybridboot von Via Mare. Eine Fahrt durch das Weltnaturerbe ohne CO_2-Emmission und Motorgeräusche, noch dazu liegen die Preise eher etwas unter denen der Wettbewerber. Die Stimmung an Bord ist familiär, und der Kapitän kennt schöne Anekdoten zu den Felsformationen. Wahlweise geht es nach La Scandola, entlang der Calanche mit dem Capo Rosso oder durch den kompletten Golf von Porto.

Via Mare. Promenades en mer, Marine de Porto, Hôtel du Golfe, 20 150 Porto, Tel. 06 07 28 72 72 und 06 09 51 15 25, E-Mail: info@viamare-promenades.com, www.viamare-promenades.com

Der Westen

Sightseeing von Porto: Turmbesichtigung mit Museum und Meerwasseraquarium … es lohnt sich das preisgünstigere Kombiticket. Die Kasse befindet sich am Pfad kurz vor dem Turm.

Zunächst geht es links zum Musée de la Bruyère, einem Häuschen in den Felsen unterhalb des Turmes, in dem eine Ausstellung zur Baumheide (Bruyère) untergebracht ist. Aus der Wurzelknolle der Pflanze werden Pfeifen hergestellt. Auf wenigen Quadratmetern ist das Museum liebevoll eingerichtet mit Bildern, Zeichnungen, Fotos, Schaukästen und sogar einigen interaktiven Stationen, die Tafeln informieren auf Französisch und Englisch. Draußen führt der Rundgang weiter zum Turm hinauf, dabei geht es zunächst durch den Innenraum, in dem eine weitere Ausstellung untergebracht ist. Sie veranschaulicht in 19 Stationen die Geschichte der Befestigung der korsischen Küsten. Zu den Infotafeln gibt es eine spannende Broschüre auch in deutscher Sprache. So erfährt man viel über den Bau und die Finanzierung der Verteidigungslinie im 16. Jahrhundert, Details der militärischen Architektur, von den Aufgaben der »Torregianos«, die mehr waren als Turmwächter, von der Rolle Andrea Dorias und Barbarossas in diesem Gefüge und anderen Dingen. Die Treppe endet auf der Aussichtsplattform mit einem grandiosen Blick über den Golf von Porto. Der Turm wurde in den 1990er-Jahren restauriert.

Aquarium und Bootstouren

Auf der anderen Seite des Genueserturms, im ehemaligen Pulvermagazin, ist das Aquarium de la Poudrière untergebracht. In mehreren Becken sind Muränen, Seepferdchen und andere Bewohner des Mittelmeers zu sehen. Gegenüber dem Festungshügel schließlich reihen sich die Stände der Anbieter der Bootsausflüge.

Oben: Rund um den Hafen gibt es urige Restaurants.
Mitte: Zahlreiche Ausflugsboote bieten Touren an.
Unten: Das Aquarium de la Poudrière ist ein Spaß für die ganze Familie.

Infos und Adressen

SEHENSWÜRDIGKEITEN

Aquarium de la Poudrière. April–Sept., Place de la Marine, 20 150 Porto Ota, Tel. 04 95 26 19 24

Musée de la Bruyère. April–Sept., Place de la Marine, 20 150 Porto Ota, Tel. 04 95 26 10 05

Tour Génoise de Porto. April–Sept., Place de la Marine, 20 150 Porto Ota, Tel. 04 95 26 10 05

ESSEN UND TRINKEN

Les Palmiers. Snackbar mit Crêperie, Eiscreme und Cocktails. Abends Musik und Unterhaltungsprogramm. Am Genueserturm auf den Felsen mit schönem Blick, Adresse siehe oben.

ÜBERNACHTEN

Campingplatz Sole e vista. Drei-Sterne-Campingplatz. Die Aussicht ist nicht ganz so, wie der Name nahelegt. Nur 900 m zum Strand, 150 m zum Fluss. 15. März–15. Nov., Quartier le pont, 20 150 Porto Ota, Tel. 04 95 26 15 71, E-Mail: portocampings@gmail.com, www.camping-sole-e-vista.fr

Le Belvedere. Drei-Sterne-Hotel und Restaurant mit Panoramaterrasse über dem Hafen. Quartier le pont / la plage, 20 150 Porto Ota, Tel. 04 95 26 12 01, E-Mail:

Einblicke in die Fischwelt des Mittelmeers

info@hotelrestaurant-lebelvedere-porto.com, www.hotelrestaurant-lebelvedere-porto.com

Les Oliviers. Der Drei-Sterne-Campingplatz beschreibt sich charmant als »Freilufthotel« und verdient diese Auszeichnung auch. Schöne Pool-Anlage, auch Bungalows, teils im Eisenbahnwaggon. Quartier le pont, 20 150 Porto Ota, Tel. 04 95 26 14 49, E-Mail: lesoliviersporto@wanadoo.fr, www.camping-oliviers-porto.com

INFORMATION

Office Municipal de Tourisme d'Ota Porto. Mo–Sa 9–19 Uhr, So, feiertags 9–13 Uhr, Quartier la Marine, 20 150 Porto Ota, Tel. 04 95 26 10 55, E-Mail: office@porto-tourisme.com, www.porto-tourisme.com

Vor den roten Felsen sitzt man und genießt den Drink zum Sonnenuntergang.

30 Golf von Porto
UNESCO-Weltnaturerbe

Verschiedenste Landschaften treffen aufeinander und bilden eine Sinfonie der Farben und Formen: die Spelunca-Schlucht mit dem Fluss Porto, das Naturschutzgebiet La Scandola im Norden, die Felsgärten der Calanche de Piana im Süden, das tiefblaue Meer im Westen. Terrassendörfer schmücken die Hänge, verbunden durch Bergstraßen, an die man sich noch lange erinnern wird.

Selbstredend wurde dieses Naturkunstwerk in die UNESCO-Liste des Weltnaturerbes aufgenommen. Die Schönheit der Umgebung erschließt sich umso mehr bei Ausflügen ins Hinterland oder entlang der Küste.

Spelunca-Schlucht

Der Fluss Porto mündet in dem gleichnamigen Hafenort in das Meer. Ihn begleitet eine Bergstraße, die immer tiefer in die Gorges de Spelunca (Spelunca-Schlucht) hineinführt: rötliche Gipfel, gesprenkelt mit dem Grün der Kastanien, Buchen und Laricio-Kiefern. Bald ist gegenüber das Dorf Ota zu sehen, das in den Felsen hängt, als sei es unerreichbar. Die relativ breite Straße bietet immer wieder Möglichkeiten anzuhalten, Neues zu entdecken und zu fotografieren; Ziegen am Straßenrand beäugen neugierig das Geschehen. An einem Aussichtspunkt lässt sich der gesamte nördliche Gebirgszug überblicken, eine halbkreisförmige Tafel zeigt und erklärt alle Gipfel. Sie erreichen eine Höhe von rund 1500 Metern. Die D84 führt dann durch die Wälder von Aïtone und Niolo in das Niolo-Hochtal, ein Wander- und Hir-

Mitte: Blick über den Golf von Porto
Unten: Die Straße durch die Spelunca-Schlucht bietet grandiose Ausblicke.

tengebiet vor dem Monte Cinto (2706 m, siehe S. 111). Das östliche Ende des Tals bildet die zerklüftete Scala di Santa Regina (siehe S. 110), und wer mag, fährt noch weiter bis nach Corte oder zur Ostküste.

Baden im Fluss Aïtone

Auf der anderen Seite der Schlucht befindet sich unweit von Porto, nur wenige Kilometer vom Meer entfernt, eine herrliche Flussbadestelle bei der alten Genueserbrücke Pont de Zaglia. Dazu verlässt man die D84 noch vor Évisa und nimmt links die D124 Richtung Ota. Bald führt das ausbaufähige Sträßlein über den Nebenfluss Aïtone, am Ufer weist rechts ein kleines Holzschild auf den kreuzenden Fernwanderweg Mare e Monti hin. Auf der anderen Seite der Brücke liegt zur Linken ein Sportplatz. Nur ein kleines Stückchen weiter ist durch die Böschung die Pont de Zaglia zu erkennen. Oben parken die Autos im Sommer zu beiden Straßenseiten, Pfade führen hinab zum Wasser. Eine Alternative ist die Anfahrt über Ota (bereits kurz nach Porto auf der D81 Richtung Galéria den Fluss überqueren und sofort wieder rechts halten). So geht es auf der D124 zunächst durch das Bergdörfchen. Die Häuser sitzen auf den Felsterrassen, rund um eine rosafarbene Kirche, die aussieht wie aus Zuckerwerk. Eine reizvolle Variante also, zumal es auch ein Café und ein Restaurant gibt.

Dorf Évisa

Ein attraktives Ziel mitten in der Spelunca-Schlucht ist das benachbarte Bergdorf Évisa (850 m). Es liegt kurz vor dem Col de Vergio (Vergio-Pass) und bildet damit einen Durchfahrtsort an der D84. Am Rande des Waldes von Aïtone ist

Geheimtipp

ANCIEN CHEMIN DE PIANA À OTA

Durch die Calanche führt auch ein Stück des ehemaligen Maultierpfades »Ancien Chemin de Piana à Ota«, auf dem die Dorfbewohner einst von Piana nach Ota gelangten. Der Pfad ist in die Berghänge gemauert und ein besonderer Anblick – das Panorama, das er bietet, auch. Schwindelfreiheit ist unbedingt erforderlich, es geht teils unmittelbar am Abgrund entlang. Und noch ein Tipp: In der Gegenrichtung beginnt der Weg auf den Hausberg Portos, den Capo d'Orto (1294 m).

Anfahrt: Parken beim Fußballplatz (»Stade«) von Piana (Abzweigung der D81 Piana–Porto). Hinter dem Spielfeld beginnt nach einer Brücke links der ausgeschilderte Maultierpfad, rechts der Aufstieg zum Capo d'Orto.

es Startpunkt vieler Wanderungen, u. a. zum Bergsee Lac de Nino, und auch der Abstieg zur Genueserbrücke bei Ota ist ab dem Dorf möglich. Évisa ist ein Etappenziel der Fernwanderwege Mare e Monti und Mare a Mare.

Kaum bekannt ist, dass sich ganz in der Nähe ein Ruinendorf befindet, ähnlich dem verlassenen Dorf Occi bei Calvi (siehe Autorentipp S. 69). Es heißt Tassu, war bis 1935 bewohnt und verbirgt sich zwischen den Ortschaften Évisa, Marignana und Christinacce. Zu erreichen ist es über die D24 und die Abzweigung D224 in Marignana. Kurz hinter dem Friedhof kreuzen die – auf diesem Abschnitt identischen – Wanderwege Mare e Monti / Mare a Mare Nord (orangefarben markiert). Die Gîte d'étape Ustaria di a Rota bietet hier eine schöne Einkehr- und Übernachtungsmöglichkeit. Der Wanderweg führt rechts in rund 30 Minuten nach Tassu. Die Häuser sind größtenteils noch gut erhalten, auch die kleine Kirche mitsamt Glockenturm. Einige Stellen sind abgesperrt wegen der Einsturzgefahr.

Oben: Vor dem Bergdorf Évisa entfaltet sich das Panorama der Spelunca-Schlucht.
Unten: Granitformationen im Abendlicht

Ausflüge im Golf von Porto

Die Wahl fällt nicht leicht, so wunderschön und vielseitig sind die Landschaften im Golf von Porto. Doch wer früh aufsteht, kann einige Highlights im Rahmen einer Tagestour verbinden.

A Fluss Porto – Er gab dem Hafenort seinen Namen und mündet dort in das Meer.

B Gorges de Spelunca – Die spektakuläre Landschaft der Spelunca-Schlucht beginnt direkt hinter Porto.

C Forêt d'Aïtone – Der Wald von Aïtone ist benannt nach dem Fluss Aïtone, der unterhalb verläuft.

D Pont de Zaglia – An der Genueserbrücke gibt es eine schöne Badestelle im Fluss. An heißen Tagen eine herrliche Alternative zum Strand.

E Ota – Das kleine Dörfchen besticht mit großer Aussicht, einer rosafarbenen Kirche und versteckten Einkehrmöglichkeiten.

F Évisa – Das Bergdorf ist Ausgangspunkt für mehrere Wanderungen. Es ist auch Etappenziel der Fernwanderwege Mare e Monti und Mare a Mare.

G Ruinendorf Tassu bei Marignana – Das kaum bekannte Geisterdorf sollte man unbedingt besuchen.

H Les Calanches di Piana – Für seinen Felsengarten ist der Golf von Porto berühmt.

I »Hundekopf« (Tête de chien) – Er gehört zu den besonders markanten Formationen in den Calanches.

J Dorf Piana – Mitten in der Felsenlandschaft gelegen, bieten seine Restaurants schöne Panoramaterrassen.

K Capu d'Orto – Auch auf den höchsten Berg am Golf von Porto führt eine Wanderroute.

FÊTE DU MARRON

Jährlich Ende November feiert Évisa die stachelige Baumfrucht, die in den Wäldern der Spelunca-Schlucht gedeiht. Das Kastanienfest »Fête du Marron« ist ein Highlight im sonst eher unspektakulären Spätherbst. An Ständen und bei Aktionen gibt es reichlich Gelegenheit, Produkte zu kosten und mitzufeiern. Und zwar nicht zu Ehren irgendeiner Esskastanie, nein, es geht natürlich um die Spezialität der Region: Die Sorte »Insitina« ist die einzige Kastanie ohne getrennte Fruchtkammern. Évisa lohnt den Besuch ohnehin. Am besten eine Übernachtung einplanen, so lässt sich die wunderschöne Umgebung auch bei einer Wanderung erkunden. In den Wäldern bekommt man noch einmal ganz andere Eindrücke von der Kastanie.

Anfahrt: D84 bis Évisa

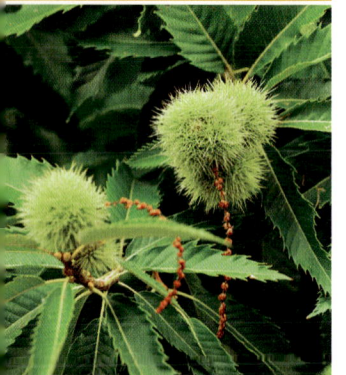

Les Calanches di Piana

Den Süden von Porto prägt ein Felsengarten, dessen Faszination wohl niemand schöner in Worte fassen könnte als der Dichter Guy de Maupassant (1850–1893): *»Bis zu dreihundert Meter hoch, dünn, rund, verdreht, krumm, unförmig, unerwartet, bizarr erschienen diese überraschenden Felsen wie Bäume, Pflanzen, Tiere, Denkmäler, Menschen, Mönche in Kutten, gehörnte Teufel, übergroße Vögel – ein Volk von Ungeheuern, eine Menagerie von Alpträumen, die der Wille eines närrisch gewordenen Gottes zu Stein hatte werden lassen ...«*

Ganze Märchen und Geschichten sind in den verwitterten Felsen der Calanches de Piana zu entdecken. Wanderpfade führen vorbei an Formationen wie La Tête d'Indien (dem »Indianerkopf«), Le Cœur (dem »Herz«) oder La Confession (der »Beichte«). Der Name der Landschaft leitet sich vom Wort *Calanca* ab und bedeutet so viel wie »fjordähnliche Bucht«. Die Felsen liegen in rund 400 Meter Höhe, bei Sonnenuntergang scheinen sie rot zu glühen. Die D81 von Porto nach Piana führt direkt durch die Calanche. Mehrere ausgeschilderte Spazierwege führen durch die Felslandschaft, Parkmöglichkeiten gibt es etwa am Tête de chien.

GUT ZU WISSEN

ZEIT EINPLANEN

Im Sommer ist der Andrang an den Calanches de Piana groß. Reisebusse quetschen sich durch die schmale Straße, Autofahrer halten an den unmöglichsten Stellen, um Fotos zu schießen. Regelmäßig kommt es zu Staus. Wen das nicht stört, der sollte genug Zeit einplanen und die Aussicht genießen. Besser ist es aber, so früh wie möglich am Morgen aufzubrechen.

Infos und Adressen

ESSEN UND TRINKEN

A Casa Corsa. Bar-Restaurant mit Panoramaterrasse über der Calanche. Langusten, korsische Fisch- und Fleischgerichte. Route de Porto, 20 115 Piana, Tel. 04 95 24 57 93

La Terrasse. Bar an der Hauptstraße in Évisa, zum Tal hin sitzt man sehr schön. Capo Soprano, 20 126 Évisa, Tel. 04 95 24 37 68

ÜBERNACHTEN

Gîte d'étape Ustaria di a Rota. 26 Plätze. Campingmöglichkeit. A Rota, 20 141 Marignana, Tel. 04 95 26 21 21, E-Mail: ustaria.di.a.rota@hotmail.fr, www.ustariadiarota.fr

Hotel Capo d'Orto. Drei-Sterne-Hotel am Hausberg von Porto. Zimmer mit Panoramaterrassen, Swimmingpool, 1,2 km zum Strand. 20 150 Porto, Tel. 04 95 26 11 14, E-Mail: info@hotel-capo-dorto.com, www.hotel-capo-dorto.com

Hôtel Les Calanques. Schlichtes, aber schönes Hotel inmitten der schönen Calanche, am Ortseingang von Piana. Einige Zimmer mit Balkon. Entrée Village, 20 115 Piana, Tel. 04 95 27 82 08, E-Mail: hotelcalanches.piana@wanadoo.fr, www.hotel-des-calanches.fr

Hôtel Restaurant l'Aïtone. Zwei-Sterne-Hotel mit kleinem Pool im Bergdorf Évisa. 20 120 Évisa, Tel. 04 95 26 20 04, E-Mail: info@hotel-aitone.com, www.hotel-aitone.com

INFORMATION

Office de Tourisme de Piana. Jan.–März/ Okt.–Dez. 9–12 / 14–17 Uhr, April–Sept. 9–18 Uhr, 20115 Piana, Tel. 09 66 92 84 42, E-Mail: infos@otpiana.com, www.otpiana.com

Office Municipal de Tourisme d'Ota Porto. Mo–Sa 9–19 Uhr, So, feiertags 9–13 Uhr, Quartier la Marine, 20 150 Porto Ota, Tel. 04 95 26 10 55, E-Mail: office@porto-tourisme.com, www.porto-tourisme.com

In Évisa lädt das Cafe Moderne zur Pause ein.

Mitte: Rotes Kap: Das »Capu Rossu« begrenzt den Golf von Porto.
Unten: Die Plage d'Arone ist ein Strand für Individualisten.

31 Golf von Sagone
Eine Kette schöner Buchten

Vom Capu Rossu bei Porto bis Capo di Feno kurz vor Ajaccio weckt die zerklüftete Westküste Entdeckerdrang bei Strandurlaubern. Wie Perlen reihen sich kleinere und größere Buchten, mal ausladend und familienfreundlich, mal wie geschaffen für Ruheliebende. Eine Besonderheit in Cargèse ist die griechisch-orthodoxe Kirche. Das Hinterland lockt mit schönen Ausflugszielen.

Einige Plätze am Golf von Sagone sind etwas umständlich zu erreichen. Umso besser gefällt es Naturliebhabern und allen, die das Bad im Meer gern mit einer Wanderung verbinden. Dazwischen liegen aber auch einige Strände mit besserer Zufahrtsmöglichkeit, die wiederum stärker frequentiert sind.

Plage d'Arone

Das Capu Rossu (»Rote Kap«) begrenzt den Golf von Porto im Süden. Für viele beginnt hier bereits der Golf von Sagone. Genau genommen liegt zwischen den beiden großen Golfen jedoch noch eine Reihe kleinerer Golfe und Buchten. Hinter Porto folgt zunächst die Plage d'Arone, eine weite Sandbucht mit recht seicht abfallendem Wasser, geeignet also für Familien, allerdings sind gut zwölf Kilometer »Abenteuerstraße« zu bewältigen: Von der D81 zweigt bei Piana eine kurvenreiche Nebenstrecke ab. Immerhin ist sie in gutem Zustand und lohnt wegen der Landschaft. Auf ungefähr halber Strecke bietet sich zudem ein Stopp an, um das Capu Rossu zu besuchen. Neben einem großen Parkplatz führt ein Pfad (circa drei Kilo-

Die Landzunge von Omignana bei Cargèse

meter) direkt auf die Felsspitze. Achtung, es geht teils nah am Abhang entlang! Beim Strand von Arone gibt es auch einen Campingplatz und ein kleines Café.

Buchten am Capu d'Omigma

Zu berücsichtigen ist auch, dass die Brandung am Golf von Sagone meist stärker ist als an der ruhigen Ostküste Korsikas. Doch einige Buchten liegen etwas geschützter – z. B. der Strand von Chiuni. Diese feinsandige Bucht mit seichtem Wasser liegt zwischen zwei weit ins Meer ragenden, natürlichen Wellenbrechern, den Kaps Capu d'Orchinu und Capu d'Omigma, beide besetzt mit Genuesertürmen. Für Badeurlaub perfekt, aus gutem Grund hat sich der Club Med an dieser Stelle niedergelassen. Die Anfahrt zum Strand mit guten Parkmöglichkeiten erfolgt Richtung Clubanlage. Ähnlich sieht es in der benachbarten Bucht aus: Südlich des Capu d'Omigma (und damit kurz vor Cargèse) lädt die Plage de Peru zum Baden ein. Einige Restaurants und Strandbars tragen zum unkomplizierten Strandtag bei. Der Genueserturm

Geheimtipp

LAC DE CRENO

Ein Gewässer inmitten karger Felsen … so sehen die meisten Bergseen aus. Ganz anders der Lac de Creno, im Hinterland von Sagone bei dem Dorf Soccia. Der Gletschersee (1310 m) ist von dichtem Kiefernwald umgeben, auf der Wasseroberfläche blühen im Sommer Seerosen.

Anfahrt: D70 bis Vico, dann weiter auf der D23 über Murzo und Guagno-les-Bains bis nach Soccia. Der Lac de Creno ist ausgeschildert, für den Fußweg zum See mit leichtem Aufstieg (30 Hm) benötigt man ca. 1,25 Std.

auf dem Kap ist begehbar und damit ein kleines Highlight. Die Plage de Peru ist ab Cargèse in Richtung Porto ausgeschildert.

Cargèse

Auf einer Anhöhe über dem Meer liegt Cargèse, der größte Ort am Golf von Sagone. Im Hafen unterhalb des Dorfes werden Bootsausflüge zum Capu Rossu angeboten, teilweise auch bis nach La Scandola. Auch eine Tauchschule gibt es. Im Dorfzentrum fällt ein ungleiches Kirchenpaar auf: Die schneeweiße Église Grecque (ab 1852), eine griechisch-orthodoxe Kirche, und die römisch-katholische Église Latine (»Lateinische Kirche«, 1817) stehen sich fast unmittelbar gegenüber. Erstere wurde für eingewanderte Griechen errichtet, die ab dem 17. Jahrhundert vor der türkischen Besatzung geflohen waren und im Umland von Cargèse eine neue Heimat fanden.

Oben: Unikat auf Korsika: die griechisch-orthodoxe Kirche in Cargèse
Unten: Blick über die Bucht bei Cargèse

Den Golf von Sagone erkunden

Ein regelrechtes »Buchten-Hopping« ist in diesem Golf wunderbar möglich. Nördlich wie südlich von Sagone reihen sich die kleinen Paradiese aneinander, mal verschwiegen, mal durchaus belebt.

🅐 **Capu Rosso** – Das »Rote Kap« begrenzt den Golf von Porto im Süden.

🅑 **Plage d'Arone** – Eine schöne, weite Sandbucht mit seicht abfallendem Wasser, aber etwas abgelegen.

🅒 **Strand von Chiuni** – Die feinsandige Bucht liegt gut geschützt zwischen den Kaps Capu d'Orchinu und Capu d'Omigma.

🅓 **Plage de Peru** – Ein Strand, hervorragend ausgestattet mit Restaurants, Strandbars und Genueserturm.

🅔 **Cargèse** – Die größte Ortschaft am Golf von Sagone hat auch eine griechisch-orthodoxe Kirche zu bieten.

🅕 **Plage de Menasina** – Eine sympathische Bucht mit Restaurant.

🅖 **Plage de Capizollu** – Noch eine ruhige Sandbucht für Individualisten.

🅗 **Plage de Stagnoli** – Nahe an der Straße, aber für ein Bad im Meer lohnt es sich.

🅘 **Sagone** – Es ist der Hauptort des Golfs, bietet jedoch nicht viel außer seinem Strand mit guter Infrastruktur.

🅙 **Plage de Santana** – Hierher kommen gern Familien.

🅚 **Plage de San Giuseppe** – Strand an der Mündung des Flusses Llamone.

🅛 **Plage de Stagnone** – Gut besuchter Strand, genauso wie der folgende.

🅜 **Plage de Lava** – Nahe an der Inselhauptstadt Ajaccio gelegen … das macht sich allerdings bemerkbar.

Die Plage de Peru ist durchaus ein Grund zu kommen.

Strände rund um Sagone

Zwischen Cargèse und Sagone reihen sich weitere Sandbuchten unterhalb der Küstenstraße aneinander. Ungefähr drei Kilometer sind es bis zur Plage de Menasina, einer kleinen, hübschen Bucht mit Restaurant. Das Vergnügen ist allerdings mit einem Spaziergang verbunden (ab der Straße ca. zehn Minuten). Auch in der folgenden Bucht, der Plage de Capizollu, geht es eher ruhiger zu. Ungefähr auf halber Strecke nach Sagone schließlich liegt die Plage de Stagnoli fast direkt an der Straße. Eine Treppe führt hinab zum Strand.

Der namensgebende Ort des Golfs bietet einen weiteren großen Strand, ungefähr einen Kilometer breit, ansonsten jedoch wenig besonders. Es dominiert der Badetourismus mit Snackbars und allem, was noch dazu gehört. Südöstlich von Sagone setzt sich die Reihe der Buchten fort: Die für Kinder gut geeignete Plage de Santana, die Plage de San Giuseppe an der Mündung des Flusses Liamone und schließlich die gut besuchten Strände Plage de Stagnone und Plage de Lava. Die Dichte an Hotels, Ferienanlagen und Campingplätzen nimmt zu, es macht sich die Nähe zur Inselhauptstadt Ajaccio bemerkbar.

Oben: Auch von Weitem fällt die griechische Kirche auf.
Mitte: Morgens am Strand
Unten: Malerische Bucht im Golf von Sagone

Infos und Adressen

SEHENSWÜRDIGKEITEN

Couvent Saint François. Das Franziskanerkloster bei Vico wurde im 15. Jh. erbaut. Association Les Amis du Couvent, Route d'Arbori, 20 160 Vico, Tel. 04 95 26 83 83

ESSEN UND TRINKEN

A Volta. Restaurant bei der lateinischen Kirche. Chef-Glacier Pierre Geronimi ist für seine fantasievollen Eiskreationen bekannt. Panoramaterrasse mit herrlichem Blick über den Golf von Sagone. Place de l'église latine (auch: Place du Chanoine Mattei), 20 130 Cargèse, Tel. 04 95 26 41 96, www.a-volta.com

ÜBERNACHTEN

Camping d'Arone. Zeltplatz beim Strand von Arone. Ausstattung bescheiden, Umgebung dafür umso schöner. Plage d'Arone, 20 115 Piana, Tel. 04 95 20 64 54

Club Med Cargèse. Eine der wenigen Clubanlagen auf Korsika. Rundum-Sorglos-Badeurlaub mit Animation, Pool und pauschaler Verpflegung. Plage du Chiuni, 20 130 Cargèse, Tel. 04 95 26 90 00, www.clubmed.fr

AKTIVITÄTEN

Tauchbasis CargeSub. Ausbildung nach CMAS, Schnuppertauchen, begleitete Tauchgänge. Rue du Colonel Fieschi, 20 130 Cargese, Tel. 06 86 13 38 96, E-Mail: cargesub@wanadoo.fr, www.cargesub.com

Wandern. Cargèse ist Start bzw. Ziel der beiden Fernwanderwege Mare a Mare Nord (nach Moriani an die Ostküste) und Mare e Monti nach Calenzana in die Balagne.

INFORMATION

Office de tourisme Cargèse. Rue du Dr Dragacci, 20 130 Cargèse, Tel. 04 95 26 41 31, E-Mail: info@cargese.net, www.cargese.net

Office de tourisme du Golfe de Sagone et Canton des Deux Sorru. BP 05, 20 118 Sagone, Tel. 04 95 28 05 36, www.golfedesagone.net

Landschaft mit Feigenkaktus am Capu Rossu

32 Ajaccio
Bonjour, Napoleon!

Rund 65 000 Einwohner, Hochhäuser, ein Casino und viele Kreuzfahrtschiffe – in Ajaccio weht Großstadtluft, es regiert der korsische Alltag. An vielen Plätzen entführt Korsikas Hauptstadt in die Kaiserzeit. Hier steht das Haus, in dem Napoleon I. zur Welt kam, und auch ansonsten ist der berühmte Feldherr so präsent, dass man meinen könnte, er sei noch am Leben.

Nur für kurze Zeit spielte die Stadt Corte im Zentrum Korsikas die Rolle einer Hauptstadt. Denn attraktiver war schon in der Antike die Hafenlage an der Westküste im geschützten Golf von Ajaccio. Bereits die Römer wussten sie zu schätzen und gründeten die Siedlung Adiacium. Um die Wende zum 7. Jahrhundert wurde der Ort zum Bischofssitz ernannt, im 10. Jahrhundert allerdings durch Angriffe der Sarazenen zerstört. Einen neuen Anlauf nahmen die genuesischen Besatzer mit der Gründung der Stadt und einer Festungsanlage im Jahr 1492. Während des 16. Jahrhunderts gab es heiße Gefechte um Ajaccio. Nach der Eroberung unter dem Freiheitskämpfer Sampiero Corse (1553) gehörte Ajaccio für sechs Jahre den Franzosen, dann gelangte Genua wieder an die Herrschaft.

Ajaccio wird Hauptstadt

1793, also 25 Jahre nachdem sich Korsika nach der Niederlage Genuas wieder fest in französischer Hand befand (1768), wurde Ajaccio zunächst nur zur Hauptstadt des Départements Liamone ernannt, das neben dem Département

Mitte: Das Rathaus von Ajaccio
Unten: In der Fußgängerzone
»Rue Cardinal Fesch«

Ajaccio

Golo fortan die Insel gliederte. Dies
änderte sich unter Kaiser Napoleon I.
(1769–1821), der die Zweiteilung 1811
wieder aufhob und Ajaccio zur alleinigen
Hauptstadt erklärte. Seit 1975, als man die Insel
in die beiden Départements Nord und Süd neu
gliederte, ist sie außerdem die Hauptstadt des Départements Corse-du-Sud, während Bastia dem
Département Corse-du-Nord vorsteht. Seit 1982
ist Ajaccio Sitz des Assemblée de Corse, des korsischen Regionalparlaments.

Nicht verpassen

**NAPOLEONS GE-
BURTSTAGSPARTY**
Der 15. August ist so et-
was wie ein Nationalfeiertag
in Ajaccio. Zum Geburtstag Napoleons I. steigt alljährlich ein großes
Stadtfest mit Paraden, Shows und
Zeremonien in historischen Kostü-
men. Drei Tage lang wird gefeiert,
ein Ereignis, das etwas für das Auge
bietet.

Es grüßt Napoleon

Der berühmteste Sohn der Stadt ist nicht zu
übersehen. Plätze und Straßen, Museen und
Denkmäler zu Ehren Napoleons verteilen sich in
ganz Ajaccio. Der französische Kaiser grüßt auf
der Place du Général-de-Gaulle inmitten des Zen-
trums, hoch zu Ross, flankiert von seinen vier
Brüdern. Nur ein kleines Stück weiter in Richtung
Hafen, auf der Place Foch, ziert eine Napoleon-
Statue einen großen Brunnen. Der Feldherr ist
dort in römischer Toga zu sehen und von vier
wasserspeienden Löwen umgeben. Der römische
Bildhauer Francesco Massimiliano Laboureur
(1767–1831) schuf das Werk, das 1850 eingeweiht
wurde. Doch damit nicht genug, hier beginnt der
Cours Grandval, eine von Palmen und Platanen
gesäumte Prachtmeile von gut einem Kilometer
Länge. Sie führt zur Place d'Austerlitz, auf der sich
ein weiteres Denkmal Napoleons befindet. In seiner berühmten Pose, die linke Hand in das Hemd
gesteckt, posiert er über einer baumhohen Tafel
mit dem Verzeichnis all seiner Siege.

Am nächsten kommt man Napoleon in seinem
Geburtshaus in der Rue Saint-Charles. Es beherbergt heute das Nationalmuseum und wird daher
als Musée National de la Maison Bonaparte be-

An der Place du Maréchal Foch
sieht man Napoleon mit vier Löwen.

181

zeichnet. Dazu gehört auch ein Park mit einem weiteren Denkmal – eine Büste zeigt den späteren Kaiser im Alter von zehn Jahren.

Chapelle Impériale

Das Grab der Familie Bonaparte befindet sich in der Chapelle Impériale (Kaiserliche Kapelle, 1857). Kaiser Napoleon III. (1808–1873), ein Neffe Kaiser Napoleons I., ließ sie errichten. Dies war der Wunsch von Kardinal Fesch (1763–1839) gewesen. Letzterer war nicht nur der Onkel mütterlicherseits von Kaiser Napoleon I., sondern auch leidenschaftlicher Kunstsammler. Nach seinem Tod sollte der Erlös aus dem Verkauf seiner Kunstschätze dazu verwendet werden, eine kaiserliche Grabstätte für die Familie Bonaparte zu errichten. So geschah es; allerdings brachte es die geschichtliche Entwicklung mit sich, dass weder Napoleon I. noch Napoleon III. an diesem Platz bestattet werden konnten.

Elemente der Grabstätte wurden in der Kunst des Trompe-l'Œil (»Täusche das Auge«) gestaltet, einer Malerei, die den Eindruck dreidimensionaler Räumlichkeit erweckt. Die Kapelle gehört zum Pa-

Oben: Pizzeria in der Altstadt
Mitte: Die Place du Général-de-Gaulle mit Napoleon hoch zu Ross
Unten: Bibliothek im Palais Fesch

Rundgang durch Ajaccio

Genau genommen ist es ein »Rundgang Napoleon«. Doch es gibt auch noch einige andere Dinge in Ajaccio zu sehen.

Ⓐ Place du Général-de-Gaulle – Hier grüßt Napoleon hoch zu Ross …

Ⓑ Place Foch – … und hier ziert sein Standbild einen Brunnen. Vier Löwen bewachen den Kaiser.

Ⓒ Cours Grandval – Der Prachtboulevard führt unmittelbar zum nächsten Napoleon-Denkmal.

Ⓓ Place d'Austerlitz – Napoleon in seiner berühmten Pose: mit der Hand in der Weste.

Ⓔ Musée National de la Maison Bonaparte – Ehemals Geburtshaus Napoleons, heute Museum.

Ⓕ Chapelle Impériale – In der Kaiserlichen Kapelle konnte Napoleon nicht bestattet werden.

Ⓖ Palais Fesch – Das Musée Fesch zeigt zeitgenössische Kunst.

Ⓗ Cathédrale Notre-Dame-de-l'Assomption – Das Taufbecken Napoleons.

Ⓘ Musée napoléonien – Zwei Säle mit Ausstellungen im Rathaus (Hôtel de Ville) offenbaren weitere Seiten des Imperators und seiner Familie.

Ⓙ Markt beim Hôtel de Ville – Mal etwas ganz anderes: ein Markt im Hier und Jetzt.

Ⓚ Musée A Bandera – Auch in diesem Museum kommt man auf andere Gedanken.

Ⓛ Rue Cardinal Fesch – Shopping in der Fußgängerzone von Ajaccio rundet den Tag ab.

Ⓜ Boulevard du Roi Jérôme – Eine der Hauptgeschäftsstraßen der Stadt.

Ⓝ Quai Napoléon – Ganz ohne den großen Namen geht es auch am Hafen nicht.

Ⓞ Citadelle

Ⓟ Plage de St-François – Schöner kleiner Strand.

Ⓠ Mole Jetée de la citadelle – Auch die Aussicht von der Mole ist sehr schön.

Ⓡ Fähr- und Fischereihafen

Ⓢ Flughafen Napoleon Bonaparte – Letzte Erinnerung an den berühmtesten Sohn der Stadt.

MUSÉE FESCH

Von der Kunstsammlung des Kardinals Fesch ist noch einiges übrig geblieben. Im Palais Fesch ist das größte Kunstmuseum Korsikas untergebracht. Es umfasst u. a. eine große Sammlung mit italienischer Malerei, außerdem gibt es wechselnde Sonderausstellungen.

Palais Fesch / Musée des beauxarts. Mo–Sa 10.30–18 Uhr, So 12–18 Uhr, Juli/Aug. jeweils bis 20 Uhr, Rue Cardinal Fesch 50–52, 20 000 Ajaccio, Tel. 04 95 21 48 17, www.musee-fesch.com

lais Fesch. In ihm befindet sich das künstlerische Erbe des Kardinals. Bevor die Kaiserliche Kapelle gebaut wurde, diente eine Kapelle der Cathédrale Notre-Dame-de-l'Assomption (1577) als Familiengrab der Bonapartes. Die Kathedrale von Ajaccio befindet sich in der Rue Forcioli Conti kurz vor dem Hafen. In ihr kann man das Becken, über dem Napoleon I. 1771 getauft wurde, besichtigen. Der Altar aus weißem Marmor soll ein Geschenk seiner ältesten Schwester Elisa sein.

Musée napoléonien

Der Prunk der siegreichen Jahre ist im ersten Stock des Hôtel de Ville (Rathaus, 1824–1830) von Ajaccio ausgestellt. Es befindet sich an der Place Foch. Das Musée napoléonien de l'Hôtel de Ville hat zwei Räume: Im Salon napoléonien, stilgemäß mit überbordendem Kronleuchter ausgestattet, sind Porträts und Büsten der kaiserlichen Familie zu sehen, in der Salle des médailles liegen Orden und Auszeichnungen in den Vitrinen. Auch die Geburtsurkunde Napoleons ist zu bewundern. Einige Straßen weiter in Richtung Innenstadt informiert ein privat geführtes Museum zur Abwechslung über die weitergreifende Geschichte Korsikas und des Mittelmeeres. Das Musée A Bandera in der Rue Général Levie führt durch alle Epochen, von der Vor- und Frühgeschichte bis zum Zweiten Weltkrieg.

Markt beim Hôtel de Ville

Nach den vielen historischen Eindrücken tut vielleicht etwas Trubel im Hier und Jetzt gut. Verbinden lässt sich beides, wenn man an einem Vormittag das Rathaus besucht, denn dann ist Markt auf dem Platz direkt dahinter. Die Stände biegen sich unter lokalen Spezialitäten wie gefülltem Blätterteiggebäck, Beignets mit Brocciu, Charcuterie, Ziegen- und Schafskäse aus den Tälern von Gravona und Taravo, Honigwaren, frischem Obst und Gemüse, Fisch, Langusten, Seeigeln und anderen Meeresfrüchten, Kleidung, Schmuck und Souvenirs. Nördlich der Place Foch lässt sich das Shopping-Vergnügen in Geschäften fortsetzen. Hier beginnt die Rue Cardinal Fesch, die Fußgängerzone von Ajaccio, mit vielen kleinen Läden, Boutiquen und Cafés. Parallel dazu verlaufen der Boulevard du Roi Jérôme und direkt am Wasser der Quai Napoléon, gesäumt von Brasserien und Straßencafés.

Zitadelle und Hafen

Selbstverständlich hat auch Ajaccio eine Zitadelle, mit den Befestigungsanlagen der anderen korsischen Städte kann das eher nüchterne Bauwerk allerdings nicht mithalten. Sicherlich liegt es daran, dass es einem pragmatischen Zweck dient: Noch immer vom französischen Militär genutzt, ist die Anlage ohnehin nicht zu besichtigen. Vor der Zitadelle aber gibt es einen schönen Platz am Meer, den viele übersehen: ein kleines Stück Stadtstrand, geschützt zwischen den Eckmauern des Bollwerks. Man trifft vor allem auf Einheimische, die angeln oder picknicken. Daneben setzt sich der Strand von St-François entlang der Häuser fort, in der Gegenrichtung bietet die Mole Jetée de la citadelle eine schöne Aussicht auf die Uferpromenade und den Port d'Ajaccio (Hafen).

Hier legen auch die Fähren nach Marseille, Toulon und Nizza ab, in der Hochsaison gibt es darüber hinaus Verbindungen nach Calvi und Propriano. Neben dem Hafen befindet sich der Bahnhof von Ajaccio. Und östlich der Stadt liegt der größte Flughafen Korsikas – natürlich benannt nach Napoleon Bonaparte.

Geheimtipp

STRAND VON RUPPIONE

Ob man Ruppione mit »ruppig« übersetzen kann, ist fraglich, doch der Begriff passt zu der kleinen Bucht südlich von Ajaccio. Für alle, die gern surfen oder wellenreiten, ist dies eine der ersten Adressen. Bei Westwind gibt es schnell hohe Wellen. Überhaupt lohnt sich die komplette Küstenlinie rund um den Badeort Porticcio, denn hier verstecken sich einige nette Strände mit feinem Sand.

Anfahrt: Über die D55, ca. 20 Min. hinter Porticcio. Die beste Parkmöglichkeit ist am Anfang des Strandes linkerhand. Restaurant vorhanden.

Ajaccio-Surfing. Wellenreiten mit Guillaume Torre. Der Surflehrer fährt in kleinen Gruppen Spots in Ruppione und rund um das Capo di Feno an. Tel. 06 33 49 76 67, E-Mail: guillaumetorre@hotmail.fr, www.ajaccio-surfing-corsica.com

Im Hafen gibt es malerische Winkel, aber auch Fährbetrieb.

Infos und Adressen

SEHENSWÜRDIGKEITEN

Cathédrale Notre-Dame-de-l'Assomption. Rue Forcioli Conti, 20 000 Ajaccio, Tel. 04 95 21 07 67

Chapelle Impériale. Kaiserliche Kapelle. Rue Cardinal Fesch 50–52, 20 000 Ajaccio

Musée A Bandera. Rue Général Levie 1, 20 000 Ajaccio, Tel. 09 66 93 19 03, www.musee-abandera.fr

Musée National de la Maison Bonaparte. Di–So 9–12 / 14–18 Uhr, Rue Saint-Charles 18, 20 000 Ajaccio, Tel. 04 95 21 43 89, musees-nationaux-malmaison.fr/ musee-maisonbonaparte

Musée du Capitellu. Kleines Museum zur Stadtgeschichte. Sammlung aus dem Besitz einer korsischen Familie, darunter auch Tafelsilber, das Napoleon während seiner Feldzüge verwendete. Barrierefreier Zugang, April–Sept. 10–12 / 14–18 Uhr, So 10–12 Uhr, Boulevard Danielle-Casanova 18, 20 000 Ajaccio, Tel. 04 95 21 50 57

Musée napoléonien de l'Hôtel de Ville. Barrierefreier Zugang, Mo–Fr, Mitte Juni–Mitte Sept. 9–11.45 / 14–17.45 Uhr, Mitte Sept.–Mitte Juni 9–11.45 / 14–16.45 Uhr, feiertags geschlossen, Avenue Antoine Serafini / Place Foch, 20 000 Ajaccio, Tel. 04 95 51 52 53

ESSEN UND TRINKEN

Restaurant Le 20123. Bodenständig korsische Küche in rustikalem Ambiente. Rue du Roi de Rome 2, 20 000 Ajaccio, Tel. 04 95 21 50 05, E-Mail: contact@20123.fr, www.20123.fr

ÜBERNACHTEN

Hotel Napoleon. Drei-Sterne-Hotel in zentraler Lage. Rue Lorenzo Vero 4, 20 181 Ajaccio, Tel. 04 95 51 54 00, E-Mail: info@hotel-napoleon-ajaccio.com, www.hotel-napoleon-ajaccio.fr

Hotel Palazzu u Domu. Zentrale und doch ruhige Lage in der Inselhauptstadt. Moderner Luxus trifft auf prunkvoll-klassisches Design, Idylle im begrünten Innenhof. 17 Rue Bonaparte,

Blütenpracht und Grün inmitten der Stadt

Korsische Spezialitäten findet man reichlich in der Altstadt.

20 000 Ajaccio, Tel. 04 95 50 00 20,
www.palazzu-domu.com

EINKAUFEN

Alti Monti. Klettermaterial und alles für den
Bergsport. Avenue Docteur Noël Franchini 46,
20 090 Ajaccio, Tel. 04 95 10 04 37

Markt. Di–So vormittags, Platz beim Rathaus
(Hôtel de Ville)

INFORMATION

Agence du Tourisme de la Corse. Fremden-
verkehrsamt Korsikas. 17 Boulevard du Roi
Jérome / BP 19, 20 181 Ajaccio, Cedex 01,
Tel. 04 95 51 00 00, www.visit-corsica.com

Office de Tourisme d'Ajaccio. Juli/Aug.
Mo–Sa 8–20 Uhr, So 9–13 / 16–19 Uhr, feier-
tags 9–12.30 / 14.30–18 Uhr, April–Juni/Sept./
Okt. Mo–Sa 8–19 Uhr, So 9–13 Uhr, Nov.–März
Mo–Fr 8–12.30 / 14–18 Uhr, Sa 8.30–12.30 /

14–17 Uhr, Boulevard du Roi Jérôme 3 / BP 21,
20 181 Ajaccio, Cedex 01, Tel. 04 95 51 53 03,
www.ajaccio-tourisme.com

Kunst an der Fassade

DER KLANG

Korsikas

Auf der Insel der Schönheit gehört korsische Musik – die traditionelle ebenso wie die moderne – zum Leben wie die Luft zum Atmen. Sie erzählt von Liebe, Leiden und Freiheit. Frauen wie Männer singen mit Leidenschaft über ihre Beziehung zur Insel, ihre Kultur und ihre Geschichte.

Die starken, ausdrucksvollen Männerstimmen der polyphonen Gesänge verbreiten sich weit über die Berge hinaus, hallen über die von dichter Macchia bedeckten Hügel bis in die Ebenen. Ob polyphoner A-cappella-Gesang, in der Kühle vor einem Kirchenaltar, oder begleitet von Gitarren und Mandolinen, als instrumentales Ensemble, auf Dorfplätzen, in Kneipen und Bars oder mit moderner Verstärkertechnik und modernen Instrumenten, Licht und Diaspektakel, in Konzertsälen ... die korsische Musik präsentiert sich in ihrer Vielfältigkeit, um die Herzen und Seelen der Menschen zu nähren. Es gibt zahlreiche Musikgruppen und Solisten auf Korsika; und einige haben bereits Geschichte geschrieben.

Kulturelles Sprachrohr

Die Gruppe I Muvrini (»Die kleinen Mufflons)« wurde 1977 von Alain und Jean François Bernardini gegründet, zum Andenken an ihren Vater, Ghjiuliu Bernardini, dem bekannten Poeten und Pahgjella-Sänger, aus dem Ort Tagliu an der Ostküste. I Muvrini gehören heute zu den bekanntesten Vertretern der korsischen modernen Musik auf dem Festland und europaweit. Sie bezeichnen sich als gesellschaftskritisches und politisches Sprachrohr der kulturellen korsischen Identität. Seit ihrem Durchbruch in den 1990er-Jahren hat die kommerziellste Gruppe Korsikas zahlreiche Spitzenalben veröffentlicht, und ihre Homepage ist in mehrere Sprachen übersetzt.

A Filetta bedeutet »Der Farn« und steht für eine 1978 gegründete Vokalgruppe. Neben I Muvrini und anderen legendären Gruppen zählt sie zu den bekanntesten Vertretern der korsischen Polypho-

Oben: Ankündigung polyphoner Gesänge
Linke Seite: Auch manche Fassade zeugt von der Bedeutung der korsischen Klänge.

nie, einer Tradition von mehrstimmigen Gesängen, die schon fast in Vergessenheit geraten war. A Filetta leistete u.a. einen wichtigen Beitrag zur Wiederbelebung dieses korsischen Kulturerbes (*Reaquistu*). Heute ist die Gruppe an zahlreichen Projekten in den Bereichen Film, Theater, Oper und Tanz beteiligt. Diese Zusammenarbeit hat ihr zu vielen internationalen Auftritten verholfen. A Filetta gehört zu den Veranstaltern der seit 1989 jährlich in Calvi in der Balagne stattfindenden »Rencontres de Chants Polyphoniques«, einem Festival von Vokalkünstlern verschiedener Stilrichtungen.

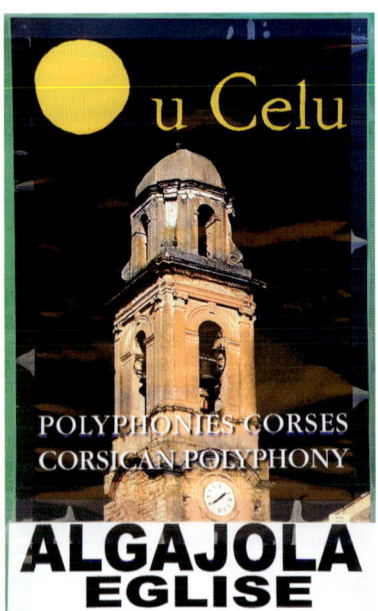

Polyphone Gesänge in Kirchen sind besonders eindrucksvoll.

Canta U Populu Corsu kann wortgetreu mit »Das korsische Volk singt« übersetzt werden. Die Band, gegründet 1973 von Jean-Paul Poletti und Natale Luciani, ist eine der ältesten musikalischen Gruppierungen der korsischen Neuzeit. Ihre Lieder reichen von traditionellen Gesängen wie Paghjelle und Lamenti bis zu eigenen Werken, die manchmal einen stark politischen Charakter äußern, der ihrem nationalistischen Engagement entspringt. Doch ihre Hauptabsicht war und ist, die Werte der korsischen Sprache und Kultur zu fördern.

Die Gruppe I Surghjenti (»Die Quellen des Ursprungs«) wurde 1978 von dem charismatischen Autor und Komponisten Natale Valli aus Muratellu bei Porto-Vecchio gegründet, der auch heute noch die Texte für die Gruppe schreibt. Im Laufe der Jahre kamen neue Stimmen und Musiker hinzu, fast alle stammen aus der Region Alta Rocca, im Süden der Insel. I Surghjenti haben zwischen 1981 und 2010 elf Alben herausgebracht und treten mehrmals im Jahr live auf – eine Gelegenheit, die Korsika-Fans gern nutzen. Die Musik der Gruppe ist voller Emotionen, getragen von eindrucksvollen Stimmen, melancholisch und zauberhaft, wie die Insel selbst.

Seit über dreißig Jahren lebt Jean Paul Poletti seine artistische und musikalische Karriere. Er gründete eine Gesangsschule in Sartène und – vor etwa 15 Jahren – einen Männerchor. Poletti komponierte zwei Opern in korsischer Sprache (»*Théodore von Neuhoff*« und später die »*Can-*

Einige korsische Bands sind über die Landesgrenzen hinaus bekannt.

tata Corsica« nach dem Vorbild der italienischen Kantate), nahm wie seine Kolleginnen Patrizia Poli und Patrizia Gatacecca an den Kreationen der Gruppe »Les Nouvelles Polyphonies Corses« teil und erntete enormen Erfolg und Anerkennung, vor allen Dingen 1992 bei der Eröffnungszeremonie der Olympischen Spiele von Albertville, bei der die Gruppe mit ihrem polyphonen modernen Gesang (*Giramondu*) ihr Debüt gab. Heute kann man Jean Paul Poletti und seinen Chor im Sommer meist in Kirchen auf der ganzen Insel bestaunen, und auch wenn man nicht unbedingt Fan von weltlicher Musik ist, ist es ein einmaliges Erlebnis – ein Spektakel des Zusammenspiels mystischer Stimmgestaltung.

Die Gruppe I Chjami Aghjalesi (wörtlich übersetzt »Aufruf zum Dreschen [des Weizens]«) wurde ursprünglich 1977 von Studenten und ihren Freunden aus dem Quartier San Joseph in Bastia gegründet. Zusammengehalten von der Liebe zum Gesang und zu ihrer Heimatinsel Korsika, haben auch sie sich das Ziel gesetzt, das korsische Kulturgut zu fördern und zu bewahren. Auf Korsika gelten sie als Pfeiler der Inselmusik, da sie traditionelle Musik, heilige und polyphone Gesänge mit politischen Forderungen verbinden.

Moderne Tradition

Barbara Furtuna ist ebenfalls eine polyphone Gesangsgruppe aus Korsika. Ihr

Als Sprachrohr der korsischen Kultur verstehen sich die Musiker.

Repertoire basiert auf traditionellen Gesängen, aber auch auf eigenen Kreationen, die den Erwartungen der heutigen Zeit entsprechen. Innerhalb der letzten zehn Jahre ist es der Gruppe gelungen, sich auch auf den internationalen Bühnen einen Namen zu machen – in Deutschland und ganz Europa, Nordamerika, Kanada und Australien. Sie beeindruckt dabei genauso mit Solo-Auftritten in renommierten Konzertsälen wie bei spontaner Zusammenarbeit mit anderen musikalischen Formationen wie dem Barockensemble L'Arpeggiata, dem kanadischen Ensemble Constantinople oder der zeitgenössischen Tanzformation Art'Mouv. Wann immer man also den Namen Barbara Furtuna liest – es lohnt sich, hinzugehen!

Auf Konzertplakate wie diese sollte man achten.

Die Gruppe Diana di Alba besteht heute aus dreizehn Musikern und Sängern und wurde in den 1980er-Jahren gegründet. 1994 organisierte sie sich neu, hat dabei aber ihren alten Kern um den Gründer Antonu Marielli behalten. Ihr Repertoire besteht aus instrumentalen und vokalen Kreationen, denen die Texte bekannter Poeten Korsikas zugrunde liegen.

Klänge aus der Balagne

Meridianu ist ein Ensemble, das aus der Balagne stammt und 2003 gegründet wurde. Sein Repertoire besteht hauptsächlich aus traditionellen polyphonen Gesängen, dem Kulturgut der Vergangenheit, das die Sänger durch ihre Stimmen erneut aufleben lassen. Sie geben den ganzen Sommer hindurch fast täglich ein Konzert in Kirchen und auf Plätzen überall auf der Insel.

Ausschließlich der traditionellen Polyphonie widmet sich das aus fünf Männerstimmen bestehende Ensemble A Riccucata – ihr Repertoire umfasst neben Musik aus Korsika allerdings auch polyphone Gesänge aus Sardinien, dem Baskenland und Italien. Sie haben u. a. das Polyphonie-Festival »Canti di Qui« in Cervione gegründet, das alljährlich im Sommer stattfindet.

Solistisch erfolgreich

Einer der beliebtesten Sänger Korsikas ist Feli aus dem Nordosten der Insel, der Casinca. Er begann seine Karriere in jungen Jahren mit den Gruppen A Filetta

Die Magie der Stimme: Barbara Furtuna

und I Surghjenti und feiert nunmehr 25 Jahre, in denen er acht Alben herausgebracht hat und über 100 Titel, zusammen mit den bekannten Poeten Ghjacumu Fusina und Ghjuvan Teramu Rocchi als Texter, veröffentlicht wurden. Feli ist im Sommer auf der Insel auf Tournee, und es lohnt sich auf jeden Fall, ein Konzert mitzuerleben. Sein reichhaltiges Repertoire, eine Mischung aus traditionellen Weisen und modernen Einflüssen, sanften und einfühlsamen Melodien, powerhaften Rhythmen und lebhaften Liedern, hat jedem Musikgeschmack etwas zu bieten.

Golf von Ajaccio

33

Tour de l'Isolella

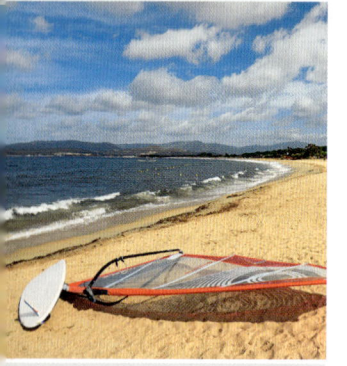

Mitte: Pointe de la Parata mit Leuchtturm, davor die Îles Sanguinaires
Unten: Der Strand von Porticcio ist bei Windsurfern beliebt.

33 Golf von Ajaccio
Idyllen nahe der Hauptstadt

Ob man sich ab Ajaccio in Richtung Westen hält oder nach Südosten fährt, eines ist sicher: Der nächste Strand kommt bestimmt. Mit feinem Sand, teils mehrere Kilometer lang, kommen Badeurlauber auf ihre Kosten. Die windreichere Region zieht auch viele Surfer an.

Plätze zum Durchatmen sind der Hauptstadt näher, als man meinen möchte. Für einen schönen Spaziergang bietet sich bereits der Küstenweg entlang der Route des Sanguinaires (D111) an. Er verläuft ab dem Zentrum von Ajaccio durch die Villengegend bis zur westlichen Landspitze Pointe de la Parata. Der letzte Abschnitt ist als Naturlehrpfad gestaltet. Die gesamte Strecke beträgt gut zehn Kilometer, wahlweise fährt man ein Stück aus der Stadt heraus und kürzt den Weg ab.

Îles Sanguinaires

Die Landzunge Pointe de la Parata und die vorgelagerten Îles Sanguinaires wurden als schönste Orte Frankreichs (»Grands Sites de France«) ausgezeichnet. Auf der Île Grande Sanguinaire, der größten der vier Inseln, steht ein Leuchtturm. Im Jahr 1863 lebte hier der Schriftsteller Alphonse Daudet, um seine »Lettres de mon Moulin« zu verfassen.

Der Name der Inselgruppe leitet sich übrigens von dem Wort *sanguinaire* ab, was übersetzt so viel wie »blutdürstig« bedeutet. Ob er auf Seeschlachten und Meuterei zurückzuführen ist oder schlicht auf das purpurfarbene Licht, das die Felsen bei Sonnenuntergang färbt, ist ungeklärt. Von Grausamkeit jedenfalls keine Spur, vielmehr spendet die Landspitze Ruhe und Frieden mit ihrer reichen Tier- und Pflanzenwelt, darunter auch endemische Arten wie Stechginster, Frankenia und Mastixsträucher. In den Felsen nisten Krähenscharben, Wanderfalken und Fischadler. Der Naturlehrpfad informiert über die botanischen Besonderheiten. Auf dem Kap fehlt auch der obligatorische Genueserturm, der Tour de la Parata (1608), nicht. Er steht zur Besichtigung offen. Es lohnt sich, denn von oben sind die Inseln noch besser zu erkennen. Im Maison de la Parata wurde außerdem eine kleine Ausstellung mit Meeres-Mediathek eingerichtet.

Strände am Golf von Ajaccio

Unterhalb der Route des Sanguinaires reihen sich einige kleine Strände aneinander. Es beginnt an der Zitadelle von Ajaccio mit der Plage de Saint-François. Daneben liegt, von einem kleinen Park abgegrenzt, ein Strand, der aus unbekannten Gründen »Plage de Trottel« heißt. Rückschlüsse auf die Besucher sollte man daraus allerdings nicht ziehen. Es folgen die Plage de Barbicaja und schließlich die Plage de Ariadne. Letztere ist stets gut besucht, es gibt Sonnenschirme und Strandliegen, Restaurants und vor allem einen nahen Parkplatz, nur rund fünf Kilometer vom Zentrum entfernt … ein beliebtes Ziel.

Auch die östliche Seite des Golfs ist von einem teils nahtlosen Saum aus feinem Sand umgeben. Direkt vor dem Flughafen Napoleon Bonaparte liegt die Plage de Ricanto. Es ist dort viel schöner, als man vermuten würde: Vier Kilometer Strand mit weitem Blick über den Golf, die großen Hotels von Ajaccio sind in die Ferne gerückt. Ein Piniengürtel schirmt die Landebahn ab. Der Flugverkehr ist präsent, doch für ein Sonnenbad oder eine

Einfach gut!

SCHILDKRÖTEN-FARM A CUPULATTA

Etwas Besonderes im vorderen Gravona-Tal ist die Schildkrötenfarm A Cupulatta. Es leben dort rund 3000 Schildkröten, 170 verschiedene Arten. Das Gelände umfasst 2,5 Hektar. Ziel der Betreiber ist der Schutz der Tiere.

A Cupulatta. An der N193 (Kilometer 21). April–Nov., Véro, 20 133 Ucciani, Tel. 04 95 52 82 34, www.acupulatta.com

Runde Schwimmen auf jeden Fall ein Strand, der sich lohnt. Obendrein ist er leicht zu finden (den Schildern Richtung Flughafen folgen) und bietet reichlich Parkgelegenheit entlang der Straße.

Porticcio

Über die Schnellstraße N196 geht es am Flughafen vorbei Richtung Bonifacio. Rund fünf Kilometer nach dem Airport zweigt die D55 nach Porticcio ab. Der kleine Hafenort ist eine Hochburg des Badetourismus, es gibt zahlreiche Hotels, Apartments und Ferienanlagen, Campingplätze, Strandboutiquen, Restaurants, Bars und Cafés. Er sitzt auf einer Landspitze und bietet einen schönen Blick über den Golf von Ajaccio. Im Sommer gibt es eine Schiffsverbindung direkt in die Hauptstadt. Südlich von Porticcio folgen noch einige Strände und Buchten bis hinab zum Capo di Muro. Und dahinter beginnt schon der nächste große Golf der Westküste: der Golf von Valinco.

Oben: Angler an der Plage d'Agosta
Unten: Auf dem Friedhof von Ajaccio

Infos und Adressen

SEHENSWÜRDIGKEITEN

Maison de la Parata. Am Ende der Route des Sanguinaires (D111), Tel. 04 95 10 40 20, www.parata-sanguinaires.com

ESSEN UND TRINKEN

Le Club Porticcio. Feine Küche direkt am Strand, mit eigenem Glacier, Crêperie und Boulangerie. Plage de la Viva, 20 166 Porticcio, Tel. 04 95 25 00 42, www.restaurant-leclub-porticcio.fr

ÜBERNACHTEN

Hotel de Porticcio. Zwei-Sterne-Hotel mit großem Wassersportangebot (Tauchen, Wasserski etc.). Résidence les chênes, Marines de Porticcio, 20 166 Porticcio, Tel. 04 95 25 05 77, E-Mail: info@hotelporticcio.com, www.hotelporticcio.com

INFORMATION

Office de Tourisme d'Ajaccio. Juli/Aug. Mo–Sa 8–20 Uhr, So 9–13 / 16–19 Uhr, feiertags 9–12.30 / 14.30–18 Uhr, April–Juni/Sept./

Pro-korsisches Denken: Der französische Ortsname ist übermalt.

Okt. Mo–Sa 8–19 Uhr, So 9–13 Uhr, Nov.–März Mo–Fr 8–12.30 / 14–18 Uhr, Sa 8.30–12.30 / 14–17 Uhr, Boulevard du Roi Jérôme 3 / BP 21, 20 181 Ajaccio, Cedex 01, Tel. 04 95 51 53 03, www.ajaccio-tourisme.com

Office Municipal de Tourisme de Porticcio. Les Echoppes / BP 125, 20 166 Porticcio, Tel. 04 95 25 10 09, www.porticcio-corsica.com

Für raue Brandung bekannt ist die Plage de Ruppione.

34 Golf von Valinco
Prähistorisches und Badeurlaub

Der südlichste der großen Golfe an der Westküste bietet besonders viele archäologische Besonderheiten – dabei sind auch weniger bekannte Menhire und Reste einer Festung zu entdecken. Es begleitet eine Landschaft mit zunächst vielen Bademöglichkeiten und zunehmend spektakuläreren Panoramen.

An der Nordseite des Golfs von Valinco verläuft die bequem befahrbare N196 fernab der Küste. Hier gilt es abzuwägen: Wer gerne mehr von der Umgebung sehen und die Schönheit im Kleinen entdecken möchte, nimmt dafür die Nebenstrecken in Kauf. Alle anderen sparen sich den nördlichen Teil und begnügen sich mit dem Gebiet am Olmeto, wo die Fernstraße schließlich auf die Küste trifft.

An der Taravo-Mündung

Kurz nach dem Capo di Muro folgt eine weitere Landspitze, das Capu Neru, zu der eine erste Abzweigung (D755) führt. Auch direkt ab Porticcio ist sie zu erreichen. Ein Blick vom begehbaren Genueserturm verschafft einen ersten Eindruck vom Golf von Valinco. Wenige Kilometer weiter lädt die feinsandige Bucht von Cupabia (mit Campingplatz) zum Baden ein. Sie gehört zur Gemeinde von Serra-di-Ferro am Ausgang des Taravo-Tals; der namensgebende Fluss strömt unterhalb des Dorfes in das Mittelmeer. Die Plage du Taravo, ein rund drei Kilometer langer Strand, säumt das Mündungsgebiet. Über den Fluss führt die Straße auch zur berühmten prähistorischen Fundstätte Filitosa (siehe S. 202).

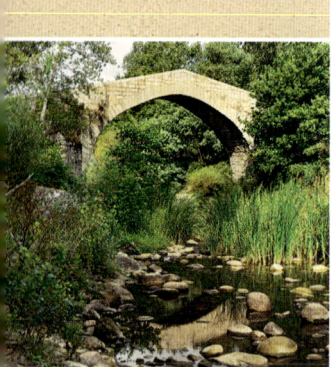

Mitte: Die Plage de Cupabia im Golf von Valinco
Unten: Diese genuesische Brücke heißt Pferderücken (»Spin'a Cavallu«).

Golf von Valinco

Menhire und Kultstätten, aber auch Hochburgen des Strandtourismus – der Golf von Valinco hat viele Gesichter. Bei einer Rundfahrt sollte man ruhig auch die umständlicheren Nebenstrecken mitnehmen – sie führen an besondere, eher unbekannte Plätze.

A **Capo di Muro** – Das Kap begrenzt den Golf von Ajaccio im Süden.

B **Capu Neru** – Nicht weit vom Capo di Muro entfernt befindet sich diese Landspitze, die den Beginn des Golfs von Valinco markiert.

C **Bucht von Cupabia** – Feinsandige Bucht am Ausgang des Tavaro-Tals, die zum Baden, aber auch Campieren einlädt.

D **Plage du Taravo** – Ein gut drei Kilometer langer Strand, der direkt am Mündungsgebiet des Tavaro-Flusses liegt.

E **Fundstätte Filitosa** – Die wohl bekannteste prähistorische Ausgrabungsstätte Korsikas ist ein Touristenmagnet.

F **Castello di Cuntorba** – Die Fundstätte dieser Festung aus der Bronzezeit liegt etwas versteckt und wird seltener besucht, dabei lohnt es sich ebenfalls.

G **Menhir Santa Naria** – Fast vier Meter lang ist die Statue aus der Frühgeschichte.

H **Olmeto** – Touristisch gut erschlossenes Bergdorf mit Hotels und anderen Unterkünften.

I **Propriano** – Der größte Ort am Golf von Valinco ist von Traumstränden umgeben.

J **Belvédère-Campomoro** – Oben schöne Aussicht – unten schöner Hafen. Dieser Ort lohnt sich gleich doppelt.

Naturschauspiel in Olmeto-Plage

Geheimtipp

LES BAINS DE BARACCI

Im Baracci-Tal bei Olmeto befindet sich eine Thermalquelle, die schon in der Antike bekannt war. Bereits die Römer sollen das rund 50 Grad warme, schwefelhaltige Wasser genossen haben. Das Hotel, in dem sie heute genutzt werden, befindet sich derzeit im Umbau, soll aber in absehbarer Zeit wieder eröffnen. Ohnehin lohnt das weniger bekannte Baracci-Tal mit schönen Plätzen am Fluss und malerischen Ausblicken.

Les bains de Baracci. Anfahrt: Ab Propriano über die N196 Richtung Ajaccio, kurz vor Olmeto auf die D257 Richtung Burgo. Route de Baracci, 20 113 Olmeto, Tel. 04 95 76 30 40

Castello di Cuntorba

Noch vor Olmeto versteckt sich im Hinterland eine kleine Festung aus der Bronzezeit. Sie wurde, genauso wie die weitaus bekanntere Fundstätte Cucuruzzu bei Levie (siehe S. 146), von den Torreanern erbaut: Das Castello di Cuntorba befindet sich auf einer Anhöhe nahe der D157a, einer Abzweigung der Küstenstraße D157 zwischen Abbartello und Capicciolo. Schilder weisen den Weg zum Plateau Les Balcons du Valinco. Nach einem guten Kilometer erreicht man eine Bungalow-Siedlung, davor zweigt der Weg zum Castello ab.

Schließlich auf der Hauptstraße N196 angekommen, führt bald eine Abzweigung zu einem weiteren besonderen Platz. Der Menhir Santa Naria (1350 v. Chr.) liegt im Quartier Canna et Piatana. Mit eine Länge von 3,74 Metern soll er die größte Statue dieser Art auf Korsika sein. Dazu passiert man auf der N196 die Abzweigung Richtung Porto Pollo und fährt noch ein kleines Stück weiter

Golf von Valinco

Richtung Propriano, bis links eine schmale Straße nach Canna et Piatana führt. Die Fundstätte findet man nach 650 Metern bei einer Steinmauer. Santa Naria liegt dort, wie man sie fand – mit dem Gesicht zur Seite.

Olmeto

Die Ortschaft Olmeto liegt oberhalb von Propriano und hat vor allem eine schöne Aussicht zu bieten, was zur Ansiedlung einiger Hotels und Pensionen geführt hat. Seinen Charme hat sich das Dorf bewahrt. Es inspirierte bereits den französischen Schriftsteller Prosper Mérimée (1803–1870), der in seinem Roman *»Colomba«* die korsische Vendetta beschrieb. Die Protagonistin, Madame Colomba, lebte in dem Haus gegenüber dem Hôtel de ville.

Von Olmeto sind es nur noch neun Kilometer bis nach Propriano, dem touristischen Hauptort der Region (siehe Kapitel 36). Südlich von Propriano lässt die nun zunehmend steilere, felsige Küste kaum Raum für Strände und Buchten, gewinnt dafür aber umso mehr an Panorama. Eine Fahrt über die Nebenstrecke D121 eröffnet immer wieder spektakuläre Ausblicke. Sie endet in Belvédère-Campomoro, einem Ort, der die schöne Aussicht schon im Namen trägt.

Belvédère-Campomoro

Der Doppelname steht für das oberhalb gelegene Dorf Belvédère (»schöne Aussicht«) und den neu gewachsenen Strandort Campomoro unterhalb davon mit Hotels, Campingplätzen und Restaurants. Es empfiehlt sich, zunächst Ersteres zu besichtigen, am besten verbunden mit einem Aufstieg zum Genueserturm hoch oben auf dem Kap, um sich danach am Strand zu entspannen.

Infos und Adressen

ESSEN UND TRINKEN
Chez Antoine. Korsische Küche mit Produkten aus der Region. Gegrilltes, Fisch und Salate. Direkt an der Durchfahrtsstraße von Olmeto. Cours Antoine Balisoni 12, 20 113 Olmeto, Tel. 06 13 52 13 14, www.chez-antoine-olmeto.fr

ÜBERNACHTEN
Hotel Abbartello. Drei-Sterne-Hotel direkt am Strand von Olmeto (Abbartello). Einige Zimmer und das Restaurant haben wunderschönen Meerblick. 20 113 Olmeto Plage, Tel. 04 95 74 04 74, E-Mail: info@hotelabbartello.com, www.hotelabbartello.com

Hotel Marinca. Fünf-Sterne-Hotel mit Spa und Gourmet-Restaurant Le Diamant Noir. 55 Doppelzimmer und 8 Suiten. Domaine Vitricella, 20 113 Olmeto, Tel. 04 95 70 09 00, E-Mail: info@hotel-marinca.com, www.hotel-marinca.com

INFORMATION
Office de Tourisme de Olmeto. Monte de l'Église, 20 113 Olmeto, Tel. 04 95 74 65 87

Office de Tourisme de Propriano. Quai St-Erasme, 20 110 Propriano, Tel. 04 95 76 01 49, E-Mail: contact@lacorsedesorigines.com, www.lacorsedesorigines.com

35 Station Préhistorique de Filitosa
Menhiren ins Auge schauen

Ein Kreis aus Steingesichtern, Rundbauten und Relikte aus der Römerzeit ... In der Anlage vereinen sich die Megalithen aus der Jungsteinzeit und die torreanische Bauweise der Bronzezeit. Die wohl bekannteste archäologische Fundstätte Korsikas ist den Besuch unbedingt wert.

Das prähistorische Wunderwerk befindet sich in der Gemeinde Sollacaro südlich von Petreto-Bicchisano. Am einfachsten ist die Anfahrt aus Richtung Norden ab der N196 (kurz hinter Casalabriva abbiegen), oder aus Richtung Propriano über die Küstenstraße D157.

Menhire, Abris und Rundbauten

Als Charles-Antoine Cesari, der Besitzer des Grundstücks, im Jahr 1946 zufällig auf die Steinformationen stieß, ahnte er allenfalls, welchen historischen Schatz er vor sich hatte. Während der Ausgrabungen unter Roger Grosjean wurde das Ausmaß des Fundes deutlich. Der mittlerweile verstorbene französische Archäologe leitete seinerzeit das »Centre de Préhistoire Corse«, das prähistorische Zentrum Korsikas.

Noch immer befindet sich die Fundstätte Filitosa im Besitz der Familie Cesari, die sie öffentlich zugänglich gemacht hat. Sie liegt zwischen alten Olivenbäumen auf einer Anhöhe im Taravo-Tal. Eine aus groben Steinen errichtete Ringmauer umgibt die weitläufige Anlage. Auf rund 400 Quadratmetern verteilen sich Mauern, überdachte Unterschlüpfe (»Abris«) und frei stehende Statuen-

Mitte: Abris in Filitosa
Unten und rechte Seite: Die Menhire in Filitosa tragen teilweise menschliche Züge.

Station Préhistorique de Filitosa

Menhire aus der Jungsteinzeit. Sie zeigen menschliche Züge mit Kopfumrissen, Augen und kompletten Gesichtern. Auch drei turmartige Bauwerke stehen dort – sie sind der Torre-Kultur aus der Bronzezeit zuzuordnen. Zu erkennen sind Gänge, Kammern, Verschläge und ein Brunnen.

Eine prähistorische Kultstätte?

Selbst auf Korsika mit seinen recht zahlreichen Fundplätzen von Menhiren und Torres ist es ungewöhnlich, beide Kulturen am selben Ort vorzufinden. Roger Grosjean fand heraus, dass Teile zertrümmerter Menhire für die Rundbauten verwendet wurden. Besonders eindrucksvoll zeigt sich dies im mittleren Monument der Anlage. Es beherbergt einen Polierstein, eine Opferstelle und Bruchstücke von 32 Menhiren, die als Bausteine mit dem Gesicht nach unten in die Ringmauer rund um den Torre eingefügt wurden. Womöglich ist dies auf die Tatsache zurückzuführen, dass die Menhire und Torres aus verschiedenen Jahrhunderten stammen. Bei Ausgrabungen stieß man obendrein auf Relikte aus der Römerzeit.

Die Wissenschaftler sind sich noch nicht einig darüber, worin der Zweck der Rundbauten bestand. Grundsätzlich geht man eher von einer Nutzung als Zuflucht und Getreidespeicher aus. Der Torre im Westen der Anlage von Filitosa indes könnte als Kultstätte gedient haben. Es fanden sich Spuren einer Feuerstelle und ein kegelförmiger Stein, ein Platz, der auf Rituale hindeutet.

An dem Pfad, der zum westlichen Monument führt, liegen zwei Abris. So bezeichnet man Unterschlüpfe mit Felsdach, die als Wohn- oder Grabstätte genutzt wurden. In einem kleinen Museum im Eingangsbereich sind Fundstücke aus den verschiedenen Epochen ausgestellt.

Infos und Adressen

SEHENSWÜRDIGKEITEN
Station Préhistorique de Filitosa. Ostern–Ende Okt., auch feiertags, ab 8 Uhr bis Sonnenuntergang, 20 140 Petreto-Bicchisano, Tel. 04 95 74 00 91, E-Mail: contact@filitosa.fr, www.filitosa.fr.

ESSEN UND TRINKEN
Station Préhistorique de Filitosa. Auf dem Gelände der Fundstätte gibt es eine Brasserie mit schöner Terrasse.

ÜBERNACHTEN
Hérbergement Filitosa. Die Betreiber der Fundstätte bieten auch Unterkünfte an. Studios für 2–4 Personen mit Pool. Tel. 08 92 23 23 10 (0,34 €/Min.), www.filitosa.fr

INFORMATION
Office de Tourisme de Propriano. Quai St-Erasme, 20 110 Propriano, Tel. 04 95 76 01 49, E-Mail: contact@lacorsedesorigines.com, www.lacorsedesorigines.com

36 Propriano
Badeort im Golf von Valinco

Einerseits über Fährverbindungen vernetzt mit dem Festland und Sardinien, andererseits abgelegen im Südwesten Korsikas – nach Propriano kommen viele, um für die Dauer des Urlaubs zu bleiben. An den weitläufigen Stränden kann man getrost einmal den Rest der Welt vergessen. Aus dem kleinen Fischerdorf wuchs ein lebendiger Badeort mit rund 3400 Einwohnern.

Propriano liegt zwischen den Mündungen der Flüsse Baracci und Rizzanèse in der tiefen Mulde des Golfs von Valinco. Von Wind und Brandung geschützt, entfaltete der Hafenort bald sein aus touristischer Sicht attraktives Potenzial. Er ist bei Strandurlaubern beliebt und bietet ganzjährig Fährverbindungen nach Toulon, Marseille, Genua sowie Porto Torres auf Sardinien.

Im Visier der Piraten

In der Antike wusste man offenbar die auch strategisch günstige Lage zu schätzen. Vermutlich befand sich an dieser Stelle Pauca, eine Hafensiedlung der Antike. Im Mittelalter stritten sich Genua und Pisa um Propriano. 1564 steuerte der korsische Freiheitskämpfer Sampiero Corso den Hafen an, um Korsika von Genua zurückzuerobern. In den folgenden Jahrhunderten kamen die Piraten – zum Ende des 18. Jahrhunderts sollen nur noch vier Häuser übrig geblieben sein. Dies änderte sich schlagartig ab dem 19. Jahrhundert, als die Korsen Propriano neu entdeckten und den Ort wieder wachsen ließen. Mit dem Tourismus auf Korsika und dem Bau des Fährhafens setzte ein regelrechter Boom ein.

Mitte: Bei Badetouristen beliebt: Propriano
Unten: Am Strand zeigt sich die Natur gern farbenprächtig.

Hafen und Traumstrände

Noch immer profitiert Propriano vor allem von seinem Hafen. Entlang der Hafenmeile Avenue Napoléon III. locken zahlreiche Cafés und teils hervorragende Fischrestaurants, allerdings nahe der Durchfahrtsstraße. Eine komplett autofreie Promenade täte dem Ort gut. Auch hat das Städtchen nicht gerade Vorzeigecharakter, eher gesichtslos ist die Bebauung in den hinteren Reihen. Doch immerhin, im Hafen gibt es eine Kunstgalerie (Galerie d'art Fronti di Mare) mit wechselnden Ausstellungen regionaler Künstler.

Idyllischer und entspannter geht es dafür an den Stränden der Umgebung zu. Viele Urlauber aus den anderen Inselteilen scheuen die umständliche Anfahrt, manche Buchten sind nur mit dem Boot erreichbar. So finden sich rund um Propriano sogar im Hochsommer einige schöne Plätze, die nicht überlaufen sind. Regelrechte Traumstrände sind die Plage de Portigliolu nördlich von Propriano und ganz besonders die vier Kilometer lange Plage de Capu Laurosu südlich der Rizzanèse-Mündung.

Aktivurlaub zu Wasser und Land

Und doch ist in Propriano weitaus mehr möglich als ein reiner Badeurlaub. Wassersportbegeisterte profitieren von einem breiten Angebot – von Segeln, Wasserski und Surfen bis hin zum Verleih von Kajaks und Wakeboards ist alles möglich. Auch das Hinterland mit seinen Flusstälern ist bei Aktivurlaubern beliebt: Canyoning, Mountainbike-Touren, Wanderungen und Reiten sind auch in diesem Teil Korsikas ein Abenteuer. Propriano hat außerdem einen Sportflughafen. Am Aérodrome Tavaria werden Rundflüge und Fallschirmsprünge angeboten.

DER OSTEN

37 Costa Verde
Strände ohne Ende

Ganz anders als der felsenreiche Westen gibt sich die flache Ostküste Korsikas. Bis hinab in den Inselsüden reihen sich Strandparadiese nahe der Küstenstraße. Dazwischen finden sich kleine Idyllen wie der duftende Wacholderwald am Strand von Venzolasca. Costa Verde – »Grüne Küste« – heißt die fast 20 Kilometer lange Strandregion rund um Moriani-Plage, denn sie grenzt direkt an die dicht bewaldete Castagniccia.

Liebliche Lüfte, azurblaues Meer und Strand, so weit das Auge reicht: Ein heller Saum aus Sand umgibt die östliche Inselseite auf einer Gesamtlänge von rund 80 Kilometern, mit zahlreichen Ferienanlagen und Campingplätzen direkt am Meer. Genau genommen handelt es sich also um einen einzigen großen Strand, der im Süden von Bastia beginnt und bis hinab nach Solenzara reicht, unterbrochen nur von dem Jachthafen Port de Taverna bei Campoloro und den Lagunenseen bei Aléria. Und doch sind es mehrere Strandregionen mit eigenem Charakter, die daher auch verschiedene Namen haben. Den Anfang macht die Costa Verde.

Région de Casinca

Die Costa Verde beginnt ab dem Fluss Golo, der bei Casamozza in das Mittelmeer mündet. Dies ist die Région de Casinca, sie begrenzt die Castagniccia im Norden. Auf ihren Hügeln sitzen die Dörfer Venzolasca und Vescovato. Noch weiter oben in den Bergen befindet sich der Geburtsort der Brüder Alain und Jean-François Bernardini, Mitglieder von Korsikas bekanntester Musikgruppe I Muvrini.

Seite 206/207: Traumstrand an der Costa Serena
Mitte: Bevor die ersten Gäste kommen: Moriani-Plage
Unten: Haustür mit Korsenkopf in Loreto-di-Casinca

Morgens hat man den Strand noch für sich.

Tagliu Isulacchiu, einem Weiler im Bergland hinter Folelli. Kurz darauf ist der erste Badeort erreicht, es ist allerdings nicht der größte: Am Strand von Folelli dominieren die Bast-Sonnenschirme der einzigen großen Ferienanlage.

Zwei Kilometer hinter Folelli in Richtung Moriani bereichert seit Sommer 2012 der Parc Galea das ansonsten eher spärliche Kulturangebot der Region. Das Museum mit botanischem Garten informiert über die Inseltradition und einheimische Pflanzen. Mit seiner multimedialen Gestaltung eine spannende Sache und eine schöne Abwechslung im Familienurlaub. Außerhalb der Hochsaison hat es nur nachmittags geöffnet. An Sonntagen lässt sich der Ausflug wunderbar mit einem Marktbesuch am Vormittag verbinden, wenn sich der Marché couvert (die Markthalle) in Poggio Mezzana kurz vor Moriani füllt. Lokale Anbieter verkaufen ihre Produkte, Obst, Gemüse und Spezialitäten, auch Dekoratives und – an jedem ersten Sonntag im Monat – Gebrauchtwagen.

Moriani-Plage

Auf der weiteren Fahrt Richtung Süden rücken die Hügel noch näher an die Küste. So gibt Moriani-

Geheimtipp

IM WACHOLDER-WALD

Pinien und Kiefern sieht man oft auf Korsika. Bei Venzolasca im Norden der Costa Verde indes gibt es einen besonderen Baumbestand: den einzigen Wacholderwald Korsikas, der hier den Strand säumt. Das Gebiet ist als »Site natural protégé Mucchiatana« geschützt. Einige Wege führen hindurch – ein lohnender Spaziergang. Auch der Strand selbst, die »Plage de la Cap Sud« am südlichsten Ende des Cap Corse, geschwungen wie eine Sichel, ist sehr attraktiv für Badegäste und lässt sich von der Strandbar aus wunderbar genießen. Kurz vor dem Wasser gibt es übrigens ein weiteres Wäldchen – diesmal mit Eukalyptusbäumen.

Site natural protégé Mucchiatana. Am Kreisverkehr von Venzolasca dem Schild Richtung Meer (La Mer/U Mare) folgen. Ein Schild weist auf das Schutzgebiet hin, ein Wegweiser markiert die Tour durch den Wald.

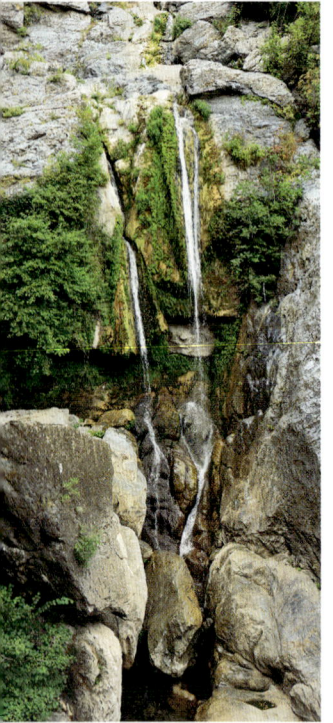

Plage mit seinem langen Strand vor dem Grün des Hinterlandes ein schönes Bild ab. Auch in die Geschichte ist der Ort eingegangen. Der spätere Freiheitskämpfer Pasquale Paoli soll hier 1739, im Alter von 14 Jahren, in See gestochen sein. Zusammen mit seinem Vater Giacinto Paoli war er auf dem Weg ins Exil nach Neapel. Ein Schild am Strand erinnert daran. Das zugehörige Dorf, Santa Lucia di Moriani, ist zu einem gepflegten Ferienort geworden. Im Sommer gibt es täglich (!) Open-Air-Kino, auch mit Filmen in englischer Sprache. Attraktiv sind zudem die Ausflugsmöglichkeiten. Hier beginnt der Fernwanderweg Mare a Mare Nord, der Ost- und Westküste verbindet. Wer mag, kann also – Kondition und passende Kleidung vorausgesetzt – in einigen Tagen bis nach Cargèse laufen.

Im Hinterland von Moriani versteckt sich ein schöner Flussbadeplatz. Zu finden ist er hinter dem Dorf San-Nicolao, indem man zunächst der D34 folgt und dann Richtung Cervione (D330) abbiegt – die kurvenreiche Panoramastraße wird vor Ort »Corniche« genannt. Nach einem Tunnel führt sie über den Fluss Bucatoggio, hinter einem weiteren Tunnel gibt es eine Parkmöglichkeit. Der Fluss hat einige Badebecken geschaffen. Eine Attraktion sind darüber hinaus natürlich die Cascades de l'Ucelluline (der »Wasserfall der Uferschwalben«) und eine weitere genuesische Brücke.

Anschließend lohnt es sich, der Straße der beeindruckenden Aussicht wegen noch weiter zu folgen. Nach einem Kilometer ist das Dorf Santa-Maria-Poggio mit seinem schönen Kirchplatz erreicht. Hier zweigt die D334 zurück Richtung Küste ab, über die sich die Rundfahrt vollenden lässt. Oder man fährt geradeaus weiter und nutzt die Gelegenheit, um noch das Bergstädtchen Cervione zu besichtigen (siehe S. 222).

Oben: Endlich gibt's etwas zu futtern!
Unten: Der Wasserfall »Cascade de L'Ucelluline«

Entlang der grünen Küste

Die Costa Verde nur geradeaus über die Hauptstrecke zu durchfahren, wäre schade. Viele Stichstraßen führen zu attraktiven Stränden. Auf der anderen Seite geht es direkt in das schöne Bergland.

Ⓐ Fluss Golo – Bei Casamozza beginnt die Costa Verde. Besonders reizvoll sind (Wohn-)Dörfer wie Venzolasca und Vescovato.

Ⓑ Tagliu Isulacchiu. Der Weiler hinter Folelli ist Geburtsort zweier Mitglieder von I Muvrini.

Ⓒ Folelli – Eher unscheinbarer Badeort – Urlauber der Ferienanlage haben den Strand fast für sich.

Ⓓ Parc Galea – Museum zur Inseltradition mit botanischem Garten.

Ⓔ Poggio Mezzana – An Wochentagen herrscht buntes Treiben in der Markthalle nahe Moriani.

Ⓕ Moriani-Plage – Ein gepflegter Badeort.

✗ **Ⓖ Cascades de l'Ucelluline** – Ein Wasserfall mit schönen Badeplätzen.

Ⓗ Santa-Maria-Poggio – Das Dorf liegt an der an Panoramen reichen Corniche.

Ⓘ Cervione – Bereits mitten in der Castagniccia liegt das historische Städtchen Cervione.

Ⓙ Port de Taverna – Der Jachthafen der »Grünen Küste« bietet Restaurants direkt am Wasser.

Ⓚ Prunete – Eine beliebte Baderegion, in der sich überraschende Ecken verbergen.

Ⓛ Alistro – Durchfahrtsort; Richtung Küste versteckt sich ein kaum besuchter Strand.

Ⓜ FKK-Zone – In den Ferienanlagen dieser Küstenregion pflegt man die Freikörperkultur.

Ⓝ Weinanbaugebiet – Einige Domaines laden hier zur Weinprobe ein.

Ⓞ Étang de Diana – Der Lagunensee bildet die natürliche Grenze zur Costa Serena.

St. Lucia-di-Morani mit Kirche San Nicolao

Nicht verpassen

CANTI ET SPUNTINU

Eine begleitete Wanderung mit korsischem Picknick und Hirtengesang bringt die Inseltradition ganz nahe. Die »Balade Canti et spuntinu« ist eine von mehreren besonderen Thementouren, die Santa Marchi, ein Sportzentrum in Moriani-Plage, anbietet, geleitet von der diplomierten Bergführerin Santa Marchi. Typisch korsisch sind außerdem die Fahrten mit der Piroge, einem traditionellen Einbaumboot – auch als Nachtfahrten bei Vollmond. Im Programm außerdem: klassische Bergwanderungen und Schneewanderungen im Winter sowie Wassersport-Aktivitäten wie Schnorcheln, Tauchen, Canyoning und Rafting.

Santa Marchi. Moriani Sports, CC Casino (am Parkplatz des Casino-Supermarktes links, Moriani-Plage, 20 230 San Nicolao, Tel. 04 95 38 41 09 oder 06 76 10 53 63, E-Mail: snd@costaverde-decouverte.com, www.costaverde-decouverte.com

Port de Taverna

Kurz vor Campoloro liegt der Port de Taverna, der einzige Jachthafen der Costa Verde – auch für Nicht-Bootsbesitzer eine lohnende Adresse. Es gibt einige Restaurants und Cafés, und im Sommer ist einiges los; so wird dann zum Beispiel mehrmals pro Monat ein Marché nocturne, also ein Nachtmarkt, abgehalten. Die Termine stehen auf der Homepage des Hafens (siehe Infos und Adressen). Richtung Campoloro liegen einige Campingplätze am Wasser; dieser Küstenbereich mit dem Ortsteil Prunete zählt zu den beliebtesten der Costa Verde. Das Bergland mit der schönen Castagniccia und urigen Dörfern (siehe S. 216) ist ganz nah. Ab Prunete führt die D71 direkt nach Cervione. Auch aus dieser Richtung gelangt man also zum Fluss Bucatoggio mit seinen Badeplätzen.

Auf der Hauptstrecke N198 bleibend, geht es bald durch Alistro, einen Wohnort mit sehr großem Supermarkt direkt an der Durchfahrtsstraße. Dort bekommt man unter anderem auch allerlei Nützliches für Camping und Strand. Das Strandgebiet zwischen Alistro und Aléria ist FKK-Revier – dies gilt auch für die zugehörigen Campingplätze und Feriensiedlungen.

Infos und Adressen

SEHENSWÜRDIGKEITEN

Galea Parc. Mo–So 14–18 Uhr, im Sommer 10–19 Uhr, Route de l'ex CNRO, 20 230 Taglio/Isolaccio, www.parcgalea.com

ESSEN UND TRINKEN

Restaurant A Siesta. Bar-Restaurant am Strand bei Alistro. Gegrilltes und Pizza. Special Events wie spanische Paella und Barbecue-Abende. Sa Animation mit Musik (Samba, Pop, Rock, Soul usw.). Plage de Canale di Verde, 2 km hinter Alistro (Richtung Aléria) Abzweigung links

Restaurant U Tavanincu. Mediterrane Küche, Salatbar, im Sommer Grilllabende mit lokalen Spezialitäten wie z. B. Migliacci. Brot aus eigenem Steinofen, Panoramaterrasse. Im Hinterland von Figarettu (Straße zwischen Folelli und Moriani), 20 230 Velone Orneto, Tel. 04 95 36 87 16

Restaurant U Casone. Traditionelle Küche und gute Pizza in Cervione, ganzjährig geöffnet. Casone, 20 221 Cervione, Tel. 04 95 38 10 47

ÜBERNACHTEN

Corsica Natura. Wie der Name schon sagt, ein Feriendorf für Naturisten mit Bungalows und Campingplatz, unter deutscher Leitung. Village de Vacances, Camping et Bungalows Linguizzetta, 20 230 San Nicolao, Tel. 04 95 38 91 30, www.corsica-natura.com

Hotel Costa Verde. Zwei-Sterne-Hotel direkt an der Durchfahrtsstraße N198. Gemessen an der Ausstattung nicht gerade günstig, aber dafür nahe am beliebten Strand von Moriani. Moriani-Plage, 20 230 San-Nicolao, Tel. 04 95 38 50 41, info@hotel-costaverde.fr, www.hotel-costaverde.fr

Hotel Levole Marine. Drei-Sterne-Hotel am Strand im grünen Palmengarten. Pool mit Meerblick. 20 230 Poggio-Mezzana, Tel. 04 95 58 41 50, www.levollemarine.com

Hotel San Francescu. 25 Zimmer, Garten mit Hängematte, Pool und Outdoor-Whirlpool. Drei Sterne. Chemin de Valicella, 20 230 Santa Lucia di Moriani, Tel. 04 95 38 77 42, E-Mail: sanfrancescu.reservation@orange.fr, www.hotelsanfrancescu.com

AKTIVITÄTEN

Cinema Moriani. Open-Air-Kino im Sommer. 20 230 Santa Lucia di Moriani, www.cinema-moriani.com

Domaine Casabianca. Weingut nahe Aléria. An der N198 bei Bravone, 20 230 Linguizzetta, Tel. 04 95 38 96 00, www.vinscasabianca.com

EINKAUFEN

Corsica Cyber Market. Deutschsprachiger Online-Versand. Korsische Spezialitäten aus den Regionen Costa Verde, Costa Serena, Castagniccia. Auch individuelle Geschenkkörbchen mit Feinschmeckerprodukten, Literatur aus Korsika in deutscher Sprache und Chillout-Musik. E-Mail: corsicacybermarket@gmail.com, www.corsicacybermarket.jimdo.com (Bestellungen unter www.corsicapaniergarnigourmand.wifeo.com)

Marché couvert. Markt bei Moriani. So 9–13 Uhr, an der N198 (2 km vor Moriani aus Richtung Bastia kommend), 20 230 Poggio-Mezzana

INFORMATION

Office de Tourisme de Costa Verde. Maison du dévelopement, 20 230 Moriani Plage, Tel. 04 95 38 41 73, E-Mail: costa-verde@wanadoo.fr, www.costaverde-corsica.com

Vom Campingplatz geht es direkt an den Strand.

GÜNSTIG DURCH
Korsika

Spezialitäten für ein Picknick eingekauft – ein Erlebnis und oftmals preisgünstiger als Essen gehen

Korsika zählt grundsätzlich nicht gerade zu den preisgünstigsten Reisezielen. Auch machen sich in Supermärkten oftmals die überhöhten »Inselpreise« bemerkbar. Doch es ist wie fast überall – mit geschickter Planung lässt sich auch hier das Urlaubsbudget schonen. Es beginnt schon bei der Suche nach einer Unterkunft ...

Korsika genießt unter Campingurlaubern einen ausgesprochen guten Ruf. Es gibt viele schöne und auch komfortable Campingplätze auf der Insel, besonders zum Beispiel an der Ostküste. Wer möglichst viele Regionen kennenlernen möchte, kann so auch den Platz immer wieder mal wechseln und braucht für Ausflüge nicht unbedingt über die halbe Insel zu fahren – was bei den Straßenverhältnissen oft reichlich Zeit kosten kann.

Auch beim Mietwagen sollte man genau hinsehen: Kautionen in teils horrender Höhe sind bei der Anmietung auf Korsika gang und gäbe. Einige Anbieter verlangen, bis zu vierstellige Beträge auf der Kreditkarte zu blocken. Auf den oft vorhandenen Holperpisten und bei der vor Ort verbreiteten Fahrweise kommt es schnell zu Blechschäden, womit diese Maßnahme begründet wird. Und für diese ist man die Summe auch schnell los –

deshalb kann sich eine Vollkasko ohne Selbstbeteiligung am Ende doch auszahlen. Auch wer einen Vertrag über eine Autovermittlung abschließt, sollte sich die Modalitäten genau ansehen. Es gelten häufig Sonderkonditionen und die Tankregelung der Verleihfirma vor Ort. Vergisst man dann z. B. das Volltanken oder die Autowäsche vor der Rückgabe (auch das verlangen einige Anbieter), kann es teuer werden.

Die Eisenbahn nutzen

Korsika hat einen Vorteil: Auf der Insel fährt eine Eisenbahn (Chemin de fer de la Corse), genauer gesagt eine Schmalspurbahn U Trigihellu bzw. U Trinichellu (siehe auch S. 158). Für alle, die im Urlaub auf den Mietwagen verzichten möchten, ist sie eine lohnende und zugleich kostengünstige Alternative. Das Streckennetz deckt einen Großteil der Insel ab, Bahnhöfe gibt es u. a. in Bastia, Calvi, Corte und Ajaccio, aber auch in kleinen Bergdörfern wie Bocognao oder an Strandorten wie L'Île Rousse. Von dort verläuft sie obendrein als Strandbahn bis Calvi und hält an mehreren schönen Stränden. So oder so ist eine Fahrt mit der Schmalspurbahn auf jeden Fall ein Erlebnis (Information zur Eisenbahn: Chemin de fer de la Corse, Service Commercial (Kundenservice). Mo–Do 8.30–12 / 13.30–17 Uhr, Fr 8–12 Uhr,

BP 237, 20 294 Bastia Cedex, Tel. 0495/32 80 57, www.cf-corse.fr).

Spezialitäten preiswert genießen

Auch bei der Verpflegung lässt sich sparen: einfach auf dem Markt, in der Charcuterie oder beim Bäcker einige Spezialitäten einkaufen und an schönen Plätzen für ein Picknick innehalten – besonders für Familien ist dies immer noch preiswerter, als wenn alle zusammen im Restaurant essen gehen. Korsika hat so viele köstliche regionale Produkte bis hin zur Kastanienkonfitüre, dass es keineswegs einen Verzicht bedeutet, auf diese Weise zu sparen.

Am Bahnsteig von Vizzanova

38 Castagniccia
Im Land der Kastanienwälder

Die Chataigne ist so etwas wie die Nationalfrucht Korsikas. Man begegnet ihr unter anderem in Desserts, in Margarine und sogar im Bier. Besonders verbreitet ist sie in der Region, der sie auch ihren Namen gab: Grüne Hügel mit ganzen Wäldern aus verwilderten Kastanienbäumen prägen die Castagniccia, eine blühende Landschaft mit schmalen Bergstraßen und idyllischen Dörfern.

Bereits in der Jungsteinzeit wuchsen Kastanienbäume auf Korsika. Die Erklärung für die starke Verbreitung der Esskastanie im Nordosten der Insel indes liefert die jüngere Geschichte. Anno 1584 befahlen die Genueser den korsischen Bauern die Anpflanzung von Nutzbäumen, insbesondere der Esskastanie, wobei eine bestimmte Anzahl von Bäumen pro Jahr zu setzen war. Bereits rund 150 Jahre später waren fast drei Viertel der Böden im Hinterland der Ostküste mit Kastanienbäumen bedeckt. Die gut lagerfähige Frucht, die sich auf so vielseitige Weise nutzen ließ, sicherte die Nahrung auch im kalten Winter und trug zum Wohlstand bei.

Im frühen 18. Jahrhundert verfügte jedes Haus über einen sogenannten Rataghju, einen Trockenboden für die Verarbeitung der Maronen. Das Kastanienmehl diente als Grundlage für nahrhafte Speisen, und die Region entwickelte sich zur »Kornkammer« Korsikas. Dies änderte sich jedoch rapide, als man im 19. Jahrhundert zunehmend Weizenmehl auf die Insel einführte. Die Kastanienhaine verwilderten, viele Bauern mussten nun mit Einbußen leben.

Das Geburtshaus von Pasquale Paoli in Morosaglia

Wiederentdeckte Spezialität

Heute ist es die brachliegende Nutzland-schaft, die, fest mit der ursprünglichen Natur der Insel verwachsen, den Zauber der Castagniccia ausmacht. Dicht bewaldet ist das Bergland der Costa Verde mit unzähligen Wandermöglichkei-ten; verwilderte Hausschweine, Kühe und Ziegen grasen an den Straßenrändern. Besonders schön ist es im Herbst, wenn sich das Laub vergoldet und Nebelschwaden in den Tälern hängen. Und noch immer ist einigen Ortschaften die längst vergangene Blütezeit anzusehen, mit prachtvollen Fassaden und barocken Kirchen. Vielerorts wird die Kastanie wieder kultiviert, nunmehr als Spe-zialität, die Touristen begeistert. In den Restau-rants serviert man *Pulenta* und Kastanienpudding, in Läden und an Straßenständen werden Konfitü-ren, Gebäck und Kastanienlikör verkauft.

Verstecke für Rebellen

Die Castagniccia gehört zum Parc Naturel Régional de Corse und ragt als östlicher Ausläufer des zen-tralen Naturparks fast bis an die Küste. Ihre höchs-te Erhebung ist der Monte San Petrone (1767 m) in der Gemeinde Nocario. Die urwüchsige Region hat eine besondere politische Geschichte. Das Städtchen Cervione war 1736 Inselhauptstadt, als Baron Theodor von Neuhoff für sieben Monate als König Korsikas regierte und dabei eine Schlüssel-rolle im Kampf gegen die Genueser innehatte (siehe S. 222). Im späteren 18. Jahrhundert bildete die Region ein Zentrum der korsischen Unabhän-gigkeitsbewegung. Der Freiheitskämpfer Pasquale Paoli (1725–1807) wurde hier, im Bergdorf Moro-saglia, geboren. Die dichten Wälder boten zahlrei-che Rückzugsmöglichkeiten, versteckte Klöster dienten den Rebellen als Versammlungsorte.

Geheimtipp

CHIATRA

Zu den wohl ältesten und urigsten Dörfern der Cas-tagniccia zählt Chiatra. Das mittelalterliche Dorf liegt hoch oben auf einer kleinen Bergkuppe. Sehenswert ist der kleine Ortskern, der beinahe wie eine Festung wirkt. Obendrein entfaltet sich ein beein-druckendes Panorama mit dem grü-nen Alesani-Tal, in das sich ein gro-ßer Stausee bettet, auf der einen und dem Blick Richtung Küste auf der anderen Seite. Auf dem Weg liegt an der D17 das versteckte Restaurant U Pagliaggiu, in dem es die passende rustikale Küche zum Ausflug gibt und außerdem Pizza aus dem Holzofen. Familiäre Stimmung, die Besitzerin spricht auch Deutsch. Verlässt man Chiatra dann in der Gegenrichtung, geht es über den Stausee bis nach Cervione. (Wer diese Strecke anders-herum fährt, kann den Tag mit einem guten Essen im U Pagliaggiu be-schließen.)

Anfahrt Chiatra: Ab der N198 auf die Nebenstrecke die D17 (südlich von Alistro).

Restaurant U Pagliaggiu. Mitte April–Mitte Sept., 20 230 Chiatra, Tel. 04 95 44 06 68

Über die wilden Kastanien freuen sich auch andere.

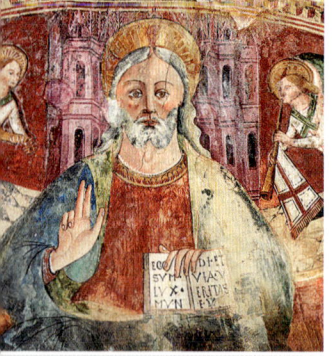

Oben: La Porta mit Barockkirche »Saint-Jean-Baptiste«
Unten: In der Friedhofskapelle »St-Thomas de Pastoreccia« sind Fresken aus dem späten 15. Jh. zu bewundern.

Dörfer im grünen Nirgendwo

Im Norden begrenzt der Fluss Fium'Alto die Castagniccia, im Süden die Alesani-Mündung, und Richtung Westen reicht die Mikroregion bis zum Grabenbruch zwischen Ponte Leccia und Corte. Zahlreiche gerade noch befahrbare Bergstraßen winden sich durch die hügelige Waldlandschaft, auf den Bergkuppen sitzen verlassen wirkende Dörfchen, Häuser aus düsterem Schiefergestein, Kirchtürme und Klosterruinen ragen aus dem Grün. Dann wieder entdeckt man eine Trinkwasserquelle am Wegesrand oder einen Fluss, wo man keinen vermutete. Wer Lust auf ein kleines Abenteuer hat, folgt einfach den kleinen Nebenstrecken und entdeckt kaum bekannte Winkel Korsikas. Mitten im grünen Nirgendwo liegt zum Beispiel der Weiler Pastoreccia, ein Häufchen Häuser mit einem Friedhof und einer halb verfallenen Kapelle (15. Jh.), die wunderschöne Wandmalereien birgt. Hier, nördlich des Passes Col d'Arcarota (D71), schlägt das urige Herz der Castagniccia.

Barockes in La Porta

Als Startpunkt für eine Rundfahrt ab der Ostküste bietet sich der Badeort Folelli an. Von dort begleitet der Fium'Alto die D506, die bald Richtung Süden schwenkt. An diesem Punkt zweigt die D205 ab, der man nach einer weiteren Abzweigung (D515) bis La Porta folgen kann, einem der größten Dörfer der Castagniccia. (Es ist aber auch auf bequemeren Wegen aus Richtung Westen über Morosaglia zu erreichen.) Das Besondere an La Porta ist die Barockkirche Église Saint-Jean-Baptiste (1648–1680) mit einem Campanile, einem frei stehenden Glockenturm (1720), links daneben. Diese Bauweise ist in Italien stark verbreitet, das wohl berühmteste Beispiel ist der schiefe Turm von Pisa. Das Innere der Kirche erweist sich als Reigen prunkvoller Säulen und Malereien.

In den Bergen der Castagniccia

Das grüne Hinterland der Costa Verde bietet Touren für »Abenteurer« und Plätze für Kulturfreunde.

A **Morosaglia** – Hier wurde der Freiheitskämpfer Pasquale Paoli geboren.

B **Monte San Petrone** – Auf den höchsten Gipfel der Castagniccia benötigt man insgesamt ca. fünf Stunden Gehzeit.

C **Cervione** – Geschichtsträchtiges Städtchen mit Panoramablick und Hauptort der Castagniccia. Der Besuch lohnt auch wegen der guten Restaurants.

D **Pastoreccia** – Ein Häufchen Häuser mit sehenswerter Kapelle. Hier ist das Herz der Castagniccia.

E **La Porta** – Bekannt für die Barockkirche Église Saint-Jean-Baptiste mit ihrem Campanile.

F **Col de Prato** – Hier beginnt auch der Aufstieg zum Monte San Petrone.

G **Die Mineralquelle von Orezza** – Hier kann man das Mineralwasser direkt an der Quelle probieren.

H **Piedicroce** – Eines der größeren Dörfer in der Region.

I **Col d'Arcarota** – Der Pass der Castagniccia bildet eine Grenze zwischen den offenen Kastanientälern und dem undurchdringlicheren Bergland.

J **Valle-d'Alesani** – Freundliches Tal, das auch das Kloster Couvent d'Alesani beherbergt.

PAESOLU DI PRUNETE

Unterhalb von Cervione liegt einer der schönsten Orte an der Ostküste. Mitten im touristisch erschlossenen Küstengebiet mit seinen Strandpromenaden versteckt sich, direkt am Wasser, das urige Dörfchen Prunete. Unter den alten Eukalyptusbäumen gibt es schattige Parkplätze. Der Ort gefällt mit seinen alten Steinhäusern, einem Wachturm und einer Kapelle. Einige Fischrestaurants bieten hervorragende Küche.

Anfahrt Prunete: Stichstraße ab der N198 gegenüber der Abzweigung Cervione (den Schildern Richtung Camping Calamar folgen)

Im weiteren Verlauf führt die D515 direkt auf den Col de Prato (985 m) und auf die Hauptstraße D71. Auf der Passhöhe beginnt eine ausgeschilderte Wanderroute auf den Monte San Pedrone. Vom Gipfel lässt sich die komplette Castagniccia überblicken.

Heilwasser von Orezza

Nach weiteren zwölf Kilometern Richtung Süden erreicht man über die D71 die Ortschaft Piedicroce. Eine Nebenstrecke (D508) führt zur Eau Minerale Naturelle d'Orezza (Mineralwasserquelle von Orezza). Das gesundheitsfördernde Wasser war schon in der Antike bekannt. Es wurde per Gesetz vom 25. April 1856 zugelassen und als »dem Allgemeinwohl förderlich« in einem kaiserlichen Erlass vom 7. Februar 1866 anerkannt. Das Heilwasser, unter anderem soll es bei Leber- und Nierenerkrankungen helfen, wird seit der Jahrtausendwende wieder vor Ort abgefüllt und ist in den korsischen Supermärkten zu finden. Besucher können es an einem Brunnen kosten, auch mit einem Souvenirshop hat man sich auf den Tourismus eingestellt. In der Nähe befindet sich der Wasserfall Cascade de Carcheto mit Badestelle.

Ein Kilometer vor Piedicroce steht die Ruine des Franziskanerklosters Couvent d'Orezza (1485). Nachdem die Mönche es Mitte des 18. Jahrhunderts verlassen hatten, wurde es von der Widerstandsbewegung genutzt. Hier soll sich Pasquale Paoli mit Napoleon getroffen haben (1790). Weil Einsturzgefahr besteht, ist das Gebäude nicht zu besichtigen. Kurz hinter dem Kloster geht es nach Campodonico, einem Weiler, in dem eine längere Wanderroute auf den Monte San Pedrone beginnt. Von Piedicroce gelangt man über den Col d'Arcarota (819 m) schließlich in das schöne Valle-d'Alesani (Tal von Alesani, siehe S. 226).

Ruine des Klosters von Orezza

Infos und Adressen

SEHENSWÜRDIGKEITEN

Eau Mineral Naturelle d'Orezza. 20 229 Rapaghju, www.orezza.fr

Église Saint-Jean-Baptiste. 20 221 La Porta

ESSEN UND TRINKEN

L'Ampugnani. Das Restaurant bietet Spezialitäten wie Cannelloni au Brocciu und Magret de Canard. Schöner Speisesaal mit Panoramablick über die Kastanientäler. Village, 20 221 La Porta, Tel. 04 95 39 22 00, www.ampugnani.com

ÜBERNACHTEN

Camping Calamar. Wunderschöne Lage direkt am Strand, mit ausreichend Schatten unter Eukalyptusbäumen. Einfache Ausstattung. Prunete, 20 221 Cervione, Tel. 04 95 38 03 54, www.campingcalamar.eu

Hotel Le Refuge. Eines der wenigen Hotels mitten im Bergland der Castagniccia. 20 Zimmer. Village, 20 221 Piedicroce, Tel. 04 95 35 82 65, www.hotel-le-refuge.fr

EINKAUFEN

Lutina. Neue Bierbrauerei in der Castagnicca, in der handwerkliche Braukunst hochgehalten wird. Produziert wird fruchtig-würziges Bier der Marke Lutina aus Hopfen, Gerste, Zedratfrucht und reinem Quellwasser. Mo–Fr 14–19 Uhr (ganzjährig), Lieu dit Callane, 20 213 Folelli, Tel. 04 95 46 28 64

Markt auf dem Col d'Arcarota. Kastanienprodukte direkt vom Erzeuger und andere Spezialitäten. So vormittags, Juni–Sept.

INFORMATION

Office de Tourisme de Costa Verde. Maison du dévelopement, 20 230 Moriani-Plage, Tel. 04 95 38 41 73, E-Mail: costa-verde@wanadoo.fr, www.costaverde-corsica.com

Office de Tourisme de Ponte Leccia-Morosaglia. Place de la Mairie, 20 218 Ponte Leccia, Tel. 04 95 47 70 97, E-Mail: lucchesidenise@orange.fr, www.ponteleccia-morosaglia.com

Office du Tourisme de la Castagniccia. Immeuble l'Aiglon/RN 198, 20 213 Folelli, Tel. 04 95 35 82 54, E-Mail: si.castagniccia@wanadoo.fr www.castagniccia.fr

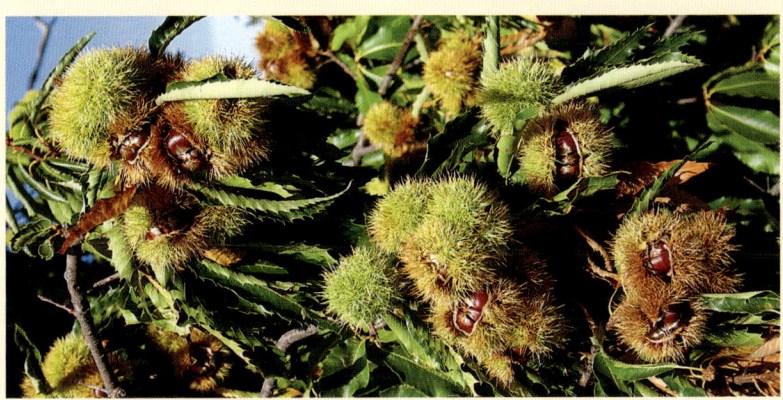

Die Kastanie hat der Castagniccia den Namen gegeben.

39 Cervione
Königssitz für sieben Monate

In der Castagniccia gehört ein Ausflug nach Cervione unbedingt dazu. Das schmucke Städtchen war 1736 unter Theodor I. Hauptstadt des Königreichs Korsika. Daran wird man vor Ort mehr als deutlich erinnert. Außerdem lohnen sich der schönen Blick bis hin zum Meer, der Bischofspalast, die prunkvolle Barockkirche, ein kleines Völkerkundemuseum und das Franziskanerkonvent, in dem der König gekrönt wurde.

Wie auf einem Balkon sitzt Cervione (380 m) über den Kastanienhügeln, einen grandiosen Blick über die Costa Verde gewährend. An der durch den Ort führenden Panoramastraße (*À Traversa*) laden gemütliche Terrassen-Cafés und Bars zum Verweilen ein. Schon damit könnte man also einen ganzen Nachmittag in dem historischen Städtchen verbringen, doch es zieht einen förmlich in die kleine Altstadt, die ein Stück weiter oberhalb liegt. Auf dem Weg sind wuchtige Repräsentativbauten zu bewundern, die an die Zeit erinnern, in der Cervione einen König hatte: Theodor Stephan von Neuhoff (1694–1756).

Der »König von Korsika«

Über den sonderbaren Baron schrieb Michael Kleeberg den Roman »Der König von Korsika«, ist es doch eine ungewöhnliche Geschichte, im 18. Jahrhundert aus einer westfälischen Offiziersfamilie stammend mitten in den Kastanienbergen einer Mittelmeerinsel zum König gekrönt zu werden. Die tatsächlichen Ereignisse liegen teils im Dunkeln, und über den Geburtsort kursieren ver-

Büste von Freiherr Theodor Stephan von Neuhoff, im Hintergrund die alte Kathedrale

Wahrhaft majestätisch präsentiert sich Cervione.

schiedene Angaben. Laut einem selbst verfassten Dokument kam von Neuhoff in Köln zur Welt. Die Geschichtsschreiber bezeichnen ihn als Abenteurer, der durch Europa zog, um Großes zu vollbringen. Am 12. März 1736 erreichte er Aléria an der Ostküste Korsikas; er hatte eine weiße Fahne gehisst, auf der ein abgeschlagener Mohrenkopf mit Stirnband zu sehen war. So kam die Insel wohl zu ihrem Symbol des Widerstandes, denn der Baron vom fernen Festland sicherte den Korsen seine Unterstützung im Kampf gegen die genuesischen Besatzer zu.

Das Volk war begeistert. Von einem Nationalkonvent am 15. April 1736 wurde der Seefahrer als Theodor I. zum König von Korsika gewählt. Der Monarch residierte fortan im Bischofspalast von Cervione. Er führte eine liberale Verfassung ein, ließ Straßen bauen und Münzen prägen, die heute Seltenheitswert haben. Er gründete den rebellischen Ritterorden »De la Liberazione« und eroberte mit seinen Truppen Porto-Vecchio und Sartenc, die letzten genuesischen Stützpunkte im Süden

Im Altarraum der Kathedrale St Érasme

der Insel. Am Ende aber behielten die Genueser auf Korsika die Oberhand – und sie setzten ein Kopfgeld auf den unbequemen Monarchen aus. Theodor I. soll am 11. November 1736, als Mönch verkleidet, aus seinem Königreich geflüchtet sein. 20 Jahre später, 1756, starb er einsam und verarmt in London.

Bummel durch die Altstadt

Die kleine Altstadt von Cervione ist bezaubernd. Aus nur wenigen Sträßchen, Gassen und Plätzen bestehend, birgt sie alles, was zu einem schönen Bummel gehört: Sehenswürdigkeiten, gute Restaurants, kleine Läden, und all dies vor der charmanten Kulisse der ehrwürdigen Mauern. Informative Tafeln in mehreren Sprachen und mit historischen Fotos berichten über das Leben in Cervione im frühen 20. Jahrhundert.

Das Zentrum bildet die barocke Kathedrale St Érasme (16. Jh.) mit ihrer mächtigen Kuppel und einem kleinen Vorplatz. Während der Saison finden hier regelmäßig Konzerte statt. Gleich um die Ecke, in einem schönen Innenhof mit Panoramablick, erwartet das Völkerkundemuseum Musée ethnographique de l'Adecec seine Besucher. In

14 Ausstellungsräumen gewährt es Einblicke in die Tradition und das religiöse Leben der Menschen der Castagniccia. Zu sehen sind unter anderem eine komplett eingerichtete Schmiede und eine Dorfküche aus alten Zeiten. Am Ende der Straße, vorbei am Museum, führt ein Weg zu den Ruinen einer alten Ölmühle.

In den Gassen von Cervione haben sich auch einige Künstler und Anbieter lokaler Produkte angesiedelt. Es lohnt sich, ihre kleinen Läden zu besuchen, denn hier bekommt man liebevoll gefertigte Mitbringsel, die ihr Geld wert sind. Auch für Haselnuss-Spezialitäten ist Cervione bekannt. Die Plantagen finden sich unterhalb des Dorfes. Jedes Jahr Ende August gibt es ein großes Fest zu Ehren der *Noisette* (»La foire de la noisette«).

Mekka der Gleitschirmflieger

Cervione liegt auf einem Balkon des Hausberges Monte Castello (632 m). Dessen markante, spitze Kuppe ist bei Gleitschirmfliegern beliebt. Der Startplatz befindet sich bei der Kapelle Chapelle A Madonna, auch Tandemflüge werden angeboten. Für alle, die lieber mit beiden Beinen auf der Erde bleiben möchten, ist es immerhin ein lohnenswertes Ziel für eine Kurzwanderung. Von oben bietet sich eine schöne Sicht über das Dorf bis hin zur Ostküste, sofern der Gipfel nicht von Wolkenschwaden umgeben ist. Eine bequemere und durchaus interessante Variante ist es, bei einem Café au lait an der Traversa von Cervione zu sitzen und den Fliegern von unten zuzusehen.

Ausflüge in die Castagniccia

Ab Cervione sind auch die Dörfer und andere lohnende Plätze in der Castagniccia gut zu erreichen. Unterhalb des Städtchens, in der Gemeinde Valle-

Oben: Die Gasse »Carrughju A.G. Astima« in der Altstadt
Unten: Schmiedewerkstatt im ethnografischen Museum

di-Campoloro, lohnt ein Besuch der romanischen Chapelle Santa Cristina. Sie gehört zu den seltenen Kirchlein auf Korsika, die über eine Doppelapsis verfügen. Die Kapelle ist nach ca. zweieinhalb Kilometern zu erreichen (Abzweigung der D71) und ausgeschildert.

Cervione in der anderen Richtung verlassend, gelangt man über die D71 in das schöne Valle-d'Alesani (Alesani-Tal) und von dort über den Col d'Arcarota (819 m) in die tiefste Castagniccia mit ihren dichten, teils undurchdringlichen Wäldern. Hier kann man sich gut vorstellen, wie sie einst von Banditen und anderen Verfolgten als Zuflucht genutzt wurde. An der Strecke liegen die Dörfer Sant'Andrea di Cottone und Ortale.

Im offenen Valle-d'Alesani zeigt sich die Castagniccia von einer weniger düsteren Seite. Das Tal öffnet sich Richtung Ostküste und bietet viel Licht. Nahe dem Dorf liegt das Couvent d'Alesani (1236). In dem schlichten Franziskanerkloster wurde Theodor von Neuhoff am 15. April 1736 zum König von Korsika gekrönt.

Oben: Im Couvent d'Alesani wurde Theodor von Neuhoff zum König gekrönt.
Unten: Die Statue zeigt den heiligen Érasme, Schutzpatron Cerviones.

Infos und Adressen

SEHENSWÜRDIGKEITEN

Musée ethnographique de l'Adecec.
Mo–Sa 9–12 / 14–19 Uhr (im Winter nur
bis 18 Uhr), Place Ghjuvanni Simonetti,
20 221 Cervione, Tel. 04 95 38 12 83,
www.adecec.net

ESSEN UND TRINKEN

Aux 3 Fourchettes. Traditionelle korsische Küche
am schönen Kirchplatz von Cervione. Place de
l'Église, 20 221 Cervione, Tel. 04 95 38 14 86,
www.aux3fourchettes.com

ÜBERNACHTEN

Hotel Orizonte. Drei-Sterne-Hotel an der schönen
Promenade von Prunete. Ca. 8 km vor Cervione,
Paesolu di Prunete, 20 221 Cervione,
Tel. 04 95 38 09 00, www.hotel-orizonte.com

AKTIVITÄTEN

Cime'Ale. Gleitschirmfliegen vom Monte Castello,
dem Hausberg Cerviones. Casa Comunale,
20 221 Cervione, Tel. 06 76 03 53 19,
E-Mail: cimeale@free.fr, www.cimeale.free.fr

Wanderung auf den Monte Castello. Gehweg
hin und zurück ca. 1,5 Std.

VERANSTALTUNGEN

La foire de la noisette. Jährlich Ende August
stattfindendes Haselnussfest, www.cervione.com

EINKAUFEN

Atelier de la Noisette. Nussboutique. Konditorei-
spezialitäten mit Haselnüssen aus der Region
Cervione. Direktverkauf und E-Shop. RN 198,
Lieu-dit a Fiorentina, 20 230 San Giuliano,
Tel. 04 95 38 02 41, www.atelierdelanoisette.com

Skulpturen von Alain Decelle und Katy Leng.
In der Altstadt, Straße links neben der Kirche.
www.decelleartscreation.chez.com

INFORMATION

Gemeinde Cervione. www.cervione.com

Office du Tourisme de la Castagniccia.
Immeuble l'Aiglon/RN 198, 20 213 Folelli,
Tel. 04 95 35 82 54, E-Mail: si.castagniccia@
wanadoo.fr, www.castagniccia.fr

Im Restaurant »Aux 3 Fourchettes«

40 Aléria
Säulen und Forum

**Auf den ersten Blick ist Aléria ein Küsten-
ort wie viele andere – wäre da nicht ... ein
ganz besonderer Ort jenseits des Strandes:
Reihen von Säulenstümpfen und Grundmauern zeigen eindrucksvoll die Reste
einer einst prosperierenden Siedlung der
römischen Antike – zusammen mit dem
Fort de Matra der bedeutendste archäologische Platz auf der Insel.**

Das fruchtbare Land mit seinen weiten Anbauflä-
chen war vermutlich ausschlaggebend für das Er-
blühen der römischen Siedlung, die sich ab dem
1. Jahrhundert v. Chr. entwickelte: Aléria war in der
Antike die größte Stadt Korsikas mit bis zu 20 000
Einwohnern. Die noch heute sichtbaren Überreste
bilden nach wie vor eindrucksvoll das damalige
Stadtzentrum ab. Historiker gehen von einer Besiedlung in drei Schüben aus: unter dem Feld-
herrn Lucius Cornelius Sulla Felix (81 v. Chr.), unter Julius Cäsar (46 v. Chr.) und unter Augustus
(Gaius Octavius, 32 v. Chr.). Die Hauptgebäude
gruppierten sich um einen Platz, der zum Schutz
mit Portiken gesäumt war. Aus einem Dokument
von Papst Gregor I. geht hervor, dass Aléria im
späten 6. Jahrhundert auch als Bischofssitz diente – allerdings deutet kein Fund auf den Bau
einer Kathedrale hin.

Mitte: Unverkennbar: eine antike
Stadt mit Becken und Thermen
Unten: Ein etruskischer Löwe
bewacht das Musee Jérôme-
Carcopino.

Bereits im 19. Jahrhundert wurden die Ruinen der
antiken Stadt entdeckt. Die ersten Ausgrabungen
erfolgten im Zeitraum 1955 und 1960 unter Jean
Jehasse. Die Archäologen legten das Forum frei
und einen großen Teil der heute sichtbaren Sied-
lungsbereiche. In den folgenden 20 Jahren gab es
weitere Ausgrabungen, bei denen die Nekropole

von Casabianda aus vorrömischer Zeit zutage befördert wurde. Denn schon im 6. Jahrhundert v. Chr. hatten die Griechen die Kolonie Alalie (auch: Alalia) gegründet, einen bedeutenden Stützpunkt in der Seeschlacht von Alalia (538 v. Chr.), in der die Etrusker und Karthager den Griechen unterlagen. Laut einer Überlieferung des Historikers Herodot (484 bis 425 v. Chr.) folgte um 545 v. Chr. eine weitere Einwanderung von kleinasiatischen Griechen, die von den Persern aus dem Land vertrieben worden waren. Als Beleg gelten neben griechischen Vasen und Grabbeigaben, die man bei der Nekropole von Casabianda fand, auch Keramiken aus der großen Site Antique, der Ausgrabungsstätte in Aléria.

Fort de Matra

Der Verlauf der Gebäude und Verkehrswege zeigt, dass die Stadt im Verlauf der Spätantike mehrfach erweitert und umgestaltet wurde. Während des Ersten Punisches Krieges (264 bis 241 v. Chr.) fiel Alalia an die Römer. Sie bauten die Stadt (nun Aleria) nach der fast völligen Zerstörung als Militär- und Handelsstützpunkt wieder auf. Nach dem Untergang des Römischen Reiches im späten 6. Jahrhundert begann der endgültige Niedergang der Stadt. Ihre Ruinen wurden noch bis zum 13. Jahrhundert abgetragen. Funde ergaben, dass Mauerteile für neue Bauten verwendet oder zu Kalk verarbeitet wurden.

Die Ausbreitung der Malaria, von den Römern nach Korsika eingeschleppt, verhinderte eine neue Besiedlung des Gebietes für mehrere Jahrhunderte. Dies änderte sich erst wieder mit der Besatzung durch die Genueser. Sie errichteten das Fort de Matra (1572) nahe der heutigen Ausgrabungsstätte. Es dient nun als Museum mit Fundstücken der Ausgrabung (siehe Infos und Adressen).

Infos und Adressen

SEHENSWÜRDIGKEITEN
Site Antique Aléria. Mo–Sa 19–13 / 14–18.30 Uhr, Fort de Matra, 20 270 Aleria, Tel. 04 95 57 00 92, www.cg2b.fr

Musée D'Archéologie Jérôme Carcopino d'Aléria. Mo–Sa 19–13 / 14–18.30 Uhr, Fort de Matra, 20 270 Aléria, Tel. 04 95 57 00 92, www.cg2b.fr

ESSEN UND TRINKEN
A Terrazza. Restaurant mit korsischer Küche und Livemusik. Campu Vechju, 20 230 Linguizzetta, Tel. 06 11 63 76 04

ÜBERNACHTEN
Perla D'Isula. Ferienanlage an der Bravone-Mündung nahe Aléria, Apartements für 4 und 6 Personen. Marine De Bravone, 20 230 Bravone, Tel. 04 95 35 37 85, www.goelia.com

INFORMATION
Office de Tourisme de l'Oriente. Avenue Saint-Alexandre Sauli 80, 20 270 Aléria, Tel. 04 95 57 01 51, E-Mail: tourismeoriente@orange.fr, www.oriente-corsica.com

Point Info Tourisme de l'Oriente. Mairie annexe de Linguizzetta, 20 230 Linguizzetta, Tel. 04 95 38 90 10

Im Fort de Matra informiert ein Museum über die Geschichte Alérias.

41 Costa Serena
Unbeschwerter Badeurlaub

Auf die grüne Costa Verde folgt die »heitere« Costa Serena. Diese Strandregion säumt die Küste von Aléria nach Ghisonaccia. Lagunenseen und fruchtbare Felder verleihen ihr ein eigenes Gesicht. Und wer doch lieber wieder Berge sehen möchte, findet sie bereits nach kurzen Autofahrten, die direkt in den Regionalen Naturpark Korsikas führen.

Auch wenn die Strände ähnlich hell und schön sind wie an der nördlichen Ostküste, es ist das Hinterland, das dieser Region ihren Charakter verleiht. Während an der Costa Verde die Berge mit ihren mittelalterlichen Dörfern im Hinterland ganz nah sind und durchaus auch etwas Schwermut verbreiten, weitet sich das Land ab Aléria. Aus gutem Grund wird dieser Küstenbereich auch Plaine Orientale (»Östliche Ebene«) genannt: Obstplantagen, Weinfelder und blühende Wiesen breiten sich in der fruchtbaren Landschaft aus, während die salzige Luft vom nahen Meer erzählt.

Vier Langunenseen

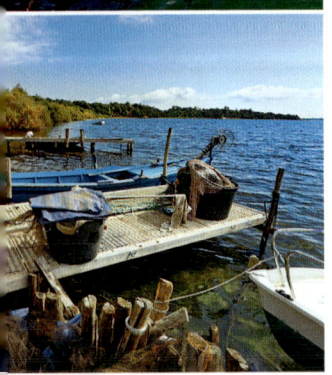

Mitte: Steg am Étang d'Urbino
Unten: Wiege der Austernfischerei

Bei Aléria bereichern vier Lagunenseen die Küste. Der Étang de Diana und davor der winzige Étang de Terrenzana, der Étang del Salé und der Étang d'Urbino. Die Landschaft erinnert eher an Finnland als ans Mittelmeer. In den beiden größten (Diana und Urbino) werden seit der Antike Austern gezüchtet, die man vor Ort auch genießen kann (siehe Autorentipp S. 232). Das schöne Gebiet eignet sich zudem für kleine Wanderungen, die ganz andere Eindrücke von Korsika vermitteln. Zu erreichen sind die Seen über kleine Straßen,

Die Costa Serena entdecken

Und wenn das Strandleben auch noch so schön ist – es lohnt sich, an der Costa Serena einmal dem Meer entgegengesetzt zu fahren.

A Ausgrabungsstätte Aléria – Die Reste der römischen Siedlung liegen nahe an der Costa Serena. Unbedingt sollte man auch das zugehörige Museum besuchen.

B Die Langunenseen von Aléria – Eine besondere Landschaft. Der Étang de Diana und Étang d'Urbino dienen der Austernzucht. Auf den schönen Spazierwegen zeigt Korsika ein anderes Gesicht.

C Ghisonaccia – Das Städtchen selbst ist kein Glanzlicht, weiß aber mit schönen Plätzen in der Umgebung zu überzeugen. Und wer Rundum-Sorglos-Badeurlaub möchte, ist hier auch richtig.

D Naturschutzgebiet Pinia – Kiefernwälder und ein herrlicher Sandstrand – dies vermuten viele nicht so nahe an Ghisonaccia.

E Inzecca-Schlucht – Durch die Felsen verläuft der Fluss Fium'Orbu, der schöne Badegumpen zu bieten hat.

F Ghisoni – Das Bergdorf ist in mehrfacher Hinsicht mit Ghisonaccia verbunden: zum einen vom Namen her, aber auch durch eine lohnenswerte Ausflugsstraße.

DAS FLOSS-RESTAURANT AM AUSTERNSEE

Wie ein Süßwassersee ruht die Lagune des Étang d'Urbino vor bewaldeten Inseln und Bergen, ein Wanderweg führt am Wasser entlang. Am Ufer stehen Liegestühle, Sitzgruppen und Picknickplätze bereit, daneben gibt es einen urigen Laden mit Inselmode von Kallisté Créations. Hier betreiben Vincent und Luc Bronzini de Caraffa ein schwimmendes Restaurant (Restaurant sur l'eau). Auf einem Floß ragt es in den See hinein, man sitzt also sozusagen über der Delikatesse, die ganz frisch auf dem Teller landet: In dem Gewässer werden Korsikas Austern gezüchtet. Sehr zu empfehlen sind auch die Miesmuscheln im Teigmantel (Moules frites).

Restaurant étang d'Urbino. Abzweigung von der N198 (zwischen Aléria und Ghisonaccia, ca. 4 km hinter Ghisonaccia). 20 240 Ghisonaccia, Tel. 04 95 57 30 89, E-Mail: sarl.urbino@me.com

die von der Küstenstraße N198 abzweigen. Richtung Süden setzen sich die langen Strände der Ostküste fort, kleine Hochburgen für unbeschwerten Badeurlaub – sofern man ihn gern mit vielen anderen teilt. Individualreisende indes fahren lieber an die Westküste.

Ghisonaccia

Der Hauptort der Costa Serena hat rund 4000 Einwohner, im Sommer sind es einige mehr. Bungalow-Siedlungen und Campingplätze liegen dicht beieinander. Viele verfügen über einen eigenen Zugang zum Strand. Die Ortschaft selbst liegt rund fünf Kilometer vom Wasser entfernt. Aus kultureller Sicht hat sie nicht viel zu bieten, doch mit dem nahe gelegenen Naturschutzgebiet Pinia ist sie ein lohnendes Ausflusgziel: Bis zum Étang d'Urbino reichen die Kiefernwälder, und davor befindet sich ein Sandstrand, an dem es auch im Sommer ruhiger zugeht.

Ausflüge ins Hinterland

Das Bergdorf Ghisoni ist über eine Nebenstrecke direkt mit Ghisonaccia verbunden – eine Liaison, die darauf verweist, dass die Menschen früher in den Bergen gelebt haben, während sie die Tiere im Winter hinab auf die Weiden ins wärmere Flachland trieben. Solchen Zwillingsorten begegnet man auf Korsika öfter. Ein Ausflug nach Ghisoni jedenfalls lohnt sich, es geht durch die Inzecca-Schlucht mit dem Fluss Fium'Orbu, dann durch die Schlucht von Strette, kurz vor dem Bergdorf befinden sich beliebte Badestellen (siehe S. 134). Von dort ist es nicht mehr weit bis zu den ersten Zweitausendern (Monte Renoso) und zum Skigebiet von Ghisoni. Und die Reise ließe sich fortsetzen: Richtung Nordwesten über das Prunelli-Tal, Richtung Süden über den Bergpass Col de Bavella.

Infos und Adressen

ESSEN UND TRINKEN

Restaurant Le Cintra. Pizzeria am Ortsausgang (Richtung Bonifacio), bietet sich auch für einen Stopp auf der Durchreise an. Avenue du 9 Septembre, 20 240 Ghisonaccia, Tel. 04 95 56 13 44

ÜBERNACHTEN

Marina d'Oru. Feriendorf mit Animation für Kinder und Erwachsene. Route de la mer, 20 240 Ghisonaccia, Tel. 04 95 56 57 58, www.site.marinadoru.com

Perla di Mare. Ferienanlage in schöner Strandlage mit Pool. Plage de Vignale, 20 240 Ghisonaccia, Tel. 04 95 56 53 10, www.perla-di-mare.fr

U Casone. Alteingesessene Ferienanlage mit Camping, Gîte, zwei Pools und Sportangebot. Route de la mer, 20 240 Ghisonaccia, Tel. 04 95 56 02 41, www.ucasone.net

Spezialitätenladen in Ghisonaccia

AKTIVITÄTEN

Fallschirmspringen. Auch Tandemsprünge. Ghisonaccia Alzitone Airport (Sportflughafen von Ghisonaccia, 2 km nördlich), 20 140 Ghisonaccia, Tel. 06 76 85 32 53

Segway-Touren. Geführte Erkundungen mit dem Segway. Stationen u. a. an der Domaine Mavela und am Genueserturm von Aléria. Tel. 06 34 65 71 47 22, www.mobilboard.com

EINKAUFEN

Domaine Mavela. Statt Wein einmal korsischen Whiskey probieren. U Licettu (5 km südlich von Aléria an der D343), 20 270 Aléria, Tel. 04 95 56 60 30, www.domaine-mavela.com

INFORMATION

Office de Tourisme de Ghisonaccia Costa Serena. Sommer: Mo–Sa 9–12.30 / 14–20 Uhr, So 9–12 Uhr, Herbst–Frühjahr: Mo–Fr 8.30–12.30 / 14–18 Uhr, Place de l'Hôtel de ville, 20 240 Ghisonaccia, Tel. 04 95 56 12 38, E-Mail: tourisme.ghisonaccia@wanadoo.fr, www.corsica-costaserena.com

An der Costa Serena gedeiht auch der Wein.

42 Solenzara
Rendezvous von Meer und Fluss

Sicher, diese Liebesbeziehung kommt auf Korsika häufiger vor – doch selten ist sie so schön wie bei Solenzara. Auf der einen Seite Traumstrände, auf der anderen einer der schönsten Bergflüsse Korsikas. Natürlich hat er auch daran gedacht, zahlreiche Badestellen in den Felsen zu modellieren. Willkommen an der »Perlmuttküste« Korsikas: der Côte des Nacres!

Auch wenn es wohl eher eine Werbestrategie der örtlichen Touristenagenturen ist, der Name »Perlmuttküste« passt zu diesem Küstenbereich: Es schillert alles an der Côte des Nacres, im oft von der Sonne verwöhnten Südosten, seien es die Wellen auf dem Meer oder das kristallklare Wasser der Solenzara. Erklärt wird die Bezeichnung auch mit einem besonders hohen Vorkommen von Muscheln im Gebiet von Solaro bis Conca.

Wie so oft auf Korsika trägt die Ortschaft an der Mündung den Namen des Flusses. Einst war der Hafen im Seehandel Korsikas mit der Insel Elba von Bedeutung, heute sind es die Sportbootfahrer, die ihn rege nutzen. Vom breiten Rundherum-Angebot, den Restaurants und Cafés mit schönem Blick auf das Wasser haben auch alle anderen etwas. Im Sommer ist darüber hinaus einiges an Veranstaltungen geboten. Regelmäßig gibt es Livekonzerte und andere Events.

Mitte: Anmutig: die Plage de Canella
Unten: Kaimauer im Hafen von Solenzara

Die Ortschaft als solches lohnt sich weniger, ähnlich wie in Ghisonaccia ist es das schöne – für viele hier noch schönere – Umland, das die Reise wert ist. Zu beiden Seiten liegen wundervolle

Am Flussbett der Solenzara

Sandstrände, hier besonders oft mit Pinien gesäumt. Anders als an der nördlichen Ostküste gibt es auch einige kleinere, verschwiegenere Buchten, etwa südlich
von Solenzara die Cala d'Oru, die Plage de Can-
nella und die Plage de Favone. Auch liegt der Lagunensee Étang de Palu ganz in der Nähe. Allerdings beeinträchtigt der Militärflughafen von
Tarvo das Naturerlebnis.

Bergfluss mit Erdbeerbäumen

Kurz vor der Ortschaft zweigt die D68 ab; sie endet im oberhalb gelegenen Weiler Sari-Solenzara
auf der Kuppe des Monte Santu. Ein lohnendes
Ziel, denn vom Kirchplatz des Dorfes eröffnet sich
ein fantastischer Blick über die Côte des Nacres.
Nur ein Stückchen weiter nördlich beginnt eine
der schönsten Bergstraßen Korsikas: Die D268 begleitet den Fluss Solenzara bis hinauf in das Bavella-Massiv, durch ausgedehnte Kiefernwälder und
vorbei an vielen schönen Badestellen an den Felsbecken. Es sind sicherlich die bekanntesten und
wohl auch beliebtesten Gumpen Korsikas. Doch da
sie reichlich vorhanden sind, verteilt sich der Andrang ganz gut. Und wer ein Stückchen weiter-

Geheimtipp

DIE SCHÖNSTEN BADEGUMPEM

Je weiter oben in den Bergen, desto klarer ist das
Wasser des herabströmenden
Flusses. Auch um die Schönheit der
Natur in Ruhe genießen zu können,
lohnt es sich, der Solenzara ein gutes Stück zu folgen. Ein weniger
stark besuchter Ort befindet sich
zum Beispiel hinter dem Campingplatz U Ponte Grossu. Oft liegen die
schönsten Felsbecken in der Nähe
der bekannten Plätze, sind aber nicht
direkt mit dem Auto zu erreichen.
Also: Wer ein Stück am Ufer entlang-
wandert, wird seinen persönlichen
Lieblingsplatz finden.

Anfahrt: Ab Solenzara über die D268
Richtung Col de Bavella, nach ca.
11 km ist der Campingplatz U Ponte
Grossu erreicht. Bereits ab 7 km liegt
die bekanntere Gumpe (Camping
U Rosumarinu) an der Strecke.

235

fährt, findet sie auch hier, die »geheimen« Plätze (siehe Autorentipp). Eine der bekanntesten Gumpen wiederum befindet sich nahe dem Campingplatz U Rosumarinu, unterhalb des Parkplatzes.

Zunächst allmählich, dann immer steiler geht es hinauf in Korsikas Bergwelt, außer den Nadelhölzern sind hier auch vielerorts Erdbeerbäume zu sehen, die im Herbst rot-gelbe, stachelige Früchte tragen. Am Flusslauf sind einige Campingplätze zu finden, oft mit schönen Biergärten (!) oder Cafés direkt am Wasser, außerdem einige Anbieter von Canyoning- und Rafting-Touren.

Der Fluss Solenzara trennt die Départements Haute-Corse und Corse-du-Sud und bildet zugleich eine geologische Grenze. Die weite Ebene der Costa Serena weicht nun den Bergen, die hier wieder dicht an die Küste rücken. Damit beginnt auch ein Küstenabschnitt, der ähnlich wie der Inselwesten eher viele kleinere Buchten und Strände aufweist, doch mit dem Unterschied, dass das mediterrane Flair auf dieser Inselseite noch stärker spürbar ist als im raueren, oft auch windigeren Westen. Dieses Bild verstärkt sich umso mehr, je weiter man nach Süden kommt. Nicht zuletzt deshalb zählt die Küste rund um Porto-Vecchio zu den beliebtesten Ferienregionen Korsikas (siehe ab S. 240).

Oben: Beim Forest Parc Via Ferrata Parc Aventure
Unten: Der Erdbeerbaum mit seinen rot-gelben Früchten

Infos und Adressen

ESSEN UND TRINKEN / ÜBERNACHTEN

Camping Côte des Nacres. Großer Campingplatz direkt am Strand von Solenzara. BP 13, 20 145 Solenzara, Tel. 04 95 57 40 09, www.campingdesnacres.com

Camping U Rosumarinu. Im Restaurant gibt es auch gute Pizza. Route de Bavella (7 km ab Solenzara direkt am Fluss), 20 145 Solenzara, Tel. 04 95 57 47 66, E-Mail: contact@urosumarinu.fr

Camping U Ponte Grossu. Dieser Campingplatz liegt noch etwas höher, die Ausstattung ist einfacher, die Natur grandios. Route Bavella, 20 145 Sari-Solenzara, Tel. 04 95 48 26 61, www.upontegrossu.com

Hotel La Solenzara. Charmantes Drei-Sterne-Hotel in einem alten Genueserhaus, mit Pool. Quartier du Palais, 20 145 Solenzara, Tel. 04 95 57 42 18, E-Mail: info@lasolenzara.com, www.lasolenzara.com

AKTIVITÄTEN

Acqua & Natura. Adventure-Parc und Canyoning am Fluss Solenzara. Kamiesch, 20 240 Solaro, Tel. 06 29 19 19 04, E-Mail: acqua-natura@hotmail.fr, www.corse-canyoning-parc.com

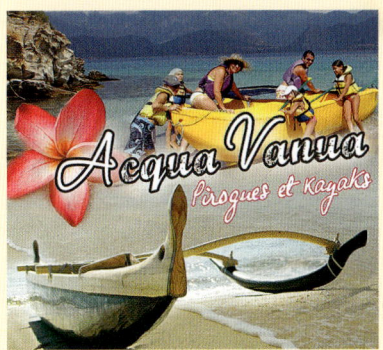

Solenzara ist ein Paradies für Kajak-, Rafting- ...

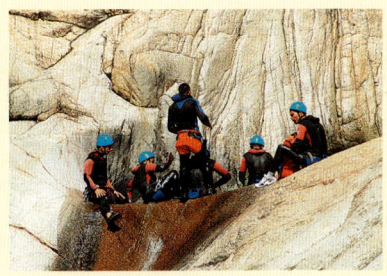

... und Canyoning-Touren.

Acqua Vanua. Canyoning, Forest Parc, Meer-Kajaks. Plage de Favone, 20 145 Solenzara. Tel. 06 03 60 87 29, www.acquavanua.com

Corsica Forest. Canyoning und Adventure-Park nahe Solenzara (Ostküste). Treffpunkt nach vorheriger Reservierung z. B. am Camping Ponte Grossu an der D268 Richtung Bavella/Zonza, Tel. 06 16 18 00 58, www.corsica-forest.com

Parc Aventure Indian Forest Corse. Je ein eigener Kletterparcours für Kinder und Erwachsene. Mitte Mai–Mitte Sept 9.30–19 Uhr, bei Ghisoni, Tel. 06 08 24 67 87 und 04 95 57 63 42, E-Mail: contact@indian-forest-corse.fr, www.indian-forest-corse.fr

INFORMATION

Office de Tourisme de Ghisonaccia Costa Serena. Mo–Fr 9–12.30 / 14–20 Uhr, So 9–12 Uhr, Place de l'Hôtel de Ville, 20 240 Ghisonaccia, Tel. 04 95 56 12 38, E-Mail: tourisme.ghisonaccia@wanadoo.fr, www.corsica-costaserena.com

Office de Tourisme de la Côte des Nacres. Mo–Fr 9–20 Uhr, Sa / So 9–13 / 16–19 Uhr (Hochsaison), Mo–Fr 9–12 / 14–19 Uhr, Sa 9–12 / 15–19 Uhr, So 10–13 Uhr (Nebensaison), Mo–Fr 9–12 / 14–18 Uhr (Winter), Véchja scola, 20 145 Sari-Solenzara, Tel. 04 95 57 43 75, E-Mail: info@cotedesnacres.com, www.cotedesnacres.com

DER SÜDEN

43 Porto-Vecchio
Hochburg des Badetourismus

Porto-Vecchio bedeutet »Alter Hafen«. Das Bild aber, das die drittgrößte Stadt Korsikas heute bietet, ist ein ganz anderes. Moderne Sportboote ankern vor dem Quai Pasquale Paoli, zahlreiche Hotels und Ferienanlagen umrahmen die 10 000-Einwohner-Stadt. Selbst von der historischen Festung ist kaum noch etwas zu sehen. Das Umland indes verführt mit Traumstränden wie der Plage de Palombaggia.

In den vergangenen Jahrzehnten entwickelte sich Porto-Vecchio zum wirtschaftlichen Zentrum Süd-Korsikas; die Bevölkerung wuchs und genauso der Tourismus. Liegt die Stadt doch verkehrsgünstig mit ihrem Fährhafen, in dem die großen Passagierschiffe aus Marseille, Genua, Livorno, Palau und Neapel anlegen, und zugleich im von der Sonne besonders verwöhnten Süden Korsikas. Hierher kommen viele, die mit Urlaub vor allem das verbinden, was man von einer Mittelmeerinsel erwartet: Sandstrand und türkisblaues Meer, abends ein Hafen zum Pizzaessen und Weintrinken, Karaoke und Cocktailbars.

»Bastion de France«

Die Urlaubsfreuden spielen sich vor allem in der Altstadt und an den Stränden der Umgebung ab. Dazwischen gibt sich Porto-Vecchio geschäftig, es dominieren Einkaufszentren und Gewerbebetriebe. Anders als in Calvi und Bastia liegt die Zitadelle (1539) hier etwas versteckt, vom Meer aus ist sie kaum zu sehen, verschwindet gleichsam hinter den vorgelagerten Bergen der südlichen Halbinsel. Im Zeitraum 1540 bis 1589 wurde sie dreimal zer-

Seite 238/239: Die Befestigungsanlagen und der Leuchtturm von Bonifacio
Mitte: Blick über den Hafen und die Bucht von Porto-Vecchio
Unten: Place de la République mit Skulptur »Le Cycliste« von Mauro Corda

In und um Porto-Vecchio

In Porto-Vecchio lohnt sich vor allem die historische Oberstadt. Bei Ausflügen ins Umland sind Traumstrände zu entdecken.

Ⓐ Fährhafen – Hier kommen die Fährschiffe aus Marseille, Genua, Livorno, Palau und Neapel an. Etwas weiter nördlich liegt der Sportboothafen.

Ⓑ Zitadelle – Sie ist zwar nur noch teilweise vorhanden, der Altstadtbummel lohnt sich aber auch hier. Viele Cafés und Restaurants, abends im stimmungsvollen Licht, laden zum Verweilen ein.

Ⓒ Place de la République – An dem zentralen Platz befinden sich die Tourist-Information und einige nette Lokale mit Terrassen, von denen aus man dem regen Treiben zusehen kann.

Ⓓ Église St.-Jean Baptiste – Eher Orientierungspunkt als besondere Sehenswürdigkeit.

Ⓔ Festungsmauer – Das Herzstück des historischen Stadtteils bietet ein schönes Hafenpanorama und weitere Einkehrmöglichkeiten – in einigen der Restaurants hat man sogar beides.

Ⓕ Porte Génoise – Auch das ehemalige Stadttor ist noch gut erhalten. Es führt eine Straße hindurch, die ein Fußgängerweg begleitet.

Ⓖ Salinen – Ein interessantes Bild am Fluss U Stabiacciu geben die schachbrettartig angelegten Salzfelder ab. Das Gelände ist Privateigentum.

Ⓗ Plage de Palombaggia – Der kilometerlange Hausstrand von Porto-Vecchio ist ein Traum und entsprechend gut besucht.

Ⓘ Réserve Naturelle Îles Cerbiale – Die vier Inseln des Naturreservats liegen vor der Plage de Palombaggia.

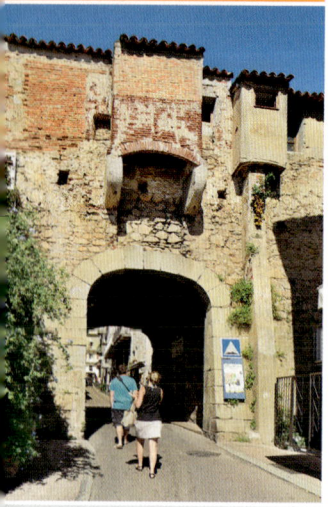

Da muss man (unbedingt) durch: La Porte Génoise.

stört und wieder aufgebaut. 1769, ein Jahr, nachdem die Republik Genua Korsika an Frankreich verkauft hatte, ließ König Louis XV. die Festungsanlagen auf drei Hektar erweitern und benannte sie in »Bastion de France« um. Heute sind davon nur noch wenige der alten Mauern erhalten. Doch auch hier gibt es sie, die alten Gassen mit schönen Cafés, Brasserien und Spezialitätengeschäften, die charmanten Plätze, an denen man einen Strandtag bei einem guten Essen ausklingen lassen kann.

Das Leben spielt sich rund um die Place de la République ab, dem einladenden Platz vor der Kirche St.-Jean Baptiste (1886). Hier befinden sich die Tourist-Information und einige Restaurants, auch ist es ein schöner Ausgangspunkt für einen Altstadtbummel. Das markanteste Überbleibsel aus dem 16. Jahrhundert ist das Stück Festungsmauer unterhalb des Platzes mit einem alten Stadttor, an der sich Restaurants aneinanderreihen. Eine schmale Straße führt durch die Porte Génoise (das Genuesertor), begleitet von einem Fußgängerweg. Hier eröffnet sich ein schöner Blick über die Stadt, den Hafen und den Golf von Porto-Vecchio.

Plage de Palombaggia

Auf der anderen Seite der Halbinsel, von der Stadt aus also nicht zu sehen, liegt der wohl beliebteste Strand Korsikas: die Plage de Palombaggia, ein Traum in mediterranen Farben. Türkisblaues Meer, weiße Dünen, ein grüner Piniengürtel und rote Felsen, davor die Eilande des Naturreservats Îles Cerbicale. Über mehrere Kilometer erstreckt sich der Strand, trotzdem findet man hier im Sommer oft kaum noch einen Platz. Vertreten ist das komplette Angebot, das zu einem Badeurlaub gehört. Zu erreichen ist er über die ausgeschilderte Abzweigung der N198 südlich von Porto-Vecchio.

Infos und Adressen

ESSEN UND TRINKEN

Chez Anna. Trattoria in der Altstadt mit großer Auswahl an Pasta. Rue Camille de Rocca Serra 16, 20 137 Porto-Vecchio, Tel. 04 95 70 19 97

U Corsu. Restaurant im Hafen mit Terrasse direkt über dem Wasser. Fisch, Gegrilltes und Pizza mit hausgemachter Tomatensauce. Korsische Livemusik am Abend. Quai Pasquale Paoli, 20 137 Porto-Vecchio, Tel. 04 95 70 13 11

ÜBERNACHTEN

Camping Asciaghju. 300 m zum Hausstrand, 4 km bis zum Strand von Palombaggia. Bocca di l'Oro, 20 137 Porto-Vecchio, Tel. 04 95 70 37 87, www.campingasciaghju.com

Le Bélvedère. Luxuriöses Ambiente mit Meerblick in Porto-Vecchio. Vorzügliches Restaurant, Palmenterrasse und großer Pool direkt über dem Wasser. www.hbcorsica.com

Le Roi Theodore. Vier-Sterne-Hotel im Herzen der Altstadt (Porte Génoise) mit einem der besten Restaurants der Stadt. Avenue de Bastia/BP 9, 20 137 Porto-Vecchio, Tel. 04 95 70 14 94, www.roi-theodore.com/le-restaurant

AKTIVITÄTEN

Corsica Park. Freizeitpark nahe Porto-Vecchio. Route de Bonifacio, am Kreisverkehr von Stabiacciu der D859 folgen. Mitte Juni–Ende Aug., Route de Bonifacio (N198, nahe dem Kreisverkehr von Stabiacciu; der Park ist ausgeschildert), 20 137 Porto-Vecchio, Tel. 06 12 66 67 91

AUSGEHEN

Discothèque Via Notte. Hier wird gehottet, bis die Sonne aufgeht. Angesagte DJs, auch Livemusik. Route de Porra, 20 137 Porto-Vecchio, Tel. 04 95 72 02 12, www.vianotte.com

INFORMATION

Office de Tourisme de Porto-Vecchio. Mo–Sa 9–12 / 14–18 Uhr, Do 18.30 Uhr Führungen durch die Altstadt, Rue du Docteur Camille de Rocca Serra/BP 92, 20 137 Porto-Vecchio, Tel. 04 95 70 09 58, E-Mail: accueil@destination-sudcorse.com, www.ot-portovecchio.com

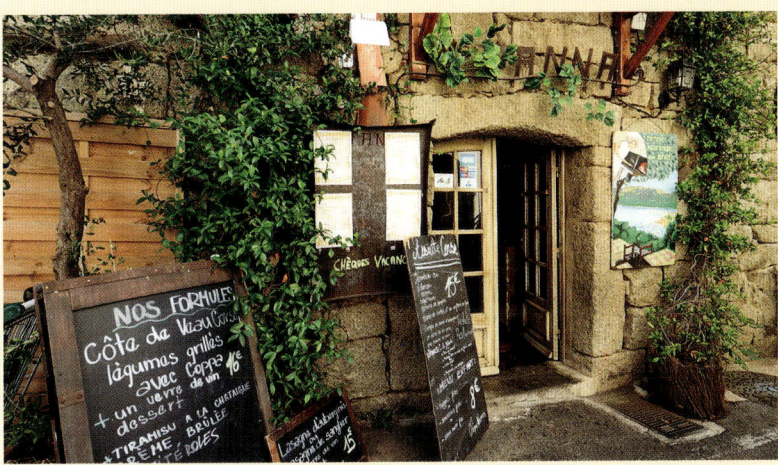

Restaurant in der Rue Borgo

44 Das Hinterland von Porto-Vecchio
Kastell und Zuckerhut

Die »Insel der Schönheit« hält auch nahe der Stadt Porto-Vecchio ihr Versprechen. Das Hinterland entführt in eine liebliche Hügellandschaft, in der Erdbeerbäume wachsen und Korkeichenwälder Ruhe verströmen. Mindestens zwei Plätze sollte man dort unbedingt besuchen: eine Festung aus der Bronzezeit und die wahrscheinlich ungewöhnlichste Hirtenhütte Korsikas.

Das erste lohnende Ziel ist schon nach ungefähr neun Kilometern Autofahrt erreicht, und dazu muss man nur ein einziges Mal abbiegen. Die D398 führt direkt ab dem Stadtzentrum von Porto-Vecchio hinauf zum Forêt de l'Ospédale (Wald von Ospédale). An der Hauptkreuzung in Palavese geht es rechts (D759) weiter durch die hügelige Landschaft bis nach Araggio, wo eine Festung aus der Bronzezeit wartet.

Casteddu d'Araghju

Das Casteddu d'Araghju liegt oberhalb des zugehörigen Weilers Hameau de Araggio (korsisch: Araghju) in der Gemeinde San Gavinu di Carbini. Bis dorthin führt die Straße, das letzte Stück des Weges ist nur zu Fuß möglich. Im Ort gibt es einen großen Parkplatz. Schon bei der Zufahrt weisen Schilder freundlich darauf hin, dass er auch zu nutzen ist. Zu groß wäre wohl das Chaos im Sommer, würden alle Gäste entlang der Straße parken. Auch mit einer Snackbar und Picknickplätzen unter schattigen Bäumen hat man sich auf Besucher eingestellt.

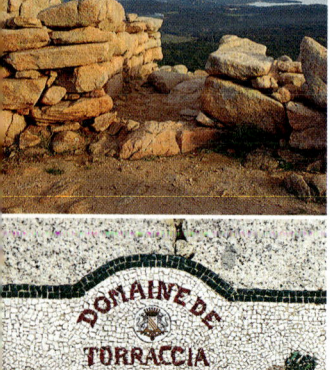

Mitte: Vom Casteddu d'Araghju hat man einen Blick bis zum Meer.
Unten: Eingangsschild der Domaine de Torraccia

Die Festungsanlage Casteddu d'Araghju

Ein kurzer, aber recht steiler Bergpfad führt über Granitfelsen hinauf zum Kastell. Flaumeichen und Erdbeerbäume stehen am Wegesrand. Für den Aufstieg benötigt man ungefähr eine halbe Stunde – doch schon der Blick, der sich oben bietet, ist es wert. Rund 250 Meter über Meereshöhe gelegen, eröffnet sich von der Festung aus eine unvergleichliche Aussicht über das Tal mit seinen ausgedehnten Eichenwäldern bis nach Porto-Vecchio; wie Zuckerwürfel verteilen sich die einzelnen Häuser und Höfe zwischen den Hügeln.

Die gut erhaltenen Überreste der Festungsanlage, errichtet gegen 2000 v. Chr., sind der Kultur der Torreaner zuzuordnen, genauso wie die Fundstätte von Cucuruzzu in der Alta Rocca (siehe S. 146). Die Siedler der Bronzezeit hinterließen im Süden Korsikas zahlreiche Spuren, auch Menhire und Kultstätten gibt es in diesem Inselteil besonders häufig. Eine an einem großen Stein befestigte Tafel nahe dem Eingang verschafft einen Überblick über die Anlage. Besucher sollten darauf achten, da sie leicht zu übersehen ist. Um einen Innenhof gruppieren sich mehrere Räume, Korridore und Treppen, außerdem zwei Bastionen. Zum Bau der Anlage wurden rote Granitblöcke und an-

Geheimtipp

DOMAINE DE TORACCIA

Ein Ausflug ins Hinterland von Porto-Vecchio lässt sich auch mit einer Weinprobe verbinden. Nördlich der Stadt, nahe der Ortschaft Lecci, bettet sich der Hof der Domaine de Torracia in seine Weinberge. Auf neun Hektar Fläche werden die Rebsorten Malvasia und Vermentinu für Weißweine angebaut, auf 32 Hektar gedeihen die roten Sorten Niellucciu, Sciaccarellu, Grenache, Syrah und Cinsault. Die empfehlenswerten Weine, Oriu und Torracia, jeweils als Rotwein, Weißwein oder Rosé, werden vor Ort verkostet und verkauft.

Domaine de Torracia. Über die N198 Richtung Bastia bis Lecci (ca. 12 km ab Porto-Vecchio), dort rechts abbiegen. Das Weingut befindet sich kurz hinter der Kirche. Mo–Sa 8–12 / 14–18 Uhr, Juni–Sept. 8–20 Uhr, Torraccia, 20 137 Lecci, Tel. 04 95 71 43 50, www.domaine-de-torraccia.com

dere flache Steine verwendet. Die Reste der Grundmauern sind noch bis zu zwei Meter hoch. Auch Ruinen eines der für diese Kultur charakteristischen Rundbauten sind zu erkennen. Der »Torre« könnte als Wachturm gedient haben, doch wie bei den anderen Fundorten auf Korsika liegen die Beweggründe der Erbauer genauso im Dunkeln wie weitere geschichtliche Hintergründe dieser Kultur.

Aus den Funden einiger Alltagsgegenstände folgerten Archäologen, dass Araggio regelmäßig bewohnt war. Die Fundstücke sind im Prähistorischen Museum von Sartène ausgestellt (siehe S. 263). Roger Grosjean, auch verantwortlich für die Untersuchungen von Cucuruzzu, leitete die Ausgrabungen im Jahr 1960.

Oriu di Canni

Bei Urlaubern bekannt ist ein besonderer Ort, der sich rund 20 Kilometer weiter südlich befindet: eine Hirtenhütte, die aussieht, als habe man ihr eine Zipfelmütze aufgesetzt. Sie könnte auch in einem Kinderfilm oder Puppentheater mitspielen. Was auf den ersten Blick wie eine Attrappe wirkt, ist ein großer, spitzer Felsen mit einer Höhle, in die man die Bergerie hineinbaute. Der Oriu di Canni (»Zuckerhut von Canni«) befindet sich in dem Weiler Canni südlich von Sotta, inmitten einer bäuerlichen Landschaft mit Höfen, Trockensteinmauern und Feldern. Lange diente die lustige Hütte den dort lebenden Berghirten als Unterschlupf. Noch immer steht sie offen und wird von Einheimischen und anderen, die den Platz kennen, gern als Ausflugsziel besucht.

Es gibt zwei Möglichkeiten, den Oriu di Canni zu erreichen. Die kürzere Strecke ab Porto-Vecchio ist die D859, eine Abzweigung südlich der Stadt.

Oben: Die Berge bei L'Ospédale sind ein schönes Wandergebiet.
Unten: Korkeichenwald

Ausflüge ab Porto-Vecchio

Eine Tour ins grüne Hinterland bietet Abwechslung zu Strand und Sonnenbad: viel Grün, Vor- und Frühgeschichte und eine besondere Hirtenhütte. Diese Ziele lassen sich auch im Rahmen einer Rundfahrt als Tagesausflug verbinden.

A **Forêt de l'Ospédale** – Das Waldgebiet oberhalb von Porto-Vecchio birgt wunderschöne Ausflugsziele. Besonders schön ist es entlang des Oso-Flusses, der auch einen Wasserfall bildet.

B **Araggio** – Das hoch gelegene Dorf ist Ausgangspunkt für den Aufstieg zur archäologischen Fundstätte. Dazu hat man eigens einen großen Parkplatz eingerichtet, an dem sich auch eine Snackbar befindet.

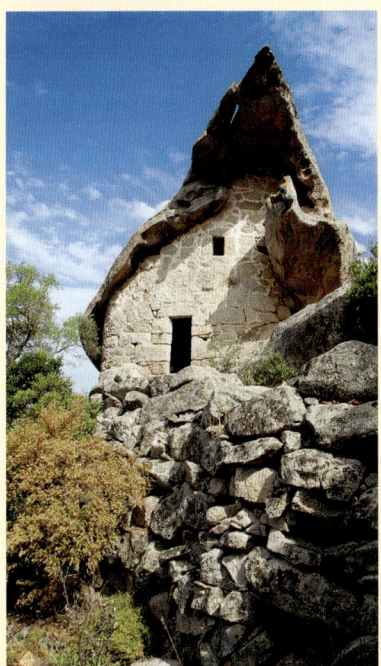

Der Oriu di Canni – der »Zuckerhut«

C **Casteddu d'Araghju** – Eindrucksvoll zeigen die Mauern aus der Bronzezeit, wie einst die Festung ausgesehen haben muss. Ab dem Parkplatz ist das Kastell in Kürze erreicht.

D **Anfahrt zum Kastell** – Diese Route am Südrand des Forêt de l'Ospédale führt direkt nach Arragio. Vor oder nach dem Besuch des Kastells bietet sich also ein Abstecher in die Wälder an.

E **Oriu di Canni** – Die Bergerie trägt eine »Zipfelmütze«. Wegen der ungewöhnlichen Form wird sie auch als Zuckerhut bezeichnet.

F **Anfahrt von Norden** – Ab Porto-Vecchio ist dies die kürzeste Strecke zum Oriu di Canni.

G **Anfahrt von Süden** – Für Besucher, die aus Bonifacio kommen, ist diese Strecke nach Canni die günstigere Variante – und auch eine Alternative für alle, die lieber eine Runde fahren als dieselbe Strecke hin und zurück.

Blick über den Forêt de l'Ospédale

FORÊT DE L'OSPÉDALE

Geheimtipp

Wenn es am Strand doch einmal zu heiß wird, bietet der Wald von Ospédale, westlich von Porto-Vecchio gelegen, wohltuende Abwechslung. Mit dichten Beständen an Schwarzkiefern, Kork- und Steineichen, Farnen und Felsformationen aus verwittertem Granit lädt er zum Durchatmen ein. Mitten in das tiefe Grün bettet sich der Stausee Barrage de L'Ospédale mit einem schönen Wasserfall in der Nähe. Er heißt Cascade de Piscia di Gallo (korsisch: Picia di Ghjaddu), übersetzt bedeutet das in etwa »Hahnenpisse«, der Platz indes ist deutlich romantischer. Mehr als 60 Meter tief stürzt der Fluss Oso durch eine Felsspalte. Entlang dem Ufer kann man bis hinab nach Lecci laufen. An der Strecke nach Ospédale liegt außerdem die Abzweigung zur Festung Casteddu d'Araghju (siehe siehe S. 244), die man bei der Gelegenheit besichtigen kann.

Anfahrt: D386 ab Ortszentrum Porto-Vecchio

Nach knapp zehn Kilometern ist Sotta erreicht, dort geht es bald rechts über die D959 und deren Verlängerung D59 bis nach Belleville, wo man links nach Canni abbiegt. Die zweite Möglichkeit ist eine südlichere Abzweigung der N198. Ungefähr auf halber Strecke zwischen Porto-Vecchio und Bonifacio biegt die D59 nach Chera ab. Die Straße führt über mehrere Windungen und Dörfer; in Belleville schließlich geht es rechts nach Canni.

Der Weg zum Zuckerhut beginnt am Ortsende von Canni, wo es auch Parkmöglichkeiten gibt. Ein Pfad führt von dort erst nach rechts und nach wenigen Gehminuten links den Hügel hinauf und direkt zum Oriu di Canni. Hin- und Rückweg sind, eine kleine Pause inklusive, in einer Stunde gut zu schaffen. Der Platz verführt allerdings dazu, länger zu bleiben. Bei einer Umrundung zeigt sich die Hütte, aber auch die Landschaft, von mehreren besonderen Seiten. Übrigens lässt sich ein Ausflug zum Orlu di Canni hervorragend mit einer Rundfahrt von Porto-Vecchio nach Bonifacio (oder andersherum) verbinden, denn es gibt zwei verschiedene Anfahrtswege. Am besten beginnt man mit der aufwendigeren Strecke über das Hinterland und nimmt auf dem Rückweg die schnellere Möglichkeit über die Fernstraße (siehe Karte S. 247).

Infos und Adressen

SEHENSWÜRDIGKEITEN

Castello d'Araggio. Zugang zur Festung im Weiler Hameau de Araggio. Anfahrt über die D398/D759, 20 137 Porto-Vecchio

ESSEN UND TRINKEN

Casella d'Arraggio. Snackbar mit schönen Sitzplätzen. Am Parkplatz des Castello d'Araggio. Hameau de Araggio, 20 137 Porto-Vecchio

ÜBERNACHTEN

Hotel San Pasquale. In Conca nördlich von Porto-Vecchio, nahe dem GR 20 und einer schönen Bucht. Geschmackvoll eingerichtete Zimmer. 20 135 Conca, Tel. 04 95 10 47 30, www.hotelsanpasquale.com

Le Jardin de Santa Giulia. Kleine Ferienanlage in schönem Parkgelände, 5 km vor Porto-Vecchio. 11 Zimmer mit TV und Mini-Kühlschrank. 800 m zum Strand von Santa Giulia. Precoggio, 20 137 Porto-Vecchio, Tel. 04 95 70 22 09

Residence Suara Torta. Mini-Villas für 2 bis 6 Personen. Lieu-dit Cavo, 20 144 Ste-Lucie de Porto-Vecchio, Tel. 04 95 71 53 18, www.suaratorta.com

INFORMATION

Office de Tourisme de Porto-Vecchio.
Mo–Sa 9–12 / 14–18 Uhr, Rue du Docteur Camille de Rocca Serra/BP 92, 20 137 Porto-Vecchio, Tel. 04 95 70 09 58, E-Mail: accueil@destination-sudcorse.com, www.ot-portovecchio.com

Auch in einfacheren Restaurants sind die Gerichte oft schon eine Augenweide.

45 Baie de Rondinara
Buchtentrio im Naturreservat

Mindestens genauso hübsch wie die Plage de Palombaggia, doch etwas verschwiegener ist diese Traumbucht südlich von Porto-Vecchio. Geformt wie eine große Muschel, bietet die tief eingeschnittene Bucht viel Schutz vor Wind und Brandung. Und: Es gibt noch zwei abgeschiedenere Nachbarbuchten.

Unbekannt ist das Naturwunder keineswegs: Bereits mehrfach wurde die Plage de Rondinara zum schönsten Strand Frankreichs gewählt. Und wäre nicht ein großer Hügel »im Weg«, dann ginge es an ihren Ufern sicherlich genauso turbulent zu wie an dem großen Hausstrand von Porto-Vecchio. Doch die Bucht liegt, von der Straße nicht zu erahnen, direkt dahinter und ist nur über eine typisch korsische Serpentinenfahrt zu erreichen – oder aber mit dem Boot. Gut besucht ist sie im Sommer trotzdem, doch der Ansturm hält sich noch in Grenzen, zumal sie auch einige ruhigere Plätzchen zwischen Felsen bietet.

Trotz ihrer versteckten Lage ist die Bucht von Rondinara leicht zu finden. Vorausgesetzt, man achtet auf das Schild an der Abzweigung der N198, das ungefähr zehn Kilometer vor Bonifacio, bei einigen Müllcontainern, nach links den Weg weist: Auf korsisch steht dort »Rundinara Plage«. Die Route de la plage de Rondinara steuert zunächst auf den Berg zu, um sich dann in zwei engen Kehren an ihm hinaufzuwinden. Oben hält man sich rechts, es geht durch Suartone, einen pittoresken Weiler mit einigen Ferienapartments und einem Restaurant, und schließlich auf der anderen Bergseite wieder hinunter. Schon bald

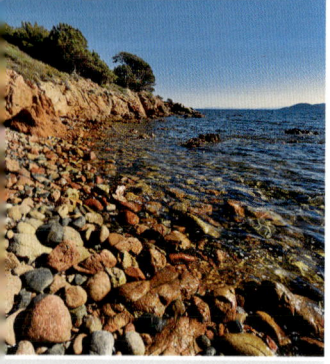

Oben: Ein Paradies: die Buchten von Rondinara
Unten: Auch steinige Küsten gibt es hier, doch sie sind genauso schön.

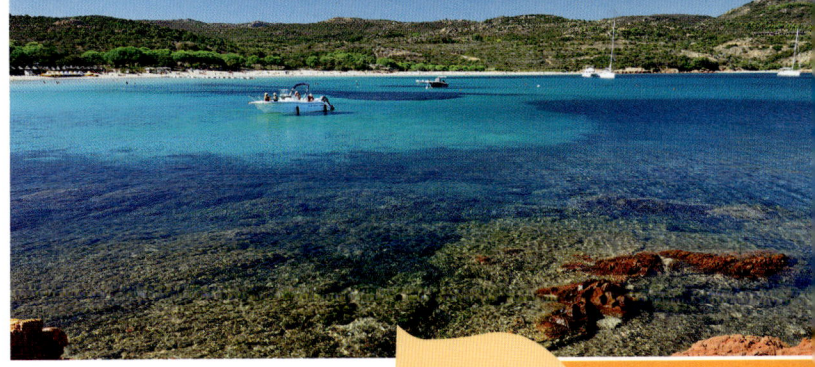

Auch als Ankerplatz beliebt nicht nur bei Seglern ...

erahnt man, welcher Traum in Türkis dort unten wartet. Wer den bequemsten Weg zum Strand bevorzugt beziehungsweise den Strandabschnitt mit Infrastruktur, biegt schließlich noch einmal rechts ab Richtung Campingplatz. Dort gibt es auch einen großen (gebührenpflichtigen) Parkplatz; bis zum Strand sind es noch ungefähr 300 Meter.

Naturreservat Tre Padule de Suartone

Die Baie de Rondinara gehört zum Réserve Naturelle Tre Padule de Suartone, dem Naturreservat Suartone. Es umfasst ein 217 Hektar großes Macchia-Gebiet mit einer Küste aus rötlichen Felsen und feinen Sandstränden. Wie eine Bucht aus dem Bilderbuch, eine große Muschel, liegt die Hauptbucht zwischen zwei Nebenbuchten, die allenfalls über wenige Pfade oder auf dem Wasserweg erreichbar sind. Die nördliche Bucht hat einen schmalen Strand aus rötlichem Sand, stellenweise ist sie fast bis zur Wasserkante mit Macchia bewachsen. Ein Pfad führt ab der Hauptbucht (Nordseite) dorthin. Die südliche Nebenbucht mit hellerem Sand ist vom Campingplatz erreichbar sowie über Pfade ab dem Südende der Hauptbucht. Zwischen der großen Bucht und der nordöstlichen Nebenbucht liegt der Étang de Prisarella.

Geheimtipp

RUHIGE PLÄTZE
Ein Pfad führt direkt zu den ruhigen Strandnischen zwischen den Felsen. Um ihn zu finden, biegt man nicht zum Campingplatz ab, sondern fährt geradeaus weiter, bis die Straße vor einem abgezäunten Gebäude endet. Ein Schild informiert darüber, dass dies das Büro des Naturreservats der Straße von Bonifacio (Réserve Naturelle de Bouches de Bonifacio) ist. Links glitzert der Lagunensee Étang de Prisarella. Einige Parkplätze gibt es sogar neben der Straße. Mit etwas Glück ist einer frei, und man kann direkt dem Pfad folgen, der rechts am Zaun entlang und dann in einer Linksbiegung hinab in die Bucht führt. Unten angekommen, liegen zur Rechten hinter den Felsen die schönsten Plätze. Er ist auch bei Schnorchlern sehr beliebt, denn an den kleinen Riffen, die das Gestein im Wasser bildet, finden einige Meerestiere Unterschlupf.

Anfahrt: Route de la plage de Rondinara

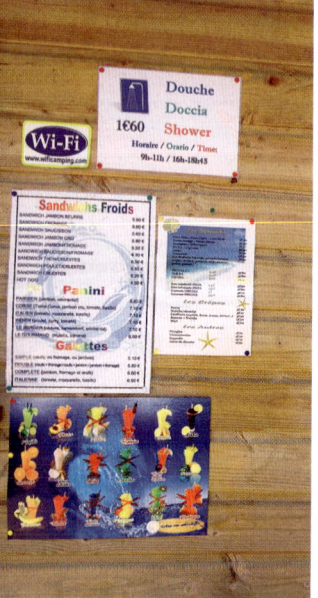

Oben: Am Strand von Rondinara kann man sich auch gleich mit sommerlicher Kleidung ausstatten. **Unten:** Hier gibt es alles gegen Hunger und Durst.

Vom Campingplatz führt ein breiter Sandweg durch die Macchia an den Hauptstrand, mit seicht abfallendem Wasser auch für Kinder gut geeignet, und einer Farbe, die an Tahiti erinnert. Stets liegen schmucke Jachten und Segelboote in der Bucht und vervollständigen das Postkartenbild. Es gibt ein Strandrestaurant mit Bar und schöner Terrasse, auch Münzduschen befinden sich dort. Strohhütten mit Sonnenliege werden vermietet, und rechts neben dem Steg gibt es einen Tretboot- und Kajakverleih. Sogar eine eigene Boje zum Festmachen kann man gegen Gebühr dazumieten und dann mitten in der Bucht im »eigenen« Boot liegen, sich zurücklehnen und in den Himmel schauen.

Obwohl in der Hauptbucht im Sommer einiges los ist, verbreitet die Plage de Rondinara dennoch Ruhe, und die Natur ist so ursprünglich und nah wie kaum sonst an der Küste der Region. Sogar Kühe schauen ab und zu vorbei. Alle, die unter sich sein möchten, zieht es an die Ränder der Bucht ... ein wenig Klettern über Felsen, und schon sind Plätze erreicht, die nicht nur FKK-Freunde bevorzugen. Auch ein direkter Pfad führt hinab zu diesem Teil der großen Bucht (siehe Autorentipp S. 251).

Baie de Rondinara

Infos und Adressen

ESSEN UND TRINKEN

La Rondinara. Das Strandrestaurant liegt direkt in der Hauptbucht hinter dem Campingplatz. Mittags Snackbar mit Panini, Gegrilltem und Crêpes, abends à la carte (vor allem Fisch). Suartone, 20 169 Bonifacio

Restaurant Chez Lili. Nettes Lokal in dem Durchfahrtsörtchen. Traditionelle Küche, ab und zu korsische Livemusik. Route de la plage de Rondinara, Suartone, 20 169 Bonifacio, Tel. 04 95 70 17 90

ÜBERNACHTEN

Camping La Rondinara. Drei-Sterne-Campingplatz mit Überlaufpool, Lebensmittelladen und eigener Bäckerei. Suartone, 20 169 Bonifacio, Tel. 04 95 70 43 15, E-Mail: reception@rondinara.fr, www.rondinara.fr

Residence Les Terrasses de Rondinara. Ferienresidenz oberhalb der Bucht mit entsprechender Aussicht. Route de la plage de Rondinara, 20 169 Bonifacio, Tel. 04 95 24 28 45, E-Mail: terrasses@rondinara.fr

Im Chez Lili wird traditionelle Küche serviert.

INFORMATION

Office de Tourisme de Porto-Vecchio. Mo–Sa 9–12 / 14–18 Uhr, Rue du Docteur Camille de Rocca Serra/BP 92, 20 137 Porto-Vecchio, Tel. 04 95 70 09 58, E-Mail: accueil@destination-sudcorse.com, www.ot-portovecchio.com

Réserve Naturelle de Bouches de Bonifacio. Office de l'Environnement de la Corse. Avenue Jean Nicoli 14, 20 250 Corte, Tel. 04 95 45 04 00, www.rnbb.fr

Das La Rondinara verwöhnt abends mit leckeren Fischgerichten.

46 Bonifacio
Festung über Kreidefelsen

Wer mit dem Auto ab Porto-Vecchio weiter Richtung Süden fährt, sollte einmal das Radio einschalten. Schon bald lassen sich auch italienische Sender einstellen, denn das Nachbarland ist nun ganz nah. Kurz vor Sardinien liegt Bonifacio, die südlichste Stadt Korsikas. Von der Festung aus kann man die Nachbarinsel sehen. Viel spektakulärer aber ist der Blick auf Bonifacio selbst.

Auf über das Meer ragenden Kreideklippen, in bis zu 80 Metern Höhe, sitzen die Bauten der Citadelle de Bonifacio und das von schmalen Gässchen durchdrungene historische Viertel. In der vordersten Reihe könnten die Häuser kaum dichter am Abgrund stehen. Ein schmaler Fjord, in dem sich auch der Hafen befindet, trennt die Felsen mit der Altstadt vom Festland. Uneinnehmbar wirkt die Festungsanlage von unten betrachtet, eine strategisch perfekte Lage in der Meerenge zwischen Korsika und Sardinien. Heute leben rund 3000 Einwohner in Bonifacio, und im Sommer, wenn zahlreiche Urlauber durch die Gassen drängen, gleicht die Altstadt einem Bienenstock.

Die »alte Dame«

Im Umland von Bonifacio gab es bereits vor mehr als 10 000 Jahren erste Besiedlungen: Im Felshang von Araguina-Sennola fand man die bislang ältesten menschlichen Überreste auf Korsika, das Skelett einer jungen Frau. La vieille Dame de Bonifacio, die »Dame von Bonifacio«, lebte den bisherigen Erkenntnissen zufolge im 8. Jahrtausend v. Chr. Besuchen kann man sie im prähistorischen

Dicht am Abgrund: Die Altstadt nutzt jeden Meter.

Eine Bootstour führt in die Grotten.

Einfach gut!

Museum von Levie in der Alta Rocca.
Das heutige Stadtgebiet war wahrscheinlich bereits ab der römischen Antike besiedelt. Die Festungsstadt wurde im Jahr 828 durch den toskanischen Grafen Bonifacio II. gegründet, der zum Schutz vor Sarazenen-Angriffen auch die Zitadelle errichten ließ. Im Jahr 1195 gelang es den Genuesern, Bonifacio zu erobern. Sie erweiterten die Festungsanlage und führten das Münzrecht sowie die Gerichtsbarkeit in der Stadt ein.

Unten am Hafen locken Schilder, auf denen kostenlose Parkplätze angeboten werden. Daran gebunden ist die Teilnahme an einer Bootsfahrt, die natürlich etwas kostet. Es lohnt sich allerdings schon: Die Boote steuern je nach Tour die Grottes et falaise (Grotten von Bonifacio) und die unter Naturschutz stehenden Îles Lavezzi (Lavezzi-Inseln) an. Alle, die darauf verzichten möchten, fahren lieber hoch zur Citadelle, denn dort gibt es – man kann es sich beim Anblick der verwinkelten Stadt kaum vorstellen – mehrere große Parkplätze. Ein Leitsystem weist den Weg zu den noch freien Plätzen. Dafür fallen zwar einige Euro an, doch es hat auch den Vorteil, das Auto direkt oben an der Altstadt abstellen zu können. Der

DIE KORALLEN VON BONIFACIO

Einer Legende zufolge bot Napoleon 1793 einer schönen jungen Frau aus Bonifacio ein Collier aus roten Korallen an, wenn sie ihm dafür ihre Liebe schenke … Möglicherweise handelt es sich auch nur um einen Werbegag, fest steht jedoch, dass die Koralle ein Symbol Bonifacios ist. Beim Tauchen in größeren Tiefen sind rote Gorgonien an den Steilhängen zu entdecken, eine im Mittelmeer endemische Hornkorallenart. Allen Naturschutzgeboten zum Trotz werden leider immer noch Korallen gesammelt und als Souvenir verkauft. Umso mehr gefällt die Idee einer kleinen Patisserie in der Altstadt, ein besonders köstliches wie hübsches Korallen-Konfekt anzubieten – aus Mandeln, Noisette, Honig und anderen regionalen Zutaten, verziert mit dem Bildchen einer roten Koralle.

Le Corail de Bonifacio. Quai Comparetti, 20 169 Bonifacio, Tel. 04 95 73 10 08, www.lecorailledebonifacio.com

LE GOUVERNAIL

Auf dem Plateau der Citadelle geht es hinab in die Unterwelt: Der Tunnel »Le Gouvernail« wurde während des Zweiten Weltkriegs von den italienischen und deutschen Militärs per Hand ausgehoben. 168 Stufen führen durch mehrere Galerien hinab, in den Gängen und Räumen sind noch Überreste der Geschütze zu sehen. Auf halber Höhe bietet ein kleiner Balkon eine schöne Aussicht. Der Tunnel endet beim »Blockhaus« zehn Meter über dem Meeresspiegel. Hier versteckte sich einst ein Projektor mit zwölf Kilometern Reichweite, der dazu diente, die Meerenge und den Hafen zu beobachten. Unterhalb der Öffnung des Blockhauses liegt ein riesiger Felsen, der aus den Klippen brach. Man nennt ihn das Ruder Korsikas, denn er sitzt wie ein Schiffsruder am südlichsten Zipfel, quasi am Heck der Insel.

Le Gouvernail. Mitte Mai–Sept. 10–18 Uhr, 2,50 €, Citadelle, 20 169 Bonifacio

höchste Parkplatz befindet sich ganz oben vor den Festungsmauern.

Cimetière Marin

Einmalig ist der Blick von der Stadtmauer, der auf der einen Seite bis nach Sardinien reicht. Auf der anderen Seite besticht die schöne Steilküste des Festlands – hellweiße Gesteinsschichten, über die die grüne Macchia wächst. Inmitten der weitläufigen Befestigungsanlage gibt es zwei besonders sehenswerte Ecken. Zwei Überraschungen bietet zunächst eine Ansammlung von Häuschen, die wie ein Weiler auf dem obersten Plateau sitzen. In einem befindet sich ein liebevoll unkonventionell eingerichtetes Café mit Liegestühlen und einer kleinen Terrasse unter einem Palmwedeldach, auf der sich die Aussicht noch besser genießen lässt. Nebenan haben Kunsthandwerker eine Werkstatt mit Verkauf eingerichtet.

Nur ein Stückchen weiter liegt der Cimetière Marin, der Friedhof der Seeleute, hoch über dem Meer: ein kleines Dorf aus Mausoleen, durch das Spazierwege führen, mit eigener Kirche (Église Saint-François, 13. Jh.). Eine Marmortafel erinnert auch an die Seeleute, die am 15. Februar 1855 beim Untergang der Fregatte Sémillante ums

GUT ZU WISSEN

TOURISTEN-ANSTURM

In den Sommermonaten wird man eher durch die Gassen von Bonifacio geschoben, denn natürlich ist die Stadt zur Hochsaison äußerst gut besucht. Wer seinen Bummel durch Bonifacio genießen möchte, sollte ihn deshalb so früh am Tage wie möglich einplanen und den Nachmittag lieber entspannt bei einer Bootstour verbringen.

Der Cimetière Marin

Leben kamen. Der Dreimaster war unter Napoléon III. mit rund 700 Mann unterwegs gewesen; man unterschätzte die tückische Straße von Bonifacio (Bouches de Bonifacio). Bei Sturm und starkem Nebel zerschellte das Schiff an den Riffen der Lavezzi-Inseln. Niemand von der Besatzung überlebte. Schon immer war die rund zwölf Kilometer breite Meerenge zwischen Korsika und Sardinien mit ihrer oft heftigen Brandung, ihren Strömungen, Untiefen und Felsen eine enorme Herausforderung für Seefahrer.

Escalier du Roi d'Aragon

Einer ganz anderen Herausforderung können sich die heutigen Besucher Bonifacios stellen. An der Südseite führt die Escalier du Roi d'Aragon, die »Königstreppe«, von der Altstadt hinab zum Meer – und wieder hinauf, denn einen anderen Rückweg gibt es nicht. Die 187 Stufen, in den steilen Felsabhang geschlagen, sollen die Soldaten König Alfons V. im Jahr 1420 angelegt haben, um die Belagerer der Stadt zu überrumpeln. Auf Korsika kursiert indes noch eine andere Variante der Geschichte. Ihr zufolge waren die Bewohner Bonifacios selbst hier am Werk, um einen Zugang zum Meer zu schaffen, als König Alfons mit seinen Schiffen die Hafeneinfahrt blockierte. So konnten einige Mutige den Weg freimachen für die Verstärkung aus Genua.

Le Bosco – die Altstadt

Spätestens nach diesem kleinen Fitnessprogramm bekommt manch einer Appetit auf ein Eis oder eine andere Erfrischung. Reichlich Gelegenheit dazu bietet Le Bosco, die Altstadt Bonifacios, mit ihren zahlreichen Cafés, Restaurants und empfehlenswerten Eisdielen. Auch die kleinen Läden, in denen man regionale Produkte und Souvenirs be-

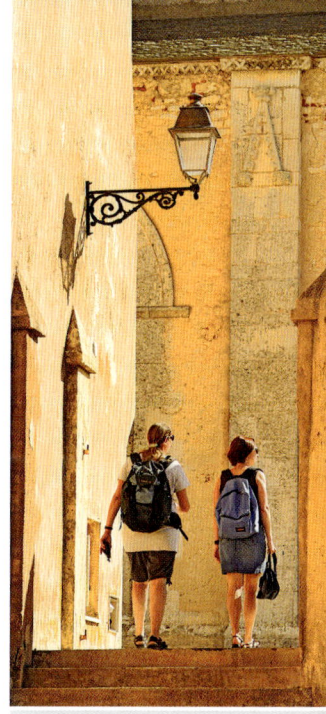

Oben: Manchmal lohnt es sich, nach oben zu schauen: Schmucke Wetterfahne.
Unten: Bummel durch die Gassen der Altstadt

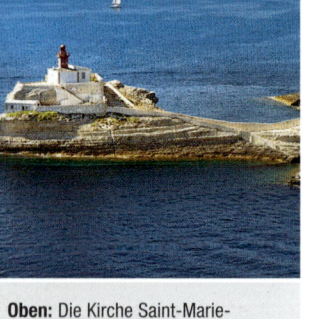

Oben: Die Kirche Saint-Marie-Majeure befindet sich in der Gasse Rue Cardinal Zigliara.
Unten: Der Leuchtturm von Bonifacio ist Ziel einer schönen Küstenwanderung.

kommt, fehlen nicht. Es ist ein Spaziergang durch ein Kunstwerk mittelalterlicher Kultur; noch verwinkelter und steiler als in Bastia, Calvi und Corte sind die Gassen, Plätze und steilen Treppchen.

Besonders schön ist es am hoch gelegenen Marktplatz (Place du Marché) im Südosten der Stadt, denn hier bietet sich eine tolle Aussicht auf die Steilküste bis hin zur Landspitze Capo Pertusato. Dort liegt ein Grain de Sable (»Sandkorn«) – so taufte man scherzhaft den markanten, rund 30 Meter hohen Felsen. Auch einige Boule-Spieler nutzen den Platz, um ihre Kugel rollen zu lassen. An einigen Häusern in den umliegenden Gassen weisen Wappen auf die Familien hin, die sie einst bewohnten, etwa das Haus in der Rue Doria 28, das der genuesischen Adelsfamilie Doria gehörte. In einem Haus war Karl V. zu Gast, in einem anderen Napoleon. In der Tourist-Information, die sich gut erreichbar mitten in der Altstadt befindet, erhält man einen Plan auch mit Informationen in deutscher Sprache.

Zum Sightseeing gehören auch die beiden Kirchen der Oberstadt. Die dreischiffige Église Saint-Marie-Majeure (13. Jh.) hat einen viereckigen Glockenturm und eine große Loggia. Im barocken Altarraum steht ein Sarkophag aus der Römerzeit (3. Jh.). Hübsch anzusehen ist auch die spätbarocke Fassade der Église Saint-Jean-Baptiste (1785) in der gleichnamigen Straße.

Das gut erhaltene Stadttor mit Zugbrücke (La Porte des Gênes) war bis 1854 der einzige Zugang zur Oberstadt. Von hier geht es weiter abwärts zur Kapelle Saint-Roche. Stufen führen hinab zur Plage de Sutta Rocca, mit ihren Felsriffen ein schöner Schnorchelplatz. Von der Kapelle aus bietet sich zudem die Steilküsten-Wanderung zum Leuchtturm von Pertusato an.

Infos und Adressen

SEHENSWÜRDIGKEITEN

Église Saint-Jean-Baptiste. Rue de Saint-Jean-Baptiste, 20 139 Bonifacio

Église Ste-Marie-Majeure. Haute Ville, 20 139 Bonifacio

Escalier du Roi d'Aragon. Haute Ville, 20 139 Bonifacio

Citadelle. Haute Ville, 20 139 Bonifacio

ESSEN UND TRINKEN

Le P'ti Café. Süßes Café mit Bar außerhalb des Altstadttrummels, mit kleiner Panorama-Terrasse und Liegestühlen, Sandwiches, Crêpes und frischen Fruchtsäften. Mo–Sa 12–14.30 / 19–22 Uhr, Haute Ville (auf dem Plateau der Citadelle), 20 169 Bonifacio, Tel. 04 95 73 01 45

Stella d'Oro. Speisen in schönster Altstadtlage. Fleisch- und Fischspezialitäten. Rue Doria 7, 20 169 Bonifacio, Tel. 04 95 73 03 63

ÜBERNACHTEN

Hotel A Cheda. Ruhiges Landhaus-Hotel nahe Bonifacio. Gemüse und Kräuter für die exklusive Küche werden im hauseigenen Garten kultiviert. Cavallo Morto, 20 169 Bonifacio, Tel. 04 95 73 03 82, E-Mail: acheda@acheda-hotel.com, www.acheda-hotel.com

U Capu Biancu. Vier-Sterne-Hotel. Route Canetto, 20 169 Bonifacio, Tel. 04 95 73 05 58, E-Mail: info@ucapubiancu.com, www.ucapubiancu.com

AUSGEHEN

Lollapalooza. Club mit Cocktailbar und Restaurant im Hafen von Bonifacio. Wechselnde DJs. 25 Quai Jérôme Comparetti, 20 169 Bonifacio, Tel. 04 95 73 04 54

AKTIVITÄTEN

Club Barakouda Diving Center. Gerard Arend leitet die Tauchbasis seit 1971. Avenue Sylver Bohn, 20 169 Bonifacio, Tel. 04 95 73 13 02,

E-Mail: club.barakouda@free.fr, www.club.barakouda.free.fr

Galerie Méditerranée. Ausstellungen zeitgenössischer Künstler wie Annouck Dupont, Cédric Bouteiller und Charlotte Champion. Nathalie et Béatrice Ribette, Haute Ville, 20 139 Bonifacio, Tel. 04 95 73 59 09, www.galeriemediterranee.com

Leuchtturm Capo Pertusato. Schöne Steilküstenwanderung zur Südspitze Korsikas mit dem gleichnamigen Leuchtturm. Gehzeit 1,5 Std. (einfache Strecke). Startpunkt ist die Kapelle Saint-Roche, von dort geht es immer direkt an der Küste entlang.

INFORMATION

Office Municipal de Tourisme de Bonifacio. Tägl. 9–19 Uhr, Rue Fred Scamaroni 2/BP 506, 20 169 Bonifacio, Tel. 04 95 73 11 88, E-Mail: tourisme.bonifacio@wanadoo.fr, www.bonifacio.fr

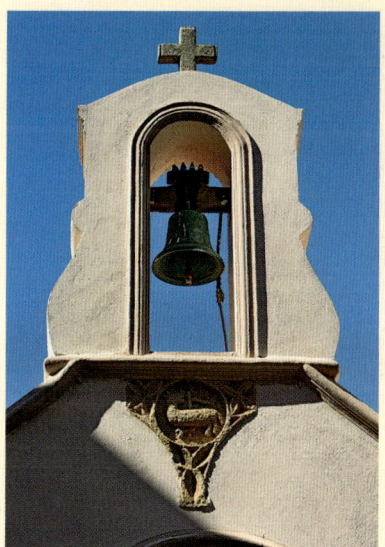

Glockenturm der Kirche Sancte Joannes Baptista

47 Lavezzi-Archipel
Trauminseln nahe Bonifacio

**Die große Tour mit dem Ausflugsboot
ab Bonifacio führt in ein kleines Paradies.
Nur wenige der Inseln von Lavezzi dürfen
die Gäste behutsam betreten. Es warten
eine nahezu unberührte Flora und Fauna
und Buchten, die zu den schönsten des
Mittelmeeres zählen. Auf der benachbarten und bewohnten Île de Cavallo
schwelgt man im Luxus.**

Der Lavezzi-Archipel liegt südöstlich von Korsika
in der Straße von Bonifacio und ist ein kleines
Paradies im Mittelmeer: Wunderschöne Strände
aus weißem und rosafarbenem Muschelsand
zieren die Buchten. Die Inselwelt aus einigen
größeren und annähernd 100 kleinen Eilanden
und Granitriffen wurde im Jahr 1982 zum Naturschutzgebiet erklärt.

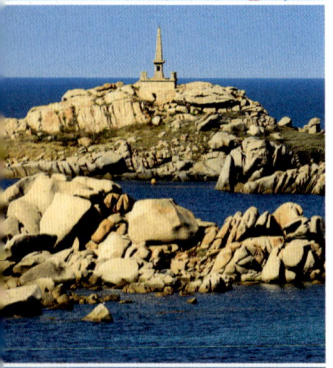

Nur wenige der Inseln dürfen betreten werden –
die Hauptinsel Île Lavezzi, die Île de Piramide und
die Île de Piana gehören dazu. So konnte sich eine
einmalige Flora und Fauna erhalten: Es gedeihen
Wildkräuter, Lorbeer, Myrte und Ginster, Korallen-
möwen und Kormorane nisten in den Felsen, hinzu kommen zahlreiche Zugvogelarten. In den mit
Anemonen und Schwämmen bewachsenen Felsriffen finden Meerbarben, Skorpionfische, Zacken-
barsche und andere Meeresbewohner Unterschlupf. Auch Schwärme von Delfinen ziehen an
den Inseln vorbei durch die Straße von Bonifacio.
Auf der Insel Lavezzi erinnern ein Friedhof und
ein Denkmal an das bislang schwerste Schiffsun-
glück in der Meerenge, den Untergang der französischen Fregatte Sémillante im 19. Jahrhundert
(siehe S. 256).

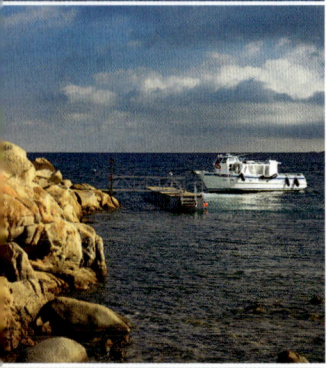

Mitte: Auf der Pointe d'Achiarina
des Lavezzi-Archipels steht das
Denkmal »Pyramide«.
Unten: Viele Ausflugsboote steuern
die Lavezzi-Inseln an.

Der Seeleute-Friedhof »Cimetiere de Furcone«

Île de Cavallo

Etwas weiter nördlich breitet sich eine weitere
große Insel aus, die manchmal auch zum Lavezzi-
Archipel hinzugezählt wird. Die Île de Cavallo ist
als einzige dieser Inseln bewohnt, passender wäre
aber eigentlich die Formulierung »man residiert«.
Mit Villen bestückt und einer eigenen Landepiste
für Privatflugzeuge ist sie der Handvoll Menschen
vorbehalten, die es sich leisten kann. Auch ein
Luxushotel hat sich angesiedelt. Einen kleinen
Eindruck verschafft ein Stopp während des Boots-
ausflugs, denn viele Skipper schließen die Cavallo-
Insel in ihre Tour mit ein. Zudem sieht man auch
die Insel San Basinu nahe dem Hafen von Cavallo,
die zu Römerzeiten dem Granitabbau diente.

Fast im Stundentakt starten im Sommer die Ausflugsboote ab Bonifacio. Der Lavezzi-Archipel ist
Ziel der großen Tour. Bei einer Pause ist es auch
möglich, die Île Lavezzi zu durchwandern und ihre
Strände zu besuchen. Zu beachten sind dabei die
Regeln des Naturschutzgebietes, so dürfen die
markierten Wege nicht verlassen werden. Ein Tipp:
Wer den Aufenthalt etwas verlängern möchte,
sollte sich beim Anbieter erkundigen. Bei vielen ist
es möglich, mit einem Boot der späteren Touren
zurückzufahren.

Infos und Adressen

ESSEN UND TRINKEN
Siehe Bonifacio.

ÜBERNACHTEN
Hotel & Spa des Pecheurs. Luxus-
hotel zwischen den Felsen der Île de
Cavallo. Die Preise sind entsprechend.
Île de Cavallo, 20 169 Bonifacio,
Tel. 04 95 70 36 39, E-Mail:
info@hoteldespecheurs.com,
www.hoteldespecheurs.com

AKTIVITÄTEN
Bootstouren. Im Hafen von Bonifacio reihen sich die Anbieter. Um zur
Île Lavezzi zu kommen, muss man
die große Tour buchen (Fahrtzeit einfache Strecke: 30–60 Min.), alle anderen beschränken sich auf die näher gelegenen Grotten. Tipp: Preise
und Leistungen vergleichen!

INFORMATION
**Office Municipal de Tourisme de
Bonifacio.** Tägl. 9–19 Uhr, Rue Fred
Scamaroni 2 / BP 506, 20 169 Bonifacio, Tel. 04 95 73 11 88, E-Mail:
tourisme.bonifacio@wanadoo.fr,
www.bonifacio.fr

Mitte: Wie auf einem Balkon sitzt
Sartène und bietet einen schönen
Talblick.
Unten: Cafés an der Place de la
Libération

48 Sartène
Blutrache und
Büßer-Prozessionen

**Es liegt an den grauen Mauern und einer
bewegten Geschichte: Düster, fast etwas
gespenstisch gibt sich die Hauptstadt der
Region Sartenais an der Südwestküste
Korsikas. Zumindest von Weitem wirkt es
so ... Einmal angekommen, bieten sich aber
auch ganz andere Eindrücke. An schön gelegenen Plätzen genießt man einen Kaffee
oder den Blick über das weite Tal.**

Auch wenn die Bauweise durchaus zu Melancholie
verleiten kann: Der Ruf, ein dunkler Ort zu sein,
wird Sartène nicht in jeder Hinsicht gerecht. Das
Granitstädtchen hängt in traumhafter Panorama-
lage hoch über dem fruchtbaren Rizzanese-Tal, vor
den Bergen der Alta Rocca. An vielen Plätzen im
Ort gewähren Terrassen und Balkone einen schönen
Blick über die Bucht von Valinco, weshalb es auch
den Beinamen »Balcone du Valinco« bekam.

Gern schmückt sich Sartène auch mit dem Titel
»die korsischste aller korsischen Städte« (»*plus
corse des villes corses*«), inoffiziell verliehen durch
den französische Schriftsteller Prosper Mérimée,
der in seiner Novelle »*Colomba*« die korsische
Blutrache (Vendetta) thematisierte. Es heißt, dass
die Kleinstadt Sartène im 19. Jahrhundert eine
Hochburg dieser grausamen Methode der Selbstjustiz war, die oftmals dazu diente, die Familienehre wiederherzustellen. Damals sollen in Sartène
ganze Stadtviertel miteinander verfeindet gewesen sein.

Ein wenig verschlossen wirkt Sartène schon mit
seinen städtischen Granitbauten, die sich geradli-

niger und kühler geben als die urigen Häuser aus dem gleichen Gestein, wie man sie in vielen korsischen Dörfern findet. Doch bei einem Bummel durch den Stadtkern öffnet sich immer wieder der Blick Richtung Tal, und besonders im Frühjahr, wenn der Oleander zu blühen beginnt, zeigt die Stadt ein ganz anderes Gesicht.

Quartier de Santa Anna

Das bunte Treiben ballt sich an der mit Ulmen und Palmen bestandenen Place de la Libération, auch Place Porta genannt. Einheimische halten ein Schwätzchen, Urlauber fotografieren sich vor der Brüstung mit der Statue Pasquale Paolis und Talblick, in den Straßencafés lässt man es sich gut gehen. Der älteste Stadtteil von Sartène liegt direkt hinter dem Platz: Ein Gewölbegang ab dem Rathaus führt in das Quartier de Santa Anna (auch: Quartier Borgo), ein Viertel mit gepflasterten Gassen, in dem die mittelalterliche Stimmung noch spürbar ist, in den Nischen bestückt mit Souvenirläden, Spezialitätengeschäften und kleinen Restaurants.

Prähistorisches Museum

Seit Sommer 2009 bereichert eine kulturelle Einrichtung Sartène, die in der an archäologischen Fundstätten reichen Region längst überfällig war. Im Musée départemental de préhistoire corse et d'archéologie de Sartène sind zahlreiche Fundgegenstände aus den prähistorischen Siedlungen der Umgebung, aber auch aus den anderen Inselteilen ausgestellt, u. a. Pfeilspitzen, Keramik, Werkzeuge und Mühlsteine. Am meisten hat man davon nach einem Besuch einer der Ausgrabungsstätten wie zum Beispiel Filitosa, Cauria oder Cucuruzzu (siehe S. 146, 202, 266). Das Museum liegt am Boulevard Jacques Nicolaï oberhalb der Innenstadt.

Infos und Adressen

SEHENSWÜRDIGKEITEN
Musée départemental de préhistoire corse et d'archéologie de Sartène. Boulevard Jacques Nicolai, 20 100 Sartène, Tel. 04 95 77 01 09

ÜBERNACHTEN
Hôtel Restaurant des Roches. Zimmer zur Stadt- oder Talseite, teils mit Balkon. Avenue Jean Jaurès, 20 100 Sartène, Tel. 04 95 77 07 61, E-Mail: contact@sartenehotel.fr, www.sartenehotel.fr, www.sandamianu.fr

INFORMATION
Office de Tourisme de Sartène. Cours Soeur Amélie, 20 100 Sartene, Tel. 04 95 77 15 40, E-Mail: contact@lacorsedesorigines.com, www.lacorsedesorigines.com

An der Place de la Libération

49 Die Region Sartenais
Highlights im Umland von Sartène

Wandern in der Alta Rocca, eine ganze Reihe von archäologischen Stätten aufspüren oder Fisch essen am wilden Strand von Tizzano: Rund um das 3500-Einwohner-Städtchen Sartène gibt es bei Ausflügen noch jede Menge zu entdecken. Ein Highlight ist der »Löwenfelsen« von Roccapina mit einem kleinen Museum, das über Gesteine und Straßenwärter berichtet.

Die Gemeinde von Sartène erstreckt sich noch über ein Gebiet von 22 000 Hektar und die gesamte Küstenlinie von Roccapina bis Campomoro am Golf von Valinco. Diese Region wird Sartenais genannt und umfasst auch die verlassene Gegend bis zum Capo di Senetosa westlich der Stadt Sartène sowie einige Ortschaften in der Alta Rocca. Das Gebiet war bereits ab ungefähr 7000 v. Chr. recht stark besiedelt; davon zeugt das besonders hohe Vorkommen von Menhiren, torreanischen Rundbauten und Funden aus anderen vor- und frühgeschichtlichen Epochen.

Entsprechend spannend sind Ausflüge ins Umland, die außerdem in abwechslungsreiche Landschaften führen, seien es die Weinfelder von Ortolo, die Maquis-Wälder im Avena-Tal, die Hochebene von Cauri oder Traumstrände wie die Plage de Roccapina. Im Hinterland bildet die Gebirgsregion Alta Rocca ein lohnendes Wandergebiet.

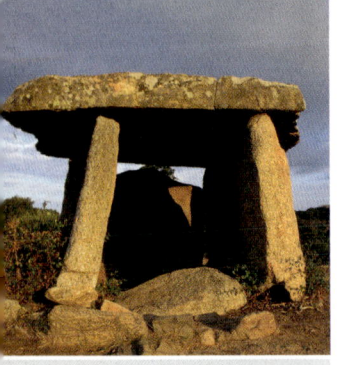

Mitte: Als sei er gemeißelt worden: Der »Löwenfelsen« von Roccapina
Unten: Auch archäologische Fundstätten birgt die Umgebung.

Wie alle etwas größeren Städte verfügte auch das hoch gelegene Sartène im Mittelalter über einen Küstenhafen. Er befand sich in der Bucht von Tizzano ca. 17 Kilometer weiter westlich. Heute ist

Der nahe Traumstrand fehlt auch nicht.

die abgelegene Bucht ein reizvolles Ziel für einen Strandtag. Es gibt dort einen Campingplatz und empfehlenswerte Fischrestaurants. Zu erreichen ist die Bucht über die Landstraße D48, die dort schließlich endet. Zuvor führt diese Route vorbei an den prähistorischen Stätten von Santari, Renaju und dem Dolmen von Fontanaccia. So bietet sich der Strand von Tizzano, der auch Plage de Avena genannt wird, als entspannter Abschluss einer archäologischen Erkundungstour an.

Casa di Roccapina

An der N196 Bonifacio–Sartène ruht ein Löwe: Eine riesige hellbraune Steinformation auf der bewaldeten Kuppe des Küstenberges sieht zumindest von der Straße aus betrachtet aus wie der König der Tiere, der liegend und mit erhobenem Kopf über das Meer schaut. Allein schon dieser imposante Anblick lohnt den Stopp.

Obendrein befindet sich am Aussichtsplatz ein Museum: die Casa di Roccapina, untergebracht in einem ehemaligen Straßenwärterhäuschen, informiert über die Gegend und ihre geologischen Besonderheiten sowie über das karge Leben der Schäfer und Straßenwärter. Direkt neben dem Museum bietet ein Restaurant Snacks und lokale Küche mit Blick auf den Löwen. Die Umgebung lockt mit schönen Wanderwegen und dem Sandstrand unterhalb des »Löwen«.

Infos und Adressen

SEHENSWÜRDIGKEITEN
Casa di Roccapina. Plage de Roccapina, Anfahrt über Abzweigung der N196 (Schotterpiste), ca. 20 km ab der Hauptstraße. Der Strand ist ausgeschildert. 20 100 Sartène, Tel. 04 95 71 56 30

ESSEN UND TRINKEN
Chez Antoine. Fisch im urigen Ambiente mit Blick auf die Bucht und den Hafen. Am Strand von Tizzano. 20 100 Tizzano, Sartène, Tel. 04 95 77 07 25

ÜBERNACHTEN
Les Bergeries. Apartments in Hirtenhütten, mit Pool. Zwischen Sartène und Propriano. Jean Chassaing, Tarco, 20 144 Sainte Lucie de Porto-Vecchio, Tel. 04 95 73 22 40

INFORMATION
Office de Tourisme de Sartène.
Cours Soeur Amélie, 20 100 Sartene, Tel. 04 95 77 15 40, E-Mail: contact@lacorsedesorigines.com, www.lacorsedesorigines.com

Office de Tourisme de Propriano.
Quai St Erasme, 20 110 Propriano, Tel. 04 95 76 01 49, E-Mail: contact@lacorsedesorigines.com

50 Cauria
Steinalleen und eine »Teufelsschmiede«

Ein großes frühgeschichtliches Freiluft-museum befindet sich in der Hochebene von Cauria südwestlich von Sartène. Es umfasst die neolithischen Steinalleen von Stantari und Rinaju sowie der Dolmen von Fontanaccia.

Das Plateau de Cauria, das sich zwei Kilometer vor dem Meer erhebt, ist ab Sartène über die D48 zu erreichen. Nach zehn Kilometern folgt man der Abzweigung D48a. Die Fundstätte (ausgeschildert) ist nach fünf weiteren Kilometern erreicht. Eine Verbreiterung der Straße bildet eine Parkmöglichkeit, von dort geht es noch ein Stück zu Fuß.

Verschiedene Ausgrabungs-stätten

Bereits Mitte des 19. Jahrhunderts sollen die ersten Menhire freigelegt worden sein – die offiziellen archäologischen Ausgrabungen starteten ab 1960. Insgesamt wurden 170 Monolithen gefunden, außerdem ein wuchtiger Dolmen aus dem Neolithikum. Ein drei Kilometer langer Rundweg verbindet die verschiedenen Ausgrabungsstätten.

In Reih und Glied stehen die rund zwanzig großen Steinsäulen von Stantari (Alignement de Stantari) zwischen Macchia-Büschen. Der Archäologe Grosjean ließ sie 1964/65 so aufrichten, wie sie einst wohl hinterlassen wurden. Über die genaue Aussage der Statuen rätseln die Wissenschaftler. An einigen der Menhire aus der Bronzezeit (2300–1700 v. Chr.), teils bis zu drei Meter hoch, sind Gesichter und angedeutete Arme zu erkennen – möglicher-

Mitte: Das Alignement de Stantari auf der Hochebene von Cauria
Unten: Mächtig: der Dolmen de Fontanaccia
Seite 268/269: Die Anreise mit der Fähre kann sich als günstigere Alternative erweisen.

Beim Alignement de Renaggiu

weise Kriegerdarstellungen der Torre-Kultur. In anderen Säulen sehen Forscher einen Phallus als Symbol für Fruchtbarkeit. Zudem sollen die Säulenreihen in Cauria den Weg zu Wasserquellen bei einem nahen Steineichenwäldchen markiert haben.

Eine zweite Steinallee befindet sich 300 Meter weiter bei dem Wäldchen. Die Fundstätte von Rinaju (Alignement de Renaggiu) umfasst zahlreiche Menhire, die noch älter sind als die Menhire von Santari (4500 bis 3000 v. Chr.). Die Säulen sind in mehreren präzisen Reihen von Nord nach Süd angelegt. Auch hier liegt noch im Dunkeln, wozu sie dienten, man vermutete auch eine Sonnenuhr darin, doch dieses These konnte nicht belegt werden.

Zwischen den beiden Steinalleen, etwas versetzt Richtung Westen, steht der Dolmen de Fontanaccia, ein Steintisch mitten in der Hochebene. Seine Deckenplatte ist über drei Tonnen schwer, darunter befindet sich eine rund vier Quadratmeter große Grabkammer. Damit ist er eines der eindrucksvollsten und am besten erhaltenen Zeugnisse der Megalithkultur auf Korsika. Für die Bauern aus der Umgebung, die den Dolmen als Unterschlupf bei widrigem Wetter nutzten, war der Steintisch von Fontanaccia der Legende nach eine »Schmiede des Teufels« (*A Stazzona di u Diavulu*).

REISEINFOS

Anreise mit dem Flugzeug

Korsika verfügt über vier Flughäfen – Ajaccio, Bastia-Poretta, Calvi und Figari –, die sich in allen vier Himmelsrichtungen verteilen. Die meisten deutschen Airlines (z. B. Germanwings) fliegen Bastia an, auch gibt es einige Verbindungen nach Calvi (z. B. Air Berlin). Ab dem französischen Festland (z. B. Paris, Lyon) gibt es recht viele Flüge nach Ajaccio, insbesondere mit Air France. Der Flughafen Figari, ganz im Inselsüden zwischen Sartène und Bonifacio gelegen, ist eine seltenere Destination, doch hier landet u. a. die Billigfluglinie Ryanair (ab Brüssel). Übrigens steuert Ryanair ab einigen deutschen Flughäfen auch Pisa/Italien an, was sich mit einer Überfahrt per Fähre nach Bastia kombinieren lässt. Mit Air Corsica verfügt die Insel obendrein über eine eigene Airline. Ihre Inlandsflüge können ab dem französischen Festland (z. B. ab Nizza, Paris-Orly) eine Alternative sein.

Anreise mit dem Auto

Aufgrund der vielseitigen Fährverbindungen (ab Frankreich oder Italien) ist auch eine Anfahrt mit dem eigenen Pkw eine Option; Camper mit Wohnmobil werden sich ohnehin für diese Variante entscheiden. Auch bei Motorradfahrern ist die Insel mit ihren Serpentinen- und Passstraßen beliebt. Fährhäfen befinden sich auf Korsika in Ajaccio, Bastia, Calvi, Porto-Vecchio und Propriano, also auch rund um die Insel. Für Reisende aus dem

Verschiedene Fährgesellschaften steuern die Insel an.

Weitblick mit Windmühle auf dem Cap Corse

deutschsprachigen Raum bieten sich besonders die Gesellschaften Corsica Ferries (ganzjährig ab Livorno, Nizza, Savona und Toulon) und Moby Lines (April bis September ab Genua und Livorno) an. Von Frankreich (ganzjährig Marseille) steuert außerdem die Fährgesellschaft Corsica Linea die Insel an.

Fliegen oder fahren? Ausschlaggebend bei der Buchung kann neben dem Aspekt Nachhaltigkeit (Verzicht auf Fliegen) die Frage sein, in welchem Inselteil sich die Unterkunft befindet, zumal die Straßen auf Korsika viel Zeit kosten – dies ist bei einem Transfer von und zum Flughafen zu bedenken. Ein Flug mit Zwischenlandung in Frankreich und Ziel Ajaccio kann weniger Aufwand bedeuten als ein Direktflug nach Bastia, wenn das Ziel etwa im Pru-

nelli-Tal nahe Ajaccio liegt, denn ab dort wäre ein umständlicherer Transfer quer durch das Bergland der Inselmitte erforderlich. Streckenweise vereinfacht dies wiederum die korsische Eisenbahn (siehe Öffentlicher Nahverkehr).

Deutsches Konsulat

Honorarkonsul der Bundesrepublik Deutschland. c/o Société Corse de Distribution Pharmaceutique, Z.I. RN 193, 20 600 Bastia, Tel. 04 95 33 03 56

Feiertage

1. Januar (Neujahr)
Ostermontag
1. Mai (Tag der Arbeit)
8. Mai (Ende des Zweiten Weltkriegs)

Nicht in jedem Café gibt es WLAN, doch zumindest in den größeren Hotels.

Christi Himmelfahrt
Pfingstmontag
14. Juli (Französischer Nationalfeiertag)
15. August (Geburtstag von Napoleon und Maria Himmelfahrt)
1. November (Allerheiligen)
11. November (Ende des Ersten Weltkriegs)
25. Dezember (Weihnachten)

Geld/Währung

Da die Insel zu Frankreich gehört, gilt auch auf Korsika die Euro-Währung. Die Banken haben in der Regel montags bis freitags (8.30–12 / 14–16.30 Uhr) geöffnet. Geldautomaten gibt es in den größeren Ortschaften, in einigen ländlichen Regionen hingegen, insbesondere im zentralen Bergland, ist es oft sehr weit bis zur nächsten Möglichkeit, Bares abzuheben. Auch Kartenzahlung ist in vielen kleineren Cafés, Restaurants und Läden nicht möglich. In den größeren Hotels, Supermärk-

ten werden in der Regel die gängigen EC- und Kreditkarten akzeptiert.

Internet

Wie in anderen Reiseregionen haben auch viele Hotels und Ferienanlagen auf Korsika kostenfreie Wireless-Local-Area-Network-Zugänge (WLAN), teils wird aber eine Extragebühr für die Nutzung fällig. Eine schöne Gelegenheit, um etwa zwischendurch E-Mails abzurufen, sind auch die WLAN-Stationen in einigen Tourist-Informationen (z. B. in Calvi und Sartène). Man beachte dabei die französische/internationale Bezeichnung »accès/free WiFi«. Internetcafés heißen in Frankreich Cybercafés, WLAN-Zonen nennt man auch P@Ms (point accès multimédia). Ein Verzeichnis der Cybercafés gibt es unter www.cybercafe.fr, über eine interaktive Karte gelangt man zur Region Korsika. Unter www.corsicahotspot.corse.fr infor-

FESTE UND BRAUCHTUM

Ob aus religiösem Anlass, zu Ehren der Kastanie oder der Haselnuss, ob ein Musik- oder Theater-festival … auf Korsika gibt es das ganze Jahr über reichlich Gründe zum Feiern. Viele Gemein-den und Dörfer haben ihre eigenen Feste, die jähr-lich oder einmalig stattfinden. Daher lohnt sich auf der Reise ein Besuch bei der jeweiligen Tourist-In-formation (oft genügt auch schon ein Blick auf die Homepage), um besondere Termine zu erfahren. Hier eine Auswahl:

FEBRUAR

Foir du Porc Coureur: Schweinerennen in Renno (bei Évisa)

MÄRZ

18. März: Notre-Dame de la Misericorde – Fest zu Ehren der Schutzpatronin von Ajaccio

Karwoche: Zahlreiche Prozessionen in vielen Ge-meinden. Etwas Besonderes sind z. B. die Büßer-prozession U Catenacciu in Sartène am Karfreitag und die griechisch-orthodoxe Prozession in Car-gèse am Ostermontag. Am Gründonnerstag erfolgt vielerorts die Segnung der Canistrelli (traditionelle Aniskekse)

Ende März/Anfang April: Festa di l'Oliu Novu – In Ste-Lucie-de-Tallano feiert man das neu gewon-nene Olivenöl.

MAI

Festimare in Île-Rousse: Das Meerfest ist beson-ders für Kinder eine schöne Sache

JUNI

Jazzfestival in Calvi

Journées Médiévales: Mittelalterfest in Bonifacio

Estivoce: Festival traditioneller korsischer Musik in Pigna und anderen Dörfern der Balagne

Les nuits de la guitare: Kultfestival der Gitarren-musik in Patrimonio

AUGUST

Festa Antica: Antikfest im Zeichen der alten Römer in Aléria

Stadtfest zu Napoleons Geburtstag in Ajaccio: (15. August, fällt auf Mariä Himmelfahrt)

Foire de l'amande: Mandelfest in Aregno (zweites Wochenende im August)

Porto-Latino: Musikfestival in St-Florent.

Foire de la noisette: Nussfest in Cervione (Ende August)

SEPTEMBER

Rencontres Polyphoniques: Fest der polyphonen Gesänge in Calvi

Mele in Festa: Honigfest in Murzo

OKTOBER

Festimonti/Festival de la Montagne: Bergfest mit Outdoor-Sport im Gravona-Tal

NOVEMBER

Fête du marron: Kastanienfest in Évisa

DEZEMBER

Fiera di a castagna: Großes Kastanienfest mit Markt in Bocognano

Weihnachtsmärkte in den größeren Städten der Insel

Konzerte sind so verbreitet auf der Insel, dass ganze Plakatwände darauf aufmerksam machen.

273

In den Häfen ist für Abwechslung gesorgt.

miert zudem Corsica Hotspots über vorhandene WLAN-Stationen.

Klima/Reisezeit

Korsika liegt im Mittelmeer, deshalb denken viele, die die Insel noch nicht kennen, vor allem an Badeurlaub – und unterschätzen damit zumindest einige Inselteile

erheblich. Im Bergland kann die Temperatur selbst im Hochsommer nur wenige Grad betragen, und wer im Frühjahr die schönsten Passstraßen befahren möchte, steht unter Umständen vor einer Absperrung, weil meterhoch Schnee gefallen ist.

Nichtsdestotrotz wird es ab Juli sehr heiß auf der Insel, auch Gewitter treten dann verstärkt auf (Vorsicht bei Bergwanderungen und beim Flussbaden – die Gebirgsflüsse können sich nahezu unbemerkt innerhalb von Augenblicken in gefährliche Ströme verwandeln). Im Spätsommer/ Herbst kommt es oft zu besonders heftigen Unwettern. Insgesamt jedoch ist die Zahl der Regentage auf Korsika gering (ca. 50 pro Jahr). Im Winter eröffnen in einigen Höhenlagen die Skigebiete, ansonsten wird es sehr ruhig auf der Insel. Viele Hotels und touristische Einrichtungen haben ab Oktober/November geschlossen und öffnen frühestens ab März wieder ihre Türen.

Die beste Reisezeit hängt also stark von den geplanten Aktivitäten ab. Die Monate Mai/Juni und September sind für viele – vor allem für Wanderer – die schönste Reisezeit: Das Wetter passt meistens gut, es ist zwar warm, aber noch nicht zu heiß. Im Frühjahr zeigt die Insel ihre besondere Blütenpracht und ist noch nicht allzu überlaufen. Alle, die gern am Strand liegen, auf lauschige Sommernächte schwören und den Trubel mögen, kommen im Juli oder August.

Mietfahrzeuge

Mietwagen bekommt man auf Korsika in allen größeren Städten und Touristenzentren. Vertreten sind zum einen internationale Anbieter wie Hertz, Europcar, Avis und Sixt, außerdem einige französische bzw. korsische Verleihfirmen. Englisch- oder Deutschkenntnisse darf man gerade bei den kleineren Firmen nicht voraussetzen. Wer kein Französisch spricht, sollte sich sicherheitshalber vorab nach den Verständigungsmöglichkeiten erkundigen – spätestens bei einer Panne im hintersten Bergdorf macht es sich bemerkbar, wenn der Mitarbeiter des Abschleppdienstes nicht versteht, dass das Auto zwar noch fährt, das System aber

Mit dem Motorroller kommt man selbst durch die schmalen Gassen von Bonifacio.

die Warnmeldung, sofort den Service aufzusuchen, angezeigt hat.

Notrufnummern

Die Notrufnummer 15 sollte sich jeder Reisende merken oder besser gleich im Mobiltelefon abspeichern. Sie verbindet mit der Rettungsleitstelle des SAMU (Service D'Aide médicale d'Urgence), ist also bei Unfällen und Notfällen jeglicher Art zu wählen. Bei Feuer wählt man die 18, die Polizei ist unter der Nummer 17 zu erreichen. Die Feuerwehr ist unbedingt auch zu alarmieren, sobald ein Waldbrand zu entstehen droht, auch wenn für einen selbst noch keine Gefahr besteht. Denn vor allem in den Sommermonaten kann sich ein scheinbar harmloses Buschfeuerchen schnell in einen Flächenbrand verwandeln. In vielen Gebieten und bei Wanderinformationen wird daher auch eindringlich auf die vorbeugenden Maßnahmen und das Verhalten im Falle eines Feuers hingewiesen.

Die ärztliche Versorgung ist auf Korsika im Allgemeinen gut, zu bedenken sind allerdings auch hier mögliche Sprachbarrieren. In den Ärztezentren der Ferienorte wird in der Regel Englisch, teilweise sogar Deutsch verstanden. Kliniken gibt es in Bastia, Ajaccio, Corte, Bonifacio und Sartène, allerdings wurde auch schon Kritik bezüglich der ambulanten Betreuung geäußert.

In manchen Geschäften fällt die Auswahl schwer.

Bootsverleih im Hafen

Apotheken (pharmacies) sind am grünen
bzw. grün-roten Kreuz zu erkennen, über
Notdienste informieren die Tageszeitun-
gen und z. B. Aushänge in Hotels.

Sprache

Es ist wie überall in Frankreich: On parle
Francais. Zumindest außerhalb der großen
Hotels und Touristenzentren ist es durchaus üblich, ausschließlich die Landes-
sprache anzuwenden beziehungsweise in
diesem Fall auch Korsisch. Zumindest die
Standardfloskeln zu beherrschen, hilft also
ungemein weiter; zudem zollt man der
Bevölkerung damit Respekt. Da beide
Sprachen die Insel prägten, sollte man
sich auch nicht über scheinbar verschiedene Ortsbezeichnungen wundern. Auf
Schildern stehen häufig sowohl die französische als auch die korsische Bezeichnung, es kommt aber genauso vor, dass
nur eine von beiden vorhanden ist. Eng-

Historische Glocken läuten viele Feiertage ein.

In einigen Restaurants werden auch regionale Produkte verkauft.

Ein Bummel durch die Altstadt

lisch ist in Teilen Korsikas verbreitet, Deutsch spricht man hingegen eher selten.

Tourismusverbände

Agence du tourisme de la Corse. Mit Links zu vielen Tourist-Informationen (Offices du tourisme) auf Korsika. Boulevard Roi-Jérôme 17, BP 19, 20 181 Ajaccio cedex 01, Tel. 04 95 51 00 00, E-Mail: info@visit-corsica.com, www.visit-corsica.com

Französisches Fremdenverkehrsamt (Maison de la France). Zeppelinallee 37, 60 325 Frankfurt am Main, www.de.franceguide.com

Délégation Régionale du Tourisme. Rue Maréchal Ornano 6, BP 162, 20 178 Ajaccio Cedex, Tel. 04 95 21 55 31

Trinkgeld

Auch wenn auf den Speisekarten der Restaurants »Service compris« (Service inbegriffen) steht – ein Trinkgeld zu geben, ist auf Korsika üblich. Als Faustregel gilt je nach Rechnung ein Betrag zwischen 20 Cent und zwei Euro, bei höheren Rechnungen auch mehr. Das Trinkgeld lässt man diskret auf dem Tisch liegen, bei Kartenzahlungen legt man abschließend einfach einige Münzen hin. Dem Personal den Betrag zu benennen oder gar in die Hand zu drücken, sollte man vermeiden.

KORSIKA
für Kinder und Familien

Na klar, am Strand ist es immer schön! Korsika bietet viele Möglichkeiten.

Abenteuer in der Natur erleben, die Geheimnisse der Vergangenheit aufspüren oder einfach einen klassischen Strandurlaub zusammen machen? Am besten einfach alles! Denn Korsika ist wie geschaffen für einen abwechslungsreichen Familienurlaub.

Baden steht natürlich ganz oben auf der Liste der beliebtesten Aktivitäten bei Kindern. Familienfreundliche Strände mit seicht abfallendem Wasser, feinem Sand und Restaurants für die Pizza zwischendurch sind zum Beispiel an der Ostküste und in Algajola nahe Calvi zu finden. Doch auch das Flussbaden ist ein riesiges Vergnügen, etwa in den Gumpen der Solenzara und im Fango-Tal. Dabei ist jedoch unbedingt auf das Wetter zu achten und Vorsicht geboten, denn nach oder bei Regen können die Flüsse stark anschwellen und sind dann unberechenbar.

Spaß mit Tieren

Schon eine Autofahrt auf Korsika kann einige Jauchzer hervorrufen: Gerade in den waldreichen Regionen stehen gern mal wild lebende Schweine (das sind hier keine Wildschweine), Ziegen oder Konsorten am Straßenrand. Außerdem gibt es einige für Kinder ganz besonders schöne Ausflugsziele, bei denen man Tieren nahe kommen kann. Etwa in der liebevoll gestalteten Schildkrötenfarm A Cupulatta an der N193 (Kilometer 21) in Ucciani mit mehr als 170 Arten. Besucher erfahren hier viel über das Leben der außergewöhnlichen Panzertiere.

Ein Highlight in Porto ist das Meerwasseraquarium »Aquarium de la Poudrière« – hier lässt sich mal eine »Schnorcheltour« im Trockenen unternehmen.

Wanderungen sind langweilig? Von wegen! Bei La Promenâne in Albertacce gibt es den eigenen Esel dazu (für kleinere Personen auch als Reittier). Und im schönen Asco-Tal lockt das Muflon-Museum »Maison du Mouflon et de la Nature«. Noch mehr Schildkröten sind ganz in der Nähe im Village des Tortues zu entdecken. In dem Schildkrötendorf werden die im Asco-Tal beheimateten sogenannten griechischen Landschildkröten aufgezogen. Und die haben sogar ihr eigenes »Krankenhaus«.

A Cupulatta. Tel. 04 95 52 82 34, www.acupulatta.com
Aquarium de la Poudrière in Porto. Tel. 04 95 26 19 24

La Promenâne. Eselwanderungen. Tel. 06 15 29 45 64, www.randonnee-ane-corse.com
Maison du Mouflon et de la Nature. Tel. 04 95 47 82 07, E-Mail: mairie.asco@corsicadsl.com
Village des Tortues. Tel. 04 95/47 85 03, E-Mail: info@parc-naturel-corse.com

Action, Adrenalin und Fun

Auch für etwas ältere Kinder oder Jugendliche hat Korsika jede Menge zu bieten. So ist vielerorts der Trendsport Canyoning möglich, und natürlich verstecken sich Kletter- oder Adventure-Parks in den Wäldern wie etwa vom Anbieter Corsica Forest an der Ostküste nahe Solenzana oder von Corsica Madness an der Route de Levie in Zonza. Im Parc Aventure Indian Forest Corse bei Ghisoni gibt es einen separaten Kletterparcours für Kinder, während Erwachsene nebenan gut aufgehoben sind. Ähnlich sieht es bei Parcours Aventure Altore im Pinienhain direkt am Strand von Calvi aus, einem Abenteuerpark, in dem alle Geschwister auf ihre Kosten kommen: Es gibt einen leichten, zwölfminütigen Parcours für Kinder ab 2,5 Jahren, einen mit leichtem Schwierigkeitsgrad für Kinder ab 5 Jahren (30 Minuten) und einen mittelschweren für Kinder ab 9 Jahren. Mit gleich mehreren Standorten ist Rêves de cimes im Südwesten des Nationalparks vertreten – auch hier gibt es Canyoning und einen Adventure-Park.

Oder klingt Karussell fahren und Lose ziehen interessanter? Kein Problem: Auch einen Vergnügungspark hat Korsika zu bieten. Er befindet sich bei Porto-Vecchio und hat von Mitte Juni bis Ende August geöffnet.

Corsica Forest. Tel. 06 16 18 00 58, www.corsica-forest.com
Corsica Madness. Tel. 04 95 78 61 76, www.corsicamadness.com
Parc Aventure Indian Forest Corse. Tel. 06 08 24 67 87 und 04 95 57 63 42, www.indian-forest-corse.fr
Parcours Aventure. Tel. 06 83 39 69 06 und 06 08 72 67 19, www.altore.com

Solche Begegnungen sind für Kinder und Eltern ein Erlebnis.

Rêves de cimes. Tel. 04 95 21 89 01, www.revesdecimes.fr
Kanutouren im Fango-Delta. Tel. 06 22 01 71 89, www.delta-du-fangu.com
Le Petit Train. Tel. 04 95 28 41 36, www.cricheto.com

Gemeinsam die Insel entdecken

Eine Bootstour ist immer eine willkommene Abwechslung. Ein Erlebnis für Kinder oder Jugendliche sind zum Beispiel die Grotten (falaises) von Bonifacio. Im Hafen von Bonifacio finden sich zahlreiche Anbieter, die sie ansteuern. Fahrten in den märchenhaften Golf von Porto sind unter anderem ab Calvi, dem Hafenort Porto und Ajaccio möglich.

Im Fango-Delta indes kann man einmal unterwegs sein wie Indiana Jones. Mit dem Kanu geht es durch die Flussläufe – und mit etwas Glück sind dort sogar Schildkröten zu beobachten (Kanuverleih vor Ort, Tel. 06 22 01 71 89, www.delta-du-fangu.com).

Auch andere Ziele sind für die ganze Familie toll, etwa der Galea Parc nahe Calvi. Das Museum mit botanischem Garten informiert über die Inseltradition und einheimische Pflanzen (www.parcgalea.com). Und in Lumio ist das Geisterdorf Occi zu entdecken. Vorsicht, hier könnte noch der letzte Bewohner spuken, der sehr einsam starb ... Eine leichte Bergwanderung (ca. 40 Minuten Aufstieg) ab dem Restaurant Chez

Charles (an der N197, Tel. 04 95 60 61 71) führt zu den geheimnisvollen Ruinen.

Nicht nur den Allerkleinsten gefällt Le Petit Train, eine Rundfahrt mit der Bimmelbahn entlang des Tolla-Stausees (im Col de Cricheto von Bastelica). Ein ebensolches Vergnügen ist auch U Trinichellu, die Fahrt mit der korsischen Eisenbahn durch das Bergland oder (zwischen L'Île-Rousse und Calvi) entlang der schönsten Strände.

U Trinichellu. Chemin de fer de la Corse, Vado Ligure, 20 220 L'Île-Rousse, Tel. 04 95 60 00 50, www.train-corse.com

Die »Großen« kommen beim Canyoning auf ihre Kosten.

Und sonst? Viele der Museen, Burgfestungen oder zahlreichen archäologischen Fundstätten (Sites archéologiques) auf der Insel sind gerade für Kinder besonders spannend. Achten Sie außerdem auf das, was gerade so auf Korsika los ist – vielleicht können Sie zum Beispiel in Bocognano gemeinsam zum Kastanienfest (La Foire de la châtaigne) gehen oder zur Festimonti, einem Volksfest mit Aktionen zu Wandern, Klettern, Canyoning, Gleitschirmfliegen und Reiten.

Castellu di Cucuruzzu. Siedlung aus der Bronzezeit. Tel. 04 95 78 48 21
Site archeologique Cauria. Tel. 04 95 77 01 09
Parque de Saleccia. Tel. 04 95 36 88 83, www.parc-saleccia.fr
Sentier Sous-Marin. »Unterwasserwanderung« bei Lumio nahe Calvi. Tel. 06 80 41 67 23, www.isbulecamare.org

Site Antique Aléria. Tel. 04 95 57 00 92, www.cg2b.fr
Station Préhistorique de Filitosa. Tel. 04 95 74 00 91, www.filitosa.fr
Tour Génoise de Porto. Genueserturm mit kleinem Piratenmuseum. Tel. 04 95 26 10 05
Citadelle de Corte. Eine der schönsten Festungsanlagen Korsikas mit »Adlernest«, Aussichtsplattform und Museum. La Citadelle, 20 250 Corte
Miniature Citadelle de Bastia. Tel. 06 10 26 82 08
Musée archéologique du Niolu. Spannender Einblick in die Gebirgsgeschichte. Tel. 04 95 47 13 5
Musée de l'Alta Rocca. Tel. 0495/78 00 78, E-Mail: musee.levie@cg-corsedusud.fr
Musée de la Corse. Tel. 04 95 45 25 45, www.musee-corse.com
Musée National de la Maison Bonaparte. Tel. 04 95 21 43 89, www.musee-maisonbonaparte.fr

Kleiner Sprachführer

Französisch

ALLGEMEIN

Guten Tag Bonjour – **Hallo** Salut
Auf Wiedersehen Au revoir
Wie geht es Ihnen/Dir? Comment allez-vous? / Comment ça va?
danke, gut bien, merci
ja oui – **nein** non
bitte ... s'il vous plaît ... – **danke** merci
Ich heiße ... Je m'appelle ...
Ich verstehe nicht. Je ne comprends pas.
Ich spreche kein Französisch. Je ne parle pas français.
Sprechen Sie ...? Parlez-vous ...?
Wie viel Uhr ist es? Quel heure est-il?

UNTERWEGS

links gauche – **rechts** droite
geradeaus tout droit
nah proche – **fern** loin
geöffnet ouvert – **geschlossen** fermé
Entschuldigung, wo ist ...? Pardon, où est ...?
das Hotel l'hôtel
das Museum le musée
der Arzt le médecin
der Flughafen l'aéroport
der Hauptbahnhof la gare centrale
die Bushaltestelle l'arrêt de bus
die Kirche l'église
die Polizei la police
die Touristeninformation l'office de tourisme
die U-Bahn le métro
Hilfe! Au secours!

ÜBERNACHTEN

Ich habe ein Zimmer reserviert. J'ai réservé une chambre.
Haben Sie ein freies Zimmer? Vous avez une chambre libre?
Ein Zimmer für zwei Personen. Une chambre pour deux personnes.
das Einzel-/das Doppelzimmer la chambre individuelle/double
mit Bad avec salle de bain
mit Frühstück avec petit déjeuner
mit Halbpension avec demi-pension
für eine Nacht pour une nuit
für eine Woche pour une semaine

ESSEN UND TRINKEN

Haben Sie einen Tisch für zwei Personen? Vous avez une table pour deux personnes?
Reservieren Sie bitte für 20:00 Uhr einen Tisch für vier Personen. Vous pouvez réserver une table, pour quatre personnes, pour 20:00 heures, s'il vous plaît.
Ist dieser Tisch noch frei? Est-ce que cette table est libre?
Herr Ober! Serveur!
Die Speisekarte, bitte! La carte, s'il vous plaît!
Ich bin Vegetarier. Je suis végétarien.
Ich möchte ... Je voudrais ...
Guten Appetit! Bon appétit!
Die Rechnung bitte. L'additon s'il vous plaît.
Das ist für Sie. C'est pour vous.

EINKAUFEN

das Brot le pain
das Geld l'argent
der Geldautomat le distributeur de billets
der Markt le marché
der Supermarkt le supermarché
die Apotheke la pharmacie
die Bäckerei la boulangerie
die Größe la taille
Wie viel kostet das? Combien ça coûte?
Ich nehme es. Je le prends.
teuer chère – **billig** bon marché
bezahlen payer

ZAHLEN

0 zero		1 un		2 deux	
3 trois		4 quatre		5 cinq	

6 six 7 sept 8 huit
9 neuf 10 dix 100 cent
1000 mille ¼ un quart ½ un demi

Korsisch

ALLGEMEIN

Guten Morgen Bonghjornu
Guten Abend Bona sera
Gute Nacht Bona notte
Auf Wiedersehen Avedecci
Bis zum nächsten Mal! À a prossima
Auf später À dopu!
Wie geht's? Cumu state?/Comu steti?
danke, gut bè, vi ringraziu
Wie heißen Sie? Cumu vi chjamate?
Ich heiße ... Mi chjamu ...
Erfreut, Sie kennenzulernen! Un piaccè
  di incuntrarvi!
ja iè – nein innò
bitte per piacè – danke grazie
mit Vergnügen di nunda
Verzeihung scusatemi
Ich spreche nicht ... Ùn parlu micca ...
Ich verstehe nicht ... Ùn capiscu micca ...
Sprechen Sie Französisch? Parlate (parle-
  ti) francese?
Spricht hier jemand Französisch? Ci hè
  qualchisia chi parla francese qui?

UNTERWEGS

Wo finde ich ...? Induva si trova ...?
der Bahnhof a gara/a stazzione
der Busbahnhof a gara stradale
der Flughafen l'aeruportu
die Straße carrughju
links manca – rechts dirita
geradeaus dritu
in Richtung ... versu ... / in dirizzioni di ...
Können Sie mir den Ort auf der Karte
  zeigen? Puvete mustrami annantu à a
  carta?
Taxi! Tacsi!
Bringen Sie mich bitte nach ... Mi pudeti
  purtà pà piacè ...

Wie viel kostet es bis dahin? Quantu cos-
  ta pà andà in ...?
Wo sind die Toiletten? Induva sò e toilet-
  tes?
Bitte nicht stören Ùn mi diranghjeti micca
Hilfe! Aghjuta !
Bitte helfen Sie mir! Aghjutatemi, per
  piacèl
Das ist ein Notfall! Hè una urgencia!
Ich habe mich verirrt. So persu.
Ich brauche einen Arzt. Aghju bisognu di
  un dutore.
Kann ich Ihr Telefon benutzen? Possu te-
  lefunà?

ÜBERNACHTEN

in der Stadt in villa/città
die Jugendherberge ustaria
das Hotel palazzu/albergu

ESSEN UND TRINKEN

das Restaurant risturante/ustaria
die Bar bar/caffè
ein Bier / zwei Biere, bitte una biera/duie
  biere, per piacè
ein Glas Rot Weißwein, bitte un bighjeru
  di vinu rossu/biancu, per piacè
eine Flasche, bitte una buttiglia, per piacè
der Orangensaft sughju d'aranciu
eine(n) Weitere(n), bitte un(a) altru(a),
  per piacè
Wann schließen Sie? À chi ora chjudete?

EINKAUFEN

Haben Sie das in meiner Größe? Avete
  què ind'a mo taglia?
Ich nehme es. Bè, aghju da piglialu(a).
Ich benötige ... Aghju bisognu ...

ZAHLEN

0 Zèru 1 Unu 2 Dui
3 Trè 4 Quattru 5 Cinque
6 Sèi 7 Sette 8 Ottu
9 Nove 10 Dece 100 Cèntu
1000 Mille

Register